U0543780

名师工程
思想者系列

教育之美在于度

第2版

JIAOYU ZHI MEI
ZAIYU DU

马良 著

西南大学出版社
SWUP
国家一级出版社 全国百佳图书出版单位

图书在版编目（CIP）数据

教育之美在于度 / 马良著. —2版. —重庆：西南大学出版社，2021.10
（名师工程）
ISBN 978-7-5697-1062-5

Ⅰ.①教… Ⅱ.①马… Ⅲ.①教育研究 Ⅳ.①G40-03

中国版本图书馆 CIP 数据核字（2021）第 187011 号

名师工程系列丛书
编委会主任：马　立　宋乃庆
总　策　划：周安平
策　　　划：李远毅　卢　旭　郑持军　郭德军

教育之美在于度（第2版）
马　良　著

责任编辑：牛振宇
责任校对：张丽
封面设计：⊂⊃起源
出版发行：西南大学出版社（原西南师范大学出版社）
　　　　　　地　址：重庆市北碚区天生路2号
　　　　　　邮　编：400715　市场营销部电话：023-68868624
　　　　　　http://www.xdcbs.com
经　　销：新华书店
印　　刷：重庆升光电力印务有限公司
幅面尺寸：170mm×240mm
印　　张：13.25
字　　数：250千字
版　　次：2021年10月　第2版
印　　次：2021年10月　第1次印刷
书　　号：ISBN 978-7-5697-1062-5

定　　价：42.00元

若有印装质量问题，请联系出版社调换
版权所有　翻印必究

前　言

一

　　凡事皆有度，教育尤是。

　　教育是生命与生命的碰撞，是师与生的交流，是教师对学生的说服和示范、授业和解惑、开启和润泽。教师职业的特殊性和复杂性，要求教师务必对自身的素质、教育活动中的方式、人际交往等有一个全面的思考和认识，做到心中有数，也有度。

　　所谓的"度"，指的是对事物保持自己质和量的限度，是和事物特定的质相统一的数量界限。任何事物都具有质和量两方面的规定性，都是质和量的统一体。任何度的两端都存在着界限，如果超出了这个范围，事物的性质就发生了变化。就像在一个标准大气压下，水的凝固点是零摄氏度，沸点是一百摄氏度。从零摄氏度到一百摄氏度是水保持液体状态的温度区间，如果超过了这个度，水要么凝结成冰，要么蒸发成水蒸气。教育有度，就是要求教师的所有教育思想、行为要观照到学生的年龄特点和已有的情感价值、知识能力，要在一个科学合理的区间内实施自己的教育行为。

　　即使在这个区间内，教师们千差万别的教育行为也呈现出不同的教育力度，产生不同的教育效度。就像零摄氏度到一百摄氏度之间的水虽然始终保持液体状态，但温度不同，带给人的感受也不一样。

　　教育"有度"，是指教师的教育观念讲究恰到好处，教育行为讲究恰如其分。反之，教育的"失度"，就是量变的累积突破某一临界点时造成了事与愿违的结果。比如说，宽容过度，成为纵容；诚信过度，成为迂腐；机敏过度，成为圆滑；善良过度，成为软弱；惩罚过度，成为体罚。

　　所以说，"教育有度"不是教师教育的小技巧，而是大学问、大本事。教师只有尊重教育规律，在工作中做到心中有"度"，行在"度"中，才可能使自己的教育行为是合法且有效的。换句话说，"教育之道，在于'度'术"。教育最难把握的也就是一个"度"。

教师教育思想和行为的"度"，是教师在实施教育行为时，考虑到学生的年龄、性格、成长环境、已有的认知水平等，思考、制订和实行教育的策略、方法和技艺的教育艺术。当教师的教育行为有利于学生身心健康，有利于学生长远发展，有利于有效地驱动学生朝着教师要求和希望的方向转变时，这才是教师成功运用"度"的体现。教师也只有在教育实践活动中体现出教育的"度"，教育才可能有效度，才能完成它本来的任务，才能回归教育的本真。

从幼儿园到小学、中学，再到大学，学生的身体、心理、认知等方面都在发展变化。随着这种发展变化，学生接受教育的心态也在改变。就教师而言，教师的教育思想、教育方法以及情感态度也不同。随着学生学段的升高，教育的复杂度增大。即使是同一个班的学生，因成长环境、学习成绩、性格特点等方面的差异，也要求教师因材施教，对不同的学生采取不同的教育"度"。另外，社会历史时期不同，学生接触的事物不同，影响学生思想行为的因素多元化，社会对教育提出的要求也不尽相同，教师的教育"度"也应与时俱进。

二

本书谈及的教育的"度"，涉及教师个人的职业素质、实践活动、对学生的评价、人际交往、自身安全等方面，是想帮助教师们在自己的岗位上更好地完成教育任务，提升教师自身的生命价值。

教师职业素质的度，包括教育思想要有深度，师德要有高度，职业情感要有浓度，文化知识要有厚度，视野要有广度，胸怀要有宽度，品格要有亮度，言行举止要有风度。教师要教育好别人，首先得教育好自己，只有当自己以一种全新的心态去拥抱事业时，才会拥有做好教师的最基本条件，才有可能在自己的工作中享受快乐和收获成功。

教师教育实践活动的度，包括教育行为要有力度，师生生命碰触要有温度，教育实践行为中要有灵活度，对学情班况要有敏感度，教育教学要有梯度，教育工作要有韧度。教师职业有特殊性、复杂性，但也有规律性。教师只有脚踏实地、认认真真地去观察、感悟、学习、反思、总结，才可能掌握教育这门艺术。

教师对学生评价的度，包括对学生的评价要有准度，对学生的期望要适度，对学优生的关爱要有限度，对学困生要大度。教师在评价学生时，要体现出对学生的尊重和关爱，要善于发现、挖掘每个学生身上的闪光点。无论是"喜羊羊"，还是"懒羊羊"，我们都要关注、关照。要正确、客观地评价他们，要善于发现他们的潜能和特长，让他们建立起自信心，促进他们身心健康发展。另外，教师对学生要有期望，但期望要适度，在产生期望之后，教师不应只是"等""望"，更要给予热情的鼓励和科学的引导。

教师与人交往的度，包括与学生交往要有尺度，与家长交往要站好角度，与同事交往要有气度，与领导交往要注意态度，所有人际交往要有信度。交往是一门学问，有微妙的技巧，也有深奥的道理。教师生活在家庭、社会、工作环境中，必须要与他人交往，良好的交往有利于教师自身的生活和工作，有利于自身的身心健康。反之，教师如果不能处理好与学生、家长、同事、领导的关系，就会让自己的工作事倍功半。

教师自身安全的度，是指教育行为要有法度，教师要注意自己的安全、健康度。教师的教育教学活动，一定要合法、规范、严谨，要用相关的法律法规来指导自己的教育教学实践，既不要"坏心"不办事，也不要"好心"办坏事。教师的身体健康是完成教学任务的前提，教师的心理健康是学生能够健康成长的前提。提高教师身心健康水平，对深化教育改革、提高教育质量意义重大。

目　　录

教育思想要有深度

- 我的教育 / 1
- 教育是职业，也是事业 / 10
- 做好"人类灵魂的工程师" / 13
- 教育现代化背景下的教师专业化 / 16

师德要有高度

- 师者，生之范也 / 20
- 成为学生生命中的贵人 / 22
- 做的是"良心活" / 24
- 淡泊明志，宁静致远 / 25

职业情感要有浓度

- 做一位有激情的教育者 / 29
- 做一位创新型教师 / 30
- 师爱是教育的奠基石 / 33

文化知识要有厚度

- 师者，多读书、善读书 / 37
- 不断追求自身的专业成长 / 42
- 学会反思自己的教学 / 43

视野要有广度

- 认识"行万里路"的意义 / 48
- "一专"才能"多能" / 50
- 兴趣是最好的教师 / 52

胸怀要有宽度

- 要有宽容意识 / 54
- 具有民主、平等情怀 / 56
- 对待学生要宽严有度 / 57

品性风格要有亮度

- 风格决定生命的亮度 / 59
- 做有责任的人 / 61
- 亮度是"做"出来的 / 63

职业坚守要有韧度

- 教育贵在坚持 / 66
- 守住自己的沉香 / 68

言行举止要有风度

- 着装有讲究 / 70
- 举止要稳重端庄、落落大方 / 72
- 做到和蔼可亲、平易近人 / 74
- 巧妙运用语言表达的技巧 / 75

教育行为要有力度

- 以身作则是最有力度的教育 / 78
- 说服教育要有力度 / 80
- 区别威信和威风 / 85
- 用好教师的权利——奖与惩要有度 / 87

师生生命碰触要有温度

- 构建有温度的师生关系 / 89
- 说有温度的话，做有温度的事 / 91
- 掌控好教育的温度 / 93
- "爱""严"要有度 / 95
- 教师要有亲和力 / 98

教育教学要有灵活度

- 班级管理的灵活性 / 101
- 教学方法要灵活 / 104
- 赏识教育也有度 / 106
- "小题大做"和"小题不做"之间 / 107

对学情和班级情况要有灵敏度

- 课堂教学要有灵敏度 / 110
- 处理问题要有灵敏的应变能力 / 114
- 教师要具备敏锐的观察能力 / 115

教育工作要有梯度

- 德育要有梯度 / 118
- 班级目标有梯度 / 120
- 作业布置要有梯度 / 121
- 教学需要一定的梯度 / 123

对学生的评价要有准度

- 表扬和批评要有准度 / 126
- 准确评价学生的课堂活动 / 128
- 如何掌握评价艺术 / 130

对学生的期望要适度

- 实现期望的参考要素 / 132
- 如何发挥期望效应 / 135
- 认识罗森塔尔效应 / 137

对学优生要有限度

- 清醒认识身边的优生 / 140
- 把学优生转化为真正的优生 / 142

对待后进生要大度

- 如何了解后进生　/ 146
- 转化后进生要有境界　/ 149
- 转化后进生要有高超的教育艺术　/ 150

师生交往要有尺度

- 走进师生交往　/ 155
- 把握师生交往中的几点　/ 157
- 师生交往的形式和方法　/ 160
- 课堂上的师生关系　/ 161

与家长交往要站好角度

- 与家长沟通的路径　/ 164
- 开好家长会　/ 166
- 与家长交往的艺术　/ 168

与同事交往要有气度

- 善待和尊重同事　/ 171
- 营造一个阳光健康的人际环境　/ 174
- 班主任教师与科任教师是盟友和战友　/ 176

与领导交往要有态度

- 与领导交往的艺术　/ 178
- 学会与校长和谐共处　/ 181

与人交往要有信度

- 立信才能立教 / 183
- 教人求真，学做真人 / 184

要注意自身的健康度

- 教师要有优质的心理 / 187
- 要会养生 / 189
- 应注意对大脑的养护 / 191
- 常见的六种职业病 / 191

教育行为要有法度

- 知法守法 / 193
- 自身安全意识 / 194
- 不要也不能体罚学生 / 196

教育思想要有深度

既已成为一名教师，就要忠诚于教育事业，就要有广博的专业知识、先进的教育理念、高尚的师德、优良的师风，就要把职业当作事业来做。

只有当教师对自己所从事的职业的特点和社会意义有更深的理解和认知后，才能热爱本职工作，才会有工作的自豪感和乐于奉献的精神，才能正视社会，淡泊名利，才能在教育事业中实现自己的人生价值，把培养好下一代当作自己义不容辞的责任。

要教育好别人，得先教育好自己，只有当自己以一种全新的姿态和心态去拥抱事业时，才具备了做好教师的最基本条件，才有可能在自己的工作中享受快乐、收获成功。

● 我的教育

一

记得我刚站上讲台时，有些兴奋自信，有些骄傲自满，认为教育没什么大不了的，不就是要凶一些，要让学生考出好成绩吗？现在回想起来，当时还真是"初生牛犊不怕虎"。

那时，我对教育仅有一些点状和块状的理解，谈不上教育观。指导我教育行为的主要是五个方面：一是自己对读书目的和方法的体会；二是对自己的老师们的方法的回顾和模仿；三是在师范学校学的教育学理念和案例；四是对生活浅显的认识和对父母教育的感悟；五是对同事的观察和学习。

那时，无论是班会课，还是平常的教育，三句话不离学习成绩，经常说的是"万般皆下品，唯有读书高""书中自有黄金屋"等。

  三年时间过去了，我在具体的教育方法上有些体会和改变，但骨子里还是坚持"分数"挂帅，成绩为先。

  二十世纪八九十年代，经济发展较快，社会意识形态转变也较快，教育也可谓"百花齐放"，各种教育理念盛行，教育改革的呼声不绝于耳。我所在的学校大概有"导学""目标导学""分层教学""赏识教育"等几种理念，作为主研人员，我也接受了一些教育理念和方法。

  带了几届学生，十年就过去了。我不是那种对事物特别敏感、与时俱进的教师，在教学上我显得有些故步自封、抱残守缺。现在看起来，是被可笑的功利蒙住了心智，为了一个"区德育先进""区百名青年优秀教师"而暗暗与同事较劲。随着社会阅历的增加，我对教育有了新的认识。我强烈地感觉到读书成绩既不是影响人生命运的唯一指标，也不是实现生命价值的万能钥匙，读书好并不一定意味着将来的人生就会一片坦途和光明，不意味着将来的生活就会快乐和幸福。

  一些教育失误或失败的案例也提醒和刺激了我。比如，工作的第五个年头，班上有位男生，平常作业不认真，经过多次教育仍没有好转，英语成绩特差。有一天上英语课，他把钢笔打开，放在课桌前面，有意往前放了一点点，前面的女生不知道，往后一靠，结果衣服被墨水浸了一大团。女生向英语教师告发，于是该男生被叫到教室门口站着。可该男生并没有意识到自己的错，反而用脚踢墙，一节课下来竟然把墙皮弄掉了一大块。我对他进行了教育，并叫他爸爸来把墙补上，可放学后他又去弄坏了。我觉得我的权威受到了挑战，于是叫他爸爸把他暂时领回家去教育。一个礼拜后，我打电话问他在家里的情况，他爸爸说他不想上学了，我劝了两次，还是没来，我就把这事忘了。不久后，听同学说他因偷自行车进了少管所，我听了，心里有过一阵凉凉的感觉。后来，他入室盗窃，偷了人家价值不菲的邮册，被判了刑。听说后，我心里很难过，直到今天还深深地自责。

  通过对一些教育理念的了解和学习，以及对自己的教育行为的反思，我意识到自己原来的教育观念有些简单，教育方法也较为单一。渐渐地，似乎有一种力量在牵引我前行，我开始真正思考教育，关注教育，热爱教育。

二

  在我当第四、第五届班主任时，我不再把学生的成绩作为评价的唯一标准。每位学生，除考分之外，还有更多的东西值得我去欣赏和认可，需要我去引导和教育。

当然，我绝不排斥热爱学习的行为，我仍然鼓励和要求学生们努力学习。因为取得优秀成绩既是学生的重要任务之一，也是我的工作目标之一。首先，学生的优秀成绩能让我的工作有成就感，能获得领导和同事的认可和尊重，这样我的工作环境是良性的；其次，良好的班风会激发学生们的学习兴趣，反过来，学生们爱学习、成绩好，有利于促进班级文化的形成和发展。只有在这样的班级中，学生们才会有目标，有奔头，有希望，才会接受做人的教育；再次，学生们爱学习，能让我与学生保持良好的关系，这样我才能在班级中有威信，进而为我有效地进行教育提供情感基础；最后，学生热爱学习，升学有希望，才会让家长看到学生的前途和美好的未来，才会赢得家长对我工作的支持、理解和信任，进而家校携手共同关注和帮助学生。所以，营造良好的学习环境，激发学生的学习热情，努力提高学生的学习成绩是我永不改变的教育观念。

不过，我不再"以学为本""以分为上"，而是"以人为本"。在教育策略、教学活动、教育评价中，更加注意尊重学生的人格，与学生民主、平等地相处，不再有体罚，不再有挖苦讽刺；更加讲究科学合理的学习方法，不搞"题海战"；更加重视学困生们的心理感受和学习状况，绝不戴着有色眼镜看人；更加关注学生未来的发展和需要，把自己当作学生生命中的领路人；把学法指导、能力培养、学会做人、人文浸润作为教育的内容，不会为了个人的功利而视学生为物化的"产品"。

在班级学习或其他活动中，我会把爱与严结合起来，做到奖惩有度，表扬与批评并用，既有对学生未来的期望，又要求学生立足于当下，做好每件事、听好每节课、完成好每次作业；既有对学生进步或成功的欣赏，又引导学生正确面对挫折和困难。为此，我写了《开启学生心灵的钥匙》一书，对宽容、诚信、感恩、责任、习惯、细节、毅力、自信、信念、爱人、合作、快乐做了介绍，力求引导学生理解这些概念，懂得其意义和作用，并要求学生们在自己的学习生活中去实践。

我在教初一时，针对初一学生的年龄和心理特点，教育他们要健康安全、宽容理解、学会感恩、养好习惯。因为初一有些学生特别是男生精力旺盛，校内外疯打追逐的时候多；有的学生走路手舞足蹈，有的学生横穿马路，这些都容易出现安全问题。有些学生吃喝不太注意，垃圾食品、劣质食品、过期食品容易影响他们的健康；有些学生为了一点点小事闹纠纷，特别是来自不同小学的学生，有时还"拉帮结派"，这些现象都会成为影响良好班风形成的因素。有些学生认为父母的疼爱和关心是理所当然的，对父母的期望和要求也就无所谓，没有明确的学习目的，没有学习的动力，学习起来自由散漫，平常生活中表现出以自我为中心，缺少集体感。初一学生刚从小学进来，学习和生活环境发生了变化，特别是学习的内容加多、加深，有些学生不适应，这就要求教师对学生要加强习惯的培养。我认为，进校来的第一天把学生引导好了，第一周学生都会按教师的要求去做；第一周把学生规范好了，第一个月学生就会适应教师的要求；第一个月学生初步养成了学习生活的良好习惯，第一学期教师就可以营造一个积极上进、团结紧张、生动活泼的班集体。这样，就能为三年的丰收打下坚实的基础。

我在教初二时，会加强"诚信、细节、毅力、爱人、合作"的教育。因为初二的学习难度加深，特别是英语学科，有的学生开始掉队，在班级里会出现抄袭作业的现象，有个别学生考试还作弊。这时，教师要疏堵结合，既要有针对性地制订班规，更要教育学生诚实守信，说服学生要坚强勇敢地面对学习上的困难，注意做好学习中的细节，要相互帮助、团结友爱，建立好学习小组。

我在教初三时，会进行"责任、自信、信念、快乐"的教育。初三学生的生理、心理与初一不可同日而语，他们已有自己的一些想法，同时又面临毕业，学习紧张，升学压力大。所以，要教育他们既要面对现实，又要放眼未来，树立理想信念，有对家庭和自己未来的责任感，遇到困难不要轻言放弃。对于偏科生和学困生，更要教育他们不要自卑，要树立自信心，对大多数人来说，学习知识是生活的一部分，要正确地对待升学。总之，要培养初三学生笑对生活、笑对人生的心态。

通过三年的教育，我的学生不仅收获了知识，还学会了学习、学会了做人、学会了生活。有几点需要说明：一是我将教育融入学校的教育要求、教育活动、教育检查之中，将它们统一在一起；二是各个学年段教育的主题和时间划分可以灵活调配，不是一成不变的，有时需要根据班级发展情况来决定；三是某一主题不是之前教育了，在后面的时间里就不再教育，而是要经常提起，要反复抓、抓反复。之所以这样分阶段教育，除了要考虑到学生的心理年龄特点和年级学习情况以外，还为了更好地落实巩固，让学生能更好地掌握这些教育内容，最后固化下来形成自然，融进学生的生命之中。

三

孔子说"四十而不惑"，西方也有句谚语说"四十岁，是人生的开始"。

确实，四十岁人才有了生活的积淀，家庭的安定。当我经历了读书升学、求职工作、恋爱结婚、为父育子的人生过程；当我看惯了周围人、陌生人、大人物、老百姓的人生起伏；当我品尝了酸甜苦辣咸的人生百味；当我看够了得意人沉沦、失意人崛起的人生轨迹；当我学会了诚实守信、宽容理解、感恩回报、坚毅顽强的美德；当我懂得了细节、习惯决定人生的法则；当我习惯了社会的关怀友爱或者尔虞我诈的现象；当我看到人是自己哭闹着来，折腾一生，在别人的喧闹中安静而去；当我读到了一个地域、一个民族经历的繁荣和沧桑，我才真正有了对生活的感悟，对人生的感悟，对教育的感悟。过去的冲动、争强、依附、自私，逐渐让位于淡泊、平静、独立、自由。我的人生观、世界观、生命观、价值观逐渐变得清晰纯粹。

观念的变化在有意和无意中引起我对教育的思考、认识和评价，直接影响到我的教育实践行为。

那么，教育是什么？

教育是社会、国家、民族对有德有智有体的人才的期望；教育是鲜活的生命与生命之间多经纬度的沟通碰撞的活动；教育是先生对后生的帮助，是社会美德的示范，是对已有文化的传授和对未来文化的创新和开启；教育是对个性生命的点化；教育是教会他人认识自我，学会快乐幸福生存的技巧；教育是满足社会需求和个性愿望的行为；教育是引导认知、润泽生命、启迪智慧的综合活动。教育具有时代性、社会性和独立性。简单地讲，教育是培养学生成为适应社会、给自己和他人带来快乐的人的活动。

对学生实施教育，既体现了社会需求、国家需要，又体现了个人个性的满足。二者有时是统一相容的，有时又是对立相克的。有时前者占主导，有时后者占主导。

面对教育的现实，我在教育策略上，在教育内容和教育活动的选择上，在评价功能上都做了一些探索。

首先，谈谈教育的策略。

就教师的任务而言，育人是根本，教书是手段。教书是为了育人，育人才是目的，教书应服务于育人。就学生的任务而言，读书做人，读书是读科学、自然、历史、人文、哲学的书，是为做真人、善人、美人做准备。二者应统一落实在教师的教育行为中，落脚点是做人，学会做人才是教育的根本。

简单地说，做人有四种：一是不能让自己快乐和幸福，却能带给他人快乐和幸福；二是不能让自己快乐和幸福，同时，还带给他人痛苦和不幸；三是能让自己快乐和幸福,但带给他人痛苦和不幸;四是不仅能让自己快乐和幸福,还能把快乐和幸福带给他人。我想,教会学生做人,就是教会学生现在、将来能带给他人更多的快乐和幸福,或把快乐和幸福带给更多的人,学校教育培养的应该是后一种人。我看到身边的那些优秀教师,为了学生的全面发展、长远发展而努力工作,不仅让他人快乐幸福,自己也收获了名利和快乐。教育不能为了功利而短视,也不能因短视而功利,教育更不能带给学生和家长痛苦和不幸。

其次,谈谈教育的内容。

在教育内容和教育活动中,教师要体现"以人为本"。师生平等地、民主地交流沟通,有意识地引导和培养学生良好的情感、价值、态度。在这里,我重点谈育人。下图体现的就是我的育人观。

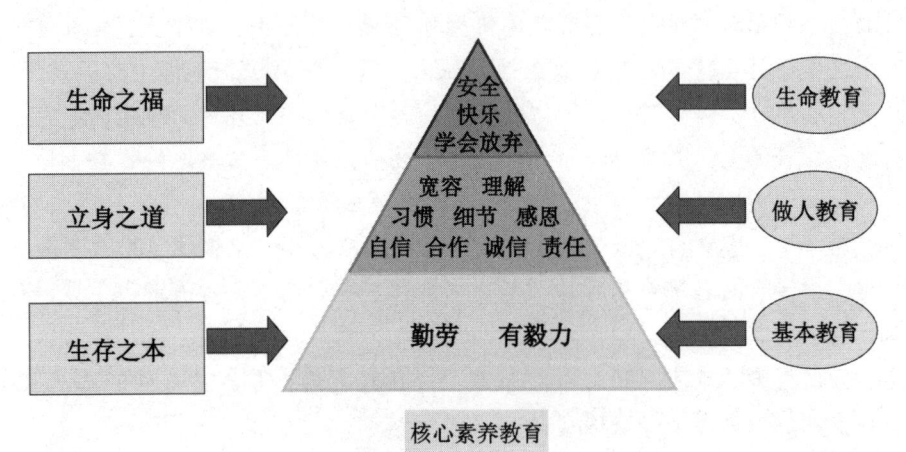

```
生命之福  →   安全            ←  生命教育
              快乐
              学会放弃
              
立身之道  →   宽容  理解       ←  做人教育
              习惯  细节  感恩
              自信  合作  诚信  责任
              
生存之本  →   勤劳    有毅力    ←  基本教育

              核心素养教育
```

第一层次要教育学生做到有毅力,学会勤劳。

先说毅力。毅力是指一个人坚强持久的决心,属于人的意志品质,基础是意志力。毅力是成功者的品质,是取得成功的要件。在智力水平、受教育程度和环境条件相同的情况下,有毅力的人往往更容易获得成功。

有毅力的人,能坚守自己的理想抱负,矢志不渝;没有毅力的人,环境条件变了,自己的想法也随之发生变化,对已有的努力和成绩弃置一边。当今社会,行业分工越来越细化,信息传递快捷,新旧更替速度加快,各种诱惑充满耳目，容易让人对自己原有的目标、选择产生怀疑或放弃。所以，加强对学生毅力的培养很重要。

有毅力的人，能坦然面对工作中的困难，前进中的曲折，生活中的逆境。一个人要完成一项事业，总要受精神和物质的影响，总是要与周围环境中的人或事打交道，在做事的过程中会出现无法估计的困难，这个时候就需要勇气和毅力。

教育学生要有毅力，大家没有争议。而勤劳就不一样了。勤劳对学生来说主要是勤奋。

说勤奋，自然就想到"减负提质"，其实二者并不矛盾。"减负"是减去教师主观给学生的，对提升学生素质没意义的作业。而"勤奋好学"是学生自觉地想去获得认知，是人本性的满足，勤奋的过程充满"斗智斗勇"的快乐，其结果都是为了"提质"。

现在，有些教育专家回避"勤学苦练"，只提"快乐学习"，我不完全赞成这样，要分清学生的学年段。因为"勤"的对立面是"懒"，"懒"肯定不是教育所提倡的。"快乐学习"当然是好事，也是我一直追寻的教育情境，但绝不是唯一的教育场景。一定要弄清楚"快乐"的含义，快乐是一种心理感受，是愿望的满足。不同年龄段的学生快乐的内容形式是不一样的，小学生的快乐多是直观的、是物质的满足，而高中生、大学生的快乐是隐形的，是精神的满足。前者容易从外界获得满足的条件和内容，所以幼儿园和小学多提倡"快乐学习"，是对的，然而后者的许多满足是从外界不能获得的，需要高中生、大学生自己勤奋努力地去获取。获取的过程是辛苦的，但憧憬是美好的，结果是快乐的，所以高中生、大学生提倡"需求学习""勤奋学习"。初中生介于二者之间，既要"快乐学习"，又要"勤学苦练"，"快乐"可以促进"勤奋"，"勤奋"的结果可以部分满足学生的"快乐"，往往是有了"勤奋"行为过程而获得的结果，才是快乐的。

"快乐"与"痛苦"是一对孪生兄弟，就未成年学生的教育而言，我主张"苦"，但反对带给学生"痛"，教师要掌控"苦"与"痛"的分寸。"苦"是"勤奋"过程中的经历，学生可以承受的，其过程是不能影响到学生身心健康的。"苦"是在"勤"的行为中的体验，学生要学会吃苦耐劳，要认识到有苦才有甜，有过苦的历练才会珍惜和享受甜。屠格涅夫说："你想成为幸福的人吗？但愿你首先学会吃得起苦。"而"痛"是"勤"的无限增大，超过了学生的身心承受力，严重影响到学生的身心健康，有的学生因承受不起教育带来的"痛"而弃学，比如"逃学""飞家"。

有的教师认为"勤学苦练"与"新课标"不合。其实不然,"勤学苦练"与"新课标"提出的"情感、价值、态度"是不矛盾的,我认为"情感"是在"勤学苦练"中体验和形成的,"价值"是"勤学苦练"的目标和收获,"态度"是"勤学苦练"过程的认知情态和表现状态。

我在教育学生时,大力提倡和引导学生要"勤奋好学",勇敢地克服学习中遇到的困难,培养学生的"心理忍耐力"。教育学生理解和做好这一点,不仅对学生今天的学习有用,他们将来面对生活和工作会更有意义,这是对学生最基本的,也是最重要的素质教育要求。

在当今社会里,一生勤劳的人,至少可以满足自身的物质需求,不会缺吃少穿。无论是读书,还是生活工作,都离不开"勤劳"。就读书而言,有"书山有路勤为径,学海无涯苦作舟"之典,有华罗庚所说的"聪明出于勤奋,天才在于积累"。就人生意义而言,"谨慎的勤奋带来好运",达·芬奇也说:"勤劳一日,可得一夜安眠;勤劳一生,可得幸福长眠。"如果一个人为实现愿望而坚持不懈、勤奋工作,过程也许会艰辛,但人生一定是丰富的,人生的愿望一定能达成,自己也会快乐幸福。

所以说,做到有"毅力",学会"勤劳"是"生存之本",是最基本的教育内容。

第二层次,要教育学生学会宽容,感恩等

在目前学生的学习生活和将来的社会生活中,"宽容、习惯、细节、感恩、自信、合作、诚信、责任等"会影响到他们的成长和成功。关于这方面的书有很多,比如《宽容》《细节决定成败》《习惯的力量》《心灵鸡汤》《找回孩子学习的自信》《增广贤文》《三字经》《责任·荣誉·团队》等。加强这些内容的教育,对学生现在和将来的学习成绩、人际交往、生活质量、工作状态、事业成功、家庭幸福等都意义重大,能拓宽学生人生道路的宽度和提升生命意义的高度。所以说,这些是"立身之道"。如果说"勤劳""毅力"是对学生最基本的教育要求,那么"立身之道"的教育就是对学生较高层次的教育需要,它包含了"做人教育",是生命价值提升的条件。

第三层次,要教育学生注意健康安全,懂得快乐生活。"生命教育"是帮助学生认识生命、珍惜生命、尊重生命、热爱生命。在这里用具体的"健康安全""快乐生活""学会放弃"来阐释"生命教育"。

其一,"生命教育"就是让学生了解人的生命特征,认知生命的一些现象,掌握"健康安全"的知识和技能。加强"健康安全"教育对于中学生来说是非常必要的,因为"健康和安全"问题指向的是学生生命的存在和状态,"健康和安全"的"度"在某种意义上将影响和决定学生生命存在的质量和发展的方向。

其二,"快乐生活"既是"生命教育"的目的之一,也是"健康安全"的保障。无论是个人还是国家,发展和追求的终极目标是实现个人的快乐和幸福。引导学生学会快乐学习和生活,养成豁达乐观的心态,应该是我们教育的目标。同时,教师不仅要引导学生学会体会自己快乐,还要教育学生学会把快乐带给他人。

其三,要教会学生学会放弃。这样讲,似乎与"毅力"矛盾,其实不然。因为每位学生的需求和追求的欲望或愿望往往是多样化、多层次的,是动态的,不同学年段不一样。教师就是要根据具体的情况引导学生进行取舍。比如,初二、初三的学生青春期萌动,有交异性朋友的冲动,教师就应劝其放弃。放弃是让目标更集中,放弃的是那些与学生身心成长无关或有害的东西,放弃是为了更好地坚持。就好比果农要疏果,花匠要剪枝。总之,放弃是有利于"生命教育"的。我想,当我们的学生注意自身的安全健康,学会放弃,是学生生命之福,是教师教育真正的成功。

只有当教师完成好了"基本教育""做人教育""生命教育",学生才有生存的素质、立身的素质、珍惜和享受生命的素质,这正是当下国家核心素养教育的内容和需要。

需要对前面"我的育人观"图说明几点:(1)图中三个层次的内容,在教育实施中有重叠交叉的情境,几个内容形成合力才更有教育作用。(2)这个图,还可以从人生的不同发展阶段来理解。"勤劳""毅力"伴随人的一生,是最为基本的内容,是人在不同环境中必备的素质,无论得意成功、顺风顺水,还是失意失败、道路阻隔,它都一直相伴。而"做人教育"的内容,就学生时代而言,更多的是学习习惯的养成,它的意义更在于将来面对工作、面向社会。而"生命教育"在人生路上各有侧重,学生时代,偏重于对生命的认知、生命技能的掌握以及对生命的尊重,青中年时期偏重追求生命的价值意义,而老年人更关注生命的健康。当然,每个个体根据自己的身体情况、工作环境和性质、性格特点等的不同也各有侧重。(3)本想把"安全"放在"生存之本"中,因为生命的"安全"总是伴随人生过程,但从教育归类的角度,还是放在"生命教育"中更妥当。

其次,谈谈教育的评价。

(1)评价学校。学校是否有特色,能接纳有各种兴趣爱好的学生;是否有对学生生命的尊重和在乎;是否有文明、民主、自由的风气;领导和教师是否有幸福感；是否存在引导和激励学生自主学习；是否有集体功利主义思想和行为。

（2）评价教师。是否有对学生人格的尊重；是否关注学生生命，并教育学生珍爱生命；是否能掌控关爱与溺爱、严格与严厉、威信与威风、宽容与纵容的度；是否灵活应用表扬与批评、奖励与惩处、赏识与挫折的艺术；教师与家长是否交往有度，是否很在意个人功利；是否有独立的精神和自由民主的思想。

（3）评价学生。学生做事是否脚踏实地、勤勤恳恳、有始有终；学生做人是否以诚相待、宽以待人、帮助他人；学生学习是否学法得当、不畏难、不气馁、不放弃；学生的个性是否有特点，越是有个性的学生，越要重视学生的做人素质。扭曲的人格、灰暗的心灵、嫉妒和自私都不是教育培养的个性，教育引导的个性一定是体现着学生的灵气和正气。另外，学生的兴趣爱好是否广泛也是一条重要的评价准则，因为个人的兴趣既能乐于自己，也能乐于他人。

● 教育是职业，也是事业

就社会性来讲，教育是一种职业。但就教师个人来说，教育既是职业，也是事业。只有当教师热爱、敬重教育职业，有职业规划，有使命感和责任感，愿意为之奉献和奋斗时，教育才是教师的职业和事业。

在这里，如果教师只把教育当作职业，我们称之为职业型教师；既把教育当职业，也当事业的教师，我们称之为事业型教师。

教师不要认为教育职业行为和事业行为是南辕北辙的教育行为，也不要认为它们是水火不容的工作观念和态度。相反，二者有较大的相容性，表现出的教育行为往往是相同的，教育的目标指向具有一致性。

现在，有些教育名师和专家，把职业型教师和事业型教师分得一清二楚，泾渭分明，这是不对的。就某个教师来讲，他或许刚工作的时候，把教育纯粹当职业，对工作不感兴趣，朝三暮四，想着"跳槽"，这是职业型教师的表现。但随着时间的推移，"日久生情"，他慢慢地热爱上了教育工作，成长为一位事业型教师。

就职业型教师个体来说也千差万别，他们或对教学感兴趣，或对当班主任很在行，或教研写作有成绩；有的没有育人教书的能力，但工作踏实，或人际关系处理得好。所以，在评价一位教师时，不能简单地分类。在给教师提工作要求时，也不能从量上和质上分得很清楚，要把握好一个度。

从教师把教育当职业的角度看，教育工作成了教师谋生的手段。教师靠工作换取工资来满足自己和家人的物质生活之需，这和农民靠耕种土地收获粮食一样。这是教师的合理需求，是安身立命的根本，也是事业的基础。换句话说，物质的满足是职业型教师和事业型教师都应有的希望和追求。

职业型教师和事业型教师有许多共同点。把教育当作自己一生追求和挚爱事业的教师，首先应该是位职业人。无论是职业者还是事业者，他们大部分的教育行为是相同的。在一个学校、一个年级里，教师们每天做的工作也是基本相同的。甚至，一位职业型教师，有时工作的效果并不逊色于一位事业型教师。

但只把教育当作职业的教师，与既把教育当职业，也当事业的教师相比，会有明显的不同，特别是从长远看，两类教师的差距会越来越大，成喇叭口状发展。

职业型教师中，有的把报酬当作唯一目的；有的工作斤斤计较，奉献成为奢求；有的教师把师爱做得虚情假意；有的把工作与生活分得很开；有的常常牢骚满腹，感受不到工作的快乐和幸福。

职业型的教师，把工作作为谋生手段，本无可厚非。但目前的实际情况是，有的职业型教师的教育存在超越教师师德底线和教育相关法律的过度行为。在应试教育强有力地挥舞着指挥棒时，分数成为教师和学校的命根，考试成为教师的法宝。有的教师把自己当作商人，把教育当作发家致富的平台，追求个人金钱收入的最大化。为了提高学生成绩，大搞题海战术，大量剥夺学生的休息时间；为了有偿家教，违反师德，在正常的教学中短斤少两，本班学生如不参加家教补习就拿"小鞋"给学生穿；为了抢夺家教生源，教师之间生成矛盾；为了个人突出而抢占学生宝贵的时间，全然不顾学生实际需求，不考虑班级学生学科平衡。在这种教育下的学生成了木偶、机械、容器，成了流水线下的零件。师生关系变得自私、虚伪、冷漠、疏离甚至敌对。职业的功利主义表现得淋漓尽致，这样的教育只有个人价值而没有社会价值，甚至伤害了社会价值。

职业型的教师，有的往往照本宣科，机械地死搬教材胡乱灌输；或追求花里胡哨的形式，善于作秀，结果是成不了"师"，只能是"匠"。学生则成了被动吸收，机械模仿，死记硬背，缺乏创新能力和较高人文修养的考试机器。

职业型的教师，有的把工作和生活截然分开。工作不是为了学校或学生，仅仅是为了工资。上班时间才工作，只做分内的事，如有分外的或下班时间的工作就得以钱为前提。每天按照课表准时到校，等着上课铃响起，又等着下课铃响起，等着这一周过去，盼着节假日和寒暑假的到来，等待着退休。这样的教师工作很无聊，生活也很无奈，甚至是痛苦煎熬。他们没有体会到教育工作的乐趣，即使有也只是一个点一个点的，而不是一条线或一个面的快乐。

然而，事业型的教师看到的教育，是一项非常特殊且有意义的工作。教师受国家、社会的委托，承担着特殊的使命。教师面对的是鲜活的生命，教育行为是生命与生命的交流和碰撞，需要教师用心、用情去参与。

也只有事业型的教师才能充分发挥自己的聪明才智，充满激情，全身心地投入，去感染学生、激发学生，使学生成为学习的主人，自己的主人；才会无私地去关心学生，去在乎学生的言行情感，而不在于学生形象是否可爱，行为是否合乎自己的心意。

也只有事业型的教师对学生的感情才是出于对祖国下一代的关怀，包含着深刻的社会内容和意义，对学生的爱才是为了达成自己的人生规划、实现某种社会目标而产生的。也只有当教师把教育当作自己的事业时，教师自己才是一位有追求、有理想、有信念的人，是一位愿意奉献、勤于思考、敢于创新的人。

也只有事业型的教师才有前进的航向。有一则故事：三位砌砖的工人正在工作，有人问他们在做什么，他们的回答各不相同。一位说砌砖，一位说是赚工资，而第三个则自豪地说："我正在创造世界上最富有特色的房子。"正是这样把砌砖当作自己的事业，他成了一位著名的建筑师，而另两位工人则一生默默无闻。

也只有事业型的教师才是幸福的。因为把教育当作事业的教师，对育人教书由衷热爱，在教育活动中会感受到来自学生的尊重，会体会到成就感，会得到无限的快乐，这种快乐能驱动自己努力钻研，认真工作。这样形成的良性生活环境和工作心态，会让教师感受到幸福。教师在教育活动中不仅仅是"付出"和"给予"，还有"收获"和"回报"。钱理群先生说："教师与学生处于人生不同阶段的两种生命的相互撞击，都会给对方以生命的滋润。"张文质先生说："好教师一定是在课堂上要比平时显得更美的人，哪怕是相貌平凡，一到课堂上就有一种容光焕发的精神气。"陶行知也说："教师触动孩子，孩子触动教师，形成极好的人性的相互激荡。"是的，教师并非只是奉献，只是付出，在教育活动中，在培育学生的过程中，自己的生活得以充实，自己的心愿得以达成，自己的业务得到发展，自己的生命价值得到升华，在师生互动中实现师生共进。教育是一个使教育者和受教育者都趋向尽善尽美的事业，这正是教师所特有的幸福感的来源。

也只有事业型的教师才会在教育活动中产生灵感。如果一位教师忠诚于教育事业，那么表现出来的就是对教育事业的热爱，并具有强烈的责任感和使命感，视野开阔、以天下为己任，胸怀坦荡、乐于奉献、甘于清贫，生活纯粹、不为名利所支配，远离世俗之浮躁，静心读书、钻研教育，谦虚谨慎、脚踏实地、勤奋工作。用研究的眼光对待工作中的每件事，用发展的眼光看待每位学生。无论何时何地，都会自觉主动地在教育活动中尽心尽责，以积极的态度对待学生、对待工作、对待生活。当工作疲倦劳累时，不会倦怠放弃，而是想方设法自我疏导和排遣，重新注入永不泯灭的激情；当遇到困难挫折时，也不会犹豫不决、心灰意冷，而是内心充满着勇气和力量，沉着冷静地应对和克服，有献身教育事业的精神，体现出高尚的境界。

也只有事业型的教师不会让工作和生活泾渭分明。快乐工作也是他们快乐生活的一部分。在平常的生活中他们也会观察教育现象、阅读教育书籍、收集整理教育相关资料、感悟教育的道理。在那些教育名师和专家们的演讲或论著中，让人感到精彩和深刻的地方往往来源于生活。他们从生活中吸取教育的养分，把工作当作生活，把工作当作自己人生追求的事业。他们积极地生活，享受生活，同样积极地工作，享受工作。

总之，一位教师如果仅仅是把教育当作职业来对待，那他只能成为"教书匠"，在苦和累中忙于应付学生，也许有分数的收获，但一定是一份苦涩的职业。如果把教育这门职业放到事业的高度上来对待，那他就有献身教育事业的精神，体现出崇高的境界；那他就有了追求的目标，有了值得用生命去热爱、去呵护的事业；那他的生命才会有激情，生命的意义和价值才会提升。

● **做好"人类灵魂的工程师"**

"人类灵魂的工程师"据说原是斯大林对作家的称呼，后来人们将其用于称赞教师。于是，"人类灵魂的工程师"便成了教师特定的称谓。

教师是人类灵魂的工程师，这里的"人类""灵魂""工程师"透视出了教师工作的意义和使命。要成为"工程师"就要求教师有相应的知识、能力和事业心。教育不是一项平常的、谁都能胜任的职业，而是一项对从业者

"知、情、意、行"都有高度要求的工作。教师不能只是感受这气势恢宏而富有诗意的语言，而要对这句话有正确的理解，把握好认识的准度。

有的教师把自己当作学生灵魂的"塑造者"，或理解成为"创造者"，这显然片面地夸大了教师的作用。在教育越来越走向民主与科学的今天，什么都是可以塑造的，唯有人的精神和个性是不能塑造的。这一点很重要，有了塑造的想法，教师就会按照自己的模式实施教育行为，当学生不能或不愿照着教师的"轨迹"发展时，教师就可能采取违反师德和教育规律的手段去"纠正"，比如体罚、讽刺。如果学生按照教师的指引发展，那学生就会丢失自己的一些个性和兴趣爱好。没有了个性和自主精神的学生，成了满足教师心愿的产品。这样，学校培养出的人才成了一个样子。因此，教师不能把自己当作学生心灵的绝对"塑造者"。

但教师是学生灵魂的影响者，特别是班主任。观察发现，一个班的学生言行、情感状态、班风总是有班主任的影子。人们常说："有怎样的班主任就有（带出）怎样的学生。"教师对学生的影响有小有大、有轻有重、有浅有深。往往有责任心和爱心，有威信和人格魅力，阅历丰富、能说会道的教师对学生心灵的影响比较积极。另外，教师对学生心灵的影响，往往低年级不如高年级，大学强于中学，这是由学生本身的身心特点和认知水平所决定的。

如果把"塑造者"理解成为"影响者"，那么，教师在施加影响时，就会心中有数有度，就会悦纳学生的生命、尊重学生的人格、在乎学生的情感态度、赏识学生的个性和自主精神、宽容学生的缺点和错误。学生就会在教师的引导下，结合自身特点，发展自我、生成自我。学校所培养出的人才就会"百花齐放"。

教师是人类灵魂的工程师，这里的"教师"应该理解为教师群体，因为学生在其成长过程中影响其灵魂的教师不是个人而是多人，况且，不同的教师影响度也不同。可以理解为某教师是某位或某些学生灵魂的影响者之一。

作为人类灵魂的工程师，教师必须具有高尚的道德品质，对学生要有慈母般的爱心，有广博的知识，有不断更新的教育理念，有充满激情的工作态度，做到与时俱进，这样才能培养出具有独立生存能力的学生和符合社会发展需要的人才，才称得上担好了教育这一重担。

教师要影响学生的灵魂，首先要学会塑造自我的灵魂。教师职业道德应当比其他职业道德有更高、更全面的要求。只有教师自己具有良好的师德和情操，才能培养出高素质的人才。而现实中有的教师的灵魂并不比学生高尚。有的教师为了分数用"题海战术";有的教师不择手段地向学生或家长索要钱物;有的教师体罚或心罚学生,随意把学生叫出教室,随意停学生的课。比起学生那一颗颗晶莹的童心,有的教师的灵魂其实早已锈迹斑斑!甚至有的教师用自己负面的思想行为去玷污学生纯洁的灵魂。

另外,教师不能只顾教书,或带着功利教书。教师应该既要教书,又要教做人,不仅要用丰富的学识教人,更要用自己的品格教人。既要言传,又要身教,而身教重于言传,即要以自己的良好道德行为去影响、启迪学生的心灵。教师的奉献虽然不见得是什么壮举,却是用平凡与崇高的师德之光,照亮学生清纯的天地。

大多数教师以崇高的思想境界和高尚的道德标准要求自己,但这并不意味着教师们的方方面面已经达到了一个很高的境界。要敢于承认教师不是完人,在许多方面不如学生,这并不是降低了教师对自己的要求,恰恰相反,只有教师随时随地意识到自己的不足,才真正有利于教师的不断完善。首先,要做到"学高为师,身正为范"。教师要甘于平凡,坚守三尺讲台、默默耕耘,精益求精,爱岗敬业;要自甘淡泊和寂寞、刻苦钻研,努力提高业务水平。要潜心修行,严于律己、为人师表,不断提高自己的品德修养,成为学生心中的道德模范。其次,要达到"要给学生一碗水,教师要有一桶水"的要求。这桶水一定得是有源头的活水。教师必须博学多识,具备不断学习和自我发展的能力,学习最新的科学理论,了解和掌握现代信息技术及教育学和心理学的相关知识,并把这些知识运用到自己的教学工作中。教师以教学为己任,努力钻研业务,潜心研究教材,精心设计教案,讲究授课方法,掌握教学规律,培养学生学会生存、学会做人、学会合作。只有这样,教师才能赢得广大学生的赞誉,从而有效地影响学生的灵魂。再次,要做到"有真心、有爱心、有耐心"。正所谓,干一行,爱一行,专一行。只有真心对待,才能获得相应的收获。师爱是一个永恒的主题,是一种把全部心灵和才智献给教育的真诚。耐心是一名教师的基本功,教师每天要面对一些纷繁琐碎的事情,每个学生的学习能力和知识结构都不同,教师不可能要求每位学生在同一时间学会所教的所有内容,这时就需要教师的耐心。

学生童心的保持、个性的发展、思想的成熟、能力的培养都离不开教育,但这种教育,不应该是教师的居高临下与学生的俯首帖耳,而应该是教师与学生的共同成长。"三人行,必有我师焉",在师生接触中,要心灵和谐共振、互相感染、互相影响、互相欣赏。它是心灵对心灵的感受,心灵对心灵的理解,心灵对心灵的耕耘,心灵对心灵的创造。教师影响着学生的灵魂，其实学生也影响着教师的灵魂。教师必须承认这一点，这是教育走向民主所不可缺少的思想革命。陶行知先生说："人只晓得先生感化学生锻炼学生，而不知学生彼此感化锻炼和感化锻炼先生力量之大。""谁也不觉得您是先生，您便成了真正的先生。"苏霍姆林斯基也曾说："只有当教师在共同活动中做孩子们的朋友、志同道合者和同志时，才会产生真正的精神上的一致性……不要去强制人的灵魂，要去细心关注每个孩子的自然发展规律，关注他们的特性、意向和需求。"

师生一起交流学习，就是还教师以真实，给教育以诚实。当教师在学生面前不再是神仙而是还原为质朴、真诚，不乏缺点的人时，学生更会把教师当作可以信任可以亲近的朋友，而朋友般平等的感情，无疑是教育成功的前提。向学生学习，即使从教育的角度看也是对学生最有效的教育。学生从教师身上，看到什么叫"人无完人"，什么叫"知错就改"，什么叫"见贤思齐"。教师对自己错误的真诚追悔和对高尚人格的不懈追求，将感染和影响学生的灵魂。

总之，教师要正确理解"教师是人类灵魂的工程师"的含义，并且自己要拥有"工程师"的资质，在具体的教育活动中做到心中有"度"，遵照教育的科学性、规律性办事，才能名副其实。

● 教育现代化背景下的教师专业化

学校教育是社会活动的一种特殊形式，随着社会的现代化，学校教育必然要现代化。党的十九大明确提出了建设教育强国是中华民族伟大复兴的基础工程，必须把教育事业放在优先位置，深化教育改革，加快教育现代化，办好人民满意的教育。2018年9月10日，党中央召开全国教育大会，习近平总书记在大会上发表重要讲话，系统回答了关系教育现代化的重大理论和实践问题，对加快教育现代化、建设教育强国、办好人民满意的教育做出了全面部署，向全党全国全社会发出了加快教育现代化的动员令，为新时代教育指明了方向。《中国教育现代化2035》和《加快推进教育现代化实施方案（2018－2022年）》两个文件远景近景结合，各有分工和侧重，共同构成了教育现代化的顶层设计和行动方案，系统勾画了我国教育现代化的战略愿景，明确了教育现代化的战略目标、战略任务和实施路径。教师作为学校教育最核心最活跃的主体，是教育现代化的关键，务必要与时俱进，踏准节奏，紧跟现代化，成为教育现代化背景下的专业化教师。教师专业化发展，是引起教育现代化系统性变革的内生力量。只有教师专业化，才能促进教育现代化。也只有教育现代化，才能培养现代化的人才。

首先，教师要有较高的职业素养。教师的职业素养是教育现代化背景下的教师专业化的保证。教师的职业素养一般指教师的师德素养、师情素养、师知素养、师能素养。面对教育的特殊性和复杂性，现代化背景下的教师只有对自身的职业素养有一个全面的思考和认识，努力提升自身的职业素养，才能确保自身朝着专业化方向发展。

一是要有师德素养。《中国教育现代化2035》指出"大力加强师德师风建设，将师德师风作为评价教师素质的第一标准，推动师德建设长效化、制度化。"可见，具备良好的师德师风是教育现代化，教师专业化必需的。

二是要有情感素养。教师要关爱学生，尊重学生人格，平等公正对待学生，对学生严慈相济，做学生的良师益友，保护学生安全，关心学生健康，维护学生权益；要欣赏、信任学生，力争激活学生身上的潜能，点燃学生心中的希望；要遵守教育规律，激发学生创新精神，促进学生德智体美劳全面发展。

三是要有知识素养。教师要掌握所教学科的基本知识、基本技能、基本理论和学科体系，了解该学科的发展脉络、思维方式和方法；要备有教育科学知识、广博的文化知识，积极主动更新专业知识和教学手段，构建适应教育现代化需要的知识结构和教学体系。

四是要有能力素养。教师要具备语言表达能力、组织管理能力、组织教育教学能力、自我调控和自我反思能力，特别要有教研能力。教师应积极参与教研活动，善于发现和解决新问题，并结合教育教学经验加以研究；应主动站在理论前沿，开拓进取，提升自身的专业化水平。

其次，教师的教育理念要现代化。教育理念作为一种思想意识，它具有规范、指导教师行为的作用。教育理念的现代化具有时代特征、符合教育规律，是教师专业化所必须拥有的，具体表现在教师应具有生命意识、民主意识、创新意识、课程意识、反思意识、合作意识、终身学习意识等。只有教师的教育理念转变了，才有教育行为的转变，可以说，一位教师所具有的教育理念决定着教师专业化水平的高低。由于"互联网、人工智能等新技术的发展正在不断重塑教育形态，知识获取方式和传授方式、教和学关系正在发生深刻变革。"时代需要教育做出积极的回应，这种回应呼唤亟须教师专业化。要想成为专业化的教师，就要努力学习现代化的教育理念，探索教育教学的基本规律，掌握各种促进教育现代化的技能技巧。

一是要尊重学生生命。教师要尊重学生学习过程及学习成绩的差异，真诚平等地善待后进生，懂得调整对后进生的期望和评价标准，多给后进生展示自我的机会，善于激发后进生的兴趣；要尊重个性差异，因人施教，成全学生生命的价值，让教育沐浴在人性的光辉之中，引领学生朝着有利于生命幸福和价值的方向发展。

二是要注重师生平等。教师要以学生为主体，关注学生的诉求，满足学生的需要，从主导者和引领者转变为引导者与服务者；要通过彼此平等的朋友关系帮助学生实现健康成长，要设身处地地体验学生的感受，以友善的态度对待学生；要充分信任、激励学生，促进学生发展自主意识、形成自主行为、提升自主能力，达到"教学相长"；要善于虚心向学生学习，善于倾听学生的意见和要求，善于民主讨论问题，倡导真理面前人人平等的风尚。

三是要重视职业角色的反思。时代在变，教育环境在变，教师与学生之间的角色也在变，教师要适应时代的变化，重新认识自身的角色。教师要紧跟时代，用现代社会的信息、知识、技术为自身的教育服务。要用批判和审视的目光多角度反思自身的教育思想和行为，并做出理性的判断和选择。要换位思考，根据学生的需求调整教育教学方法，让学生真正得到关照。

再次，教师要有职业生涯规划。教师的职业生涯规划是教育现代化背景下的教师专业化的助推器。某种意义上讲，教师有职业生涯规划，就是教师专业化的开始。教师有无职业生涯规划，直接影响教师的教育思想和行为，决定教师十年、二十年后的生命状态和专业化水平。如果教师有职业生涯规划，既可以促进教师在其职业生涯的所有阶段中的专业化发展，还将帮助教师专业化获得极致的发展，教师的知、情、意、行将得到整体的完美的体现。外因是条件，内因才是决定因素。要想成为专业化的教师，必须自觉地、科学地进行职业生涯规划，对自身的职业做系统思考，整体观照，最大限度地挖掘和实现自身潜能，更好地创造自我价值和社会价值，实现从"要我发展"到"我要发展"的根本转变。

一是要结合自身情况规划职业生涯。教师要明确自身的发展阶段以及周围环境，进而确定自身的发展目标。教师有职业生涯目标，才会习得良好的习惯和获得良好的志趣，拥有丰富的情感，具有独立思考的能力和顽强的意志等品质；才会提高应对教育转型和挑战的适应力，提高自身对教育环境和社会环境的洞察力，增强自身职业的成就感和幸福感，有效避免职业倦怠。

二是要不断学习、终身学习。教师职业的特殊性，要求教师与时俱进，热爱学习，不断地改变、充实、提升自己，不断地有活水注入脑库。读书学习，能增加教师的知识厚度，拓宽视野。读书学习对于教师来讲，是最基本的素养。教师"要给学生一杯水"，自身就应有一桶水、一池水。教师要让学生"好好学习，天天向上"，自身也一定要是个好的学习者。朱永新说："一位教师如果不善于学习，不充实自己，一切都将成为无源之水、无本之木，不要说创新、超越了，可能连最起码的底气都没有。"

总之，"教师承担着传播知识、传播思想、传播真理的历史使命，肩负着塑造灵魂、塑造生命、塑造人的时代重任，是教育发展的第一资源，是国家富强、民族振兴、人民幸福的重要基石。"教育现代化背景下的教师专业化是实现这一目标的不二法门。

师德要有高度

所谓高度，是指教师的情怀和师德要有高标准。作为一名教育工作者，品格要高尚，言行要有修养，要努力提升自己的人生智慧，努力做到身教胜于言教，扩大自身的影响。

教师的情怀和师德有了高度，就能防止意识淡薄，就能明确自身师德的重要性、必要性和长期性，保持清醒的头脑，以高昂的姿态、饱满的热情，积极投身到教育事业中。

当教师思想品格、言谈举止、为人处世有高度和气度时，学生才认可，以有这样的教师为荣，以这样的教师为榜样。这时，教师在学生心中有威信，说的话他们才听得进去，并按教师的要求去做。有怎样的教师，就有怎样的学生。教师的师德高度，决定了学生思想品德的高度；教师的境界决定了学生的境界。

● 师者，生之范也

教师的工作对象是学生，他们身心尚未成熟，可塑性大。"师者，人之模范。"教师的言谈举止、待人接物，乃至气质、性格等，都对学生起着熏陶作用。"其身正，不令而行；其身不正，虽令不从。"教师身正为范，将对自身的教育工作起到事半功倍的作用。

教师职业的最大特点是培养、影响新一代，教师的道德品质将直接影响下一代的成长。教师良好的素质，不仅是有效教育的基础和前提，也是学生直接学习的内容，是有效的教育工具或手段。叶圣陶先生说过，教师的全部工作就是为人师表。教师的品格意志、道德面貌、情感态度、学识能力都会对学生产生潜移默化的影响，具有巨大的教育价值。教育离不开言传身教，学生在校学习，往往把教师的一举一动、一言一行都化为自己学习的内容、仿效的榜样。这就要求教师必须有远大的理想、诚实谦虚的品质、勤奋好学的作风和礼貌待人的素养。陶行知先生说过："学高为师，德高为范。"说的都是为师者不仅要有广博的知识，更要有高尚的师德；既要把丰富的科学文化知识传授给学生，又要用自己的高尚人格影响学生、感染学生，使学生身心健康地发展。教师要安贫乐教，甘于奉献，必须耐得住寂寞，受得住挫折，全心全意地为教育服务。优良的师德、高尚的师风是教育的灵魂，因而教师必须要有高尚的思想境界、纯洁美好的心灵。

所以，教师要处处、事事做到身正为范，以自己的良好形象来教育和感染学生。那么，教师在工作和生活中该怎么做呢？

教师要用自己良好的思想启发学生。著名教育家加里宁曾经说过："教师的世界观，他的思想、生活，他对每一现象的态度，都这样或那样地影响着全体学生。"教师对社会现象的认知应该有深度和广度。要热爱祖国、热爱家乡、热爱学校，看问题要能够做到客观公正，要有理想、有追求；在是与非、善与恶、正义与非正义等问题上，要能够旗帜鲜明地拥护积极健康美好的方面。

教师要用自己文明的言行引领学生。在生活中，教师对学校和班级的事要有主动性，要勤勤恳恳、兢兢业业，不要斤斤计较、拈轻怕重。教师要身体力行，要求学生做的，自己首先做到；要求学生不做的，自己首先不做。对学生要有教无类，一视同仁，不要厚此薄彼，处理事情时要公平、公正，尤其对学困生，更应当倍加爱护和关心。在业务上，教师要勤奋学习，虚心请教，不断吸取新知识和新方法。在人际交往上，教师之间应当相互尊重、相互学习，取长补短，共同提高。在教育过程中，要注意发掘学生的创造性思维，注意启发式教学，培养学生的好奇心、上进心。

另外，教师还要自爱、自律、自控、自强，做到以下几点：第一，教师要把教育既当职业，又当事业。第二，教师要有爱心、善心、包容心。第三，教师要把追求完美的教育作为自己的理想。一名有着崇高和远大理想的教师，会真正献身于教育事业，会静心教书，潜心育人。这样的教师一定是受学生爱戴、让社会满意的。

总之，作为新时代的教师，只有深刻理解教师应有的师德的高度，充分认识为人师表的重要意义，不断提高自己的师德修养，才能成为一名合格的教师，才能成为学生之范。

◉ 成为学生生命中的贵人

所谓贵人，是指在自己生命中，对自己前途、事业有所帮助的人。往往具有远见卓识、热心帮助他人的人，才能够发现人才，才善于发掘和运用他人的智慧和本领。

教育工作的特殊性，决定了教师成为他人生命中贵人的可能性和必要性。从那些优秀教师身上，我们可以发现他们成为学生生命中贵人的素质和条件。在他们身上，不只有专业知识和做学问的方法，更多的是他们执着于教育事业，孜孜不倦、严谨勤奋、潜心钻研、尽心尽责的精神，以及热爱工作、热爱生活的生活方式。

教师所面对的学生是具有不同个性的鲜活个体，要用不同的尺度去衡量不同的学生，给予学生们更多的独立和自由，关爱、尊重、悦纳每一个学生，使学生感受到和体验到来自教师的关注、喜爱、鼓励和支持。有时教师一句话就可以改变学生的一生，荣升为"贵人"。

卡耐基小时候是一个公认的坏男孩。在他9岁的时候，父亲把继母娶进家门。当时他们还是居住在乡下的贫苦人家，继母则来自富有的家庭。

父亲一边向继母介绍卡耐基，一边说："亲爱的，希望你注意这个全郡最坏的男孩，他已经让我无可奈何。说不定明天早晨以前，他就会拿石头扔向你，或者做出你完全想不到的坏事。"

出乎卡耐基意料的是，继母微笑着走到他面前，托起他的头认真地看着他。接着她对丈夫说："你错了，他不是全郡最坏的男孩，而是全郡最聪明、最有创造力的男孩。只不过，他还没有找到发泄热情的地方。"

继母的话说得卡耐基心里热乎乎的，眼泪几乎滚落下来。就是凭着这一句话，他和继母开始建立友谊。在继母到来之前，没有一个人称赞过他聪明，他的父亲和邻居认定他就是坏男孩。但是，继母只说了一句话，便改变了他一生的命运。也就是这一句话，成为激励他一生的动力。他日后创造了"成功的28项黄金法则"，帮助千千万万的普通人走上成功的道路。

卡耐基14岁时，继母给他买了一部二手打字机，并且对他说，相信他会成为一名作家。卡耐基接受了继母的礼物和期望，并开始向当地的一家报纸投稿。他了解继母的热忱，也很欣赏她的那股热忱，他亲眼看到她用自己的热忱改变了他们的家庭。所以，他不愿意辜负她。

来自继母的力量，激发了卡耐基的想象力、创造力和无穷的智慧，使他成为美国的富豪和著名作家，成为20世纪最有影响的人物之一。

卡耐基的继母用赞美和鼓励、宽容和真诚、尊重和等待改变了他的一生，使他成就了一番事业。继母难道不是他生命中的贵人吗？作为教师，也应该用显微镜一样的眼睛发现学生的优点，学会尊重学生，善于鼓励学生，也许在自己学生中就有"卡耐基"，而教师就是他生命中的贵人。

要成功地成为学生生命中的贵人，教师的人格魅力是很重要的因素。高尚的人格魅力是教师自我完善的最高境界，是促使学生健康成长的重要因素。凡是成功的教师，无不以其人格魅力之光照亮学生的心灵，并潜移默化地影响着学生的人格发展。教师的人格魅力对学生所产生的吸引力和感染力是巨大的、深远的，有些方面甚至会影响学生的一生。要赢得学生的尊重和爱戴，需要教师的学识、能力、性情、品德修养等素质融铸成的人格去感染学生。

要成功地成为学生生命中的贵人，教师要有渊博的学识和教书育人的能力，在教育教学上游刃有余，善于处理、协调跟学生以及同事之间的关系，创造融洽和谐的工作氛围。学生能从教师身上获得各方面的良好影响而终身受益。

要成功地成为学生生命中的贵人，教师必须是善良和慈爱的，在平等的基础上善待每一个学生，不会因为学习成绩的好坏与家庭背景的不同而区别对待学生。教师往往胸怀博大，既是学生的良师，也是慈爱的长者，更是学生的知心朋友，不仅关注学生的学业成绩，也关心学生的思想品德与行为习惯，更把学生的喜怒哀乐放在心间。

要成功地成为学生生命中的贵人，教师要信任和宽容学生。在课堂上把学习的主动权交给学生，让学生在探索中享受成功，做学生生命中的指导者和引路人。不把学生看作知识的容器和考试的机器，相信学生的能力并想方设法提高学生的能力；给学生以充分的信任，哪怕是学生有过失的时候，也相信学生有改正过失重新开始的能力；不光看到学生的现在，更关注学生的将来，为学生将来的发展打基础。

要成功地成为学生生命中的贵人，教师要忠诚于教育事业，不是仅仅把教书育人当成谋生的手段，而是把它当作崇高的事业，拥有一颗真诚、正直的心，以自己美好的人性去造就学生，以自己高尚的品德去培养学生。

要成功地成为学生生命中的贵人，教师必须具有执着的精神，始终用胜不骄、败不馁的形象去感召学生；在挫折和困难面前，做当之无愧的强者；

不会陶醉于成功之中而不思进取，更不会沉溺于暂时失败的痛苦中不能自拔；会不断地反思，并从反思中获得宝贵的经验教训，确立新的奋斗方向和目标，用勤奋和智慧浇灌出更丰硕的成果。

总之，要想成为学生生命中的贵人，就要甘于清贫、耐住寂寞，静心教书，潜心育人。做学生生命中的贵人，就是要成为学生身边的善人、好人。不要奢望一朝一夕、三言两语就成为学生的贵人。教育是慢的艺术，更是需要坚持的艺术。

● 做的是"良心活"

当下的社会环境，以及教育工作的职业特点，决定了我们教师要凭良心工作。

教师的工作对象是学生。学生的成长是一个缓慢而长期的过程，受到多种因素的影响和制约。教师的工作内容是教书育人。就育人来讲，育人的效度也无法直观展示，没有一个统一的尺度来测算。就传授知识而言，知识具有抽象性，传授知识的过程也是在培养学生的能力。考试主要考查学生对客观知识的掌握情况，而对学生掌握的主观内容和能力提升状况无法准确反映。教师的工作方式是交流，是碰撞，需要师生、生生之间多向的情感交流和生命碰撞，在交流碰撞的过程中产生共鸣，从而影响学生灵魂，影响学生的成长轨迹。而这里的影响效度和深度，都是无法量化和直观感受的。

纪律、制度对教师工作的影响是有限的。严格的纪律可以限制教师的身体，可以把教师束缚在学校，束缚在课堂，但无法强制教师投入感情和用心教育。如果教师低效地工作，反而是在浪费学生的时间，无法提高教学质量。

而今，在这个浮躁的年代，教师受到各种各样的诱惑，良心和道德受到极大的挑战和考验。有的教师怀疑良心的价值，有的教师出卖良心，成为名誉、利益、地位的俘虏，沦入有偿家教、推销教辅、片面追求升学率、加重学生课业负担的行列，染上了铜臭，沾染了庸俗，使得校园不再是一片净土。有的教师为了荣誉、证书、职称而用尽心计，学生成为他们实现个人目的的工具。所以，教师是需要自律的，而自律的依据是教师的道德素养和良心。教师只有保持一颗美好善良的心，让这颗心来督促和约束自我，才能俯仰于天地而问心无愧。

一位有良心的教师会坚守道义和责任，把学生的利益放在首位，想学生之所想，给学生之所需，对学生负责。对教育行业中的乱象，能保持独立的思考和人格，不会不加思考地给学生布置大量作业，不会动辄辱骂、侮辱甚至体罚学生，不会歧视学困生，而会用更多的时间、精力与学生沟通和交流，去研究学生身心发展的特点，钻研教育教学规律，会用更多的时间去读书，学习先进的教育理念，提高自己的教育教学水平。

一位有良心的教师，在成就学生的同时也成就自己，在学生快乐成长、健康成才的同时，教师自己也享受职业的快乐和幸福。学生活泼、健康、全面地成长是教师工作的根本指向，也是教师幸福感的源泉。有位名师说过，教师最大的快乐就是培养出自己认可甚至崇拜的学生，教师的成功就在于让更多的学生超越自己。确实，学生的成长进步，就是教师辛勤劳动的最好回报，也是教师全部付出的价值所在，更是教师最大的快乐与幸福。

一位有良心的教师必须对学生的身心健康负责，必须对学生的终身发展负责。教师的工作影响到学生的命运，关系到祖国的前途和未来。教师是把一个民族、一个国家的昨天、今天和明天连接起来的桥梁，教师的工作铺就了一条学生成才之路。教师必须脚踏实地，不计名利地做好自己的工作，把学生的成才当作自己的成功，在学生的快乐成长中体验快乐，这样才能不辱使命，才算一个有良心的人。

做一位有良心的教师是时代对教师寄予的厚望，对每位教师赋予的重任。我们教师既要以国家、社会的大业为己任，又要考虑到每一位学生成才对于他的家庭和他的未来的意义，珍视自己所承担的职责，爱岗敬业，乐于奉献。可喜的是，有许多教师为了学生呕心沥血地工作，日复一日、年复一年，岁月消逝了他们的青春，熬白了他们的鬓发，但他们无怨无悔，他们是一群有良心的人，正做着"良心活"。

● 淡泊明志，宁静致远

"淡泊"就是看淡名利，对教师而言，就是注重自己的工作业绩，不过分追求名利。"明志"就是明确志向，对教师而言，不仅要把教育当作生存的职业，更要当作追求的事业。"宁静"就是心态安宁、平静，对教师而言，就是静下心来教书，潜下心来育人，不要被浮躁的社会影响。"致远"就是树立远大的目标，对教师而言，要把教育当成自己一生的事业，让自己的学生学有所成，快乐幸福，努力做受学生爱戴、让家长满意的教师。

"淡泊明志，宁静致远"是一种境界，需要一定的客观条件才能达到。

如果教师的社会地位过低，工资被长期拖欠，辛勤劳动的报酬尚不足以应付日常开销，就难以达到这种境界。当社会为教师提供了较好的从教环境，物质需求基本满足时，教师本人的修炼就显得至关重要了。

首先，要有正确地对待名利的态度。名利应当是对教师所取得的工作业绩的自然奖励，它绝对不应成为教师从事教育活动的出发点和落脚点。教师对名利过分追求，常常是在自寻烦恼，甚至影响自己的身心健康。名利心太强的教师不可能公正地对待每一个学生，他只会喜欢那些能给自己带来名利的学生，不喜欢甚至讨厌那些不能给他带来名利甚至破坏他名利的学生。名利心太强的教师对待工作不可能任劳任怨，他只喜欢做那些能够给自己带来名利的事，从而在工作中拈轻怕重。名利心太强的教师在教育实践活动中喜欢搞形式主义，他更多地关注形式，而不是脚踏实地地追求实效，更不会考虑到学生全面长远的发展。名利心太强的教师的一切努力主观上不是为了学生的健康成长，而是为了自己的名利。当学生的利益与自身的利益发生冲突的时候，他会毫不犹豫地维护自身的利益，放弃甚至侵犯学生的权益。

教师对名利应当保持一颗平常心，来之可喜，去之不忧。实际上，就一个较长的时期来说，社会对于个体付出的回报基本上是公正的，许多杰出教师的成长历程已经证明了这一点。只要付出了，不追求名利的教师反而会得到丰厚的回报；而刻意计较名利，反而得不偿失。

其次，要潜心感受教育工作的内在乐趣。善于体验教育工作的内在乐趣，是教师基本的心理素质。教师对教育过程之外的名利的过分追求，大多缘于他们难以从教育过程本身获得乐趣，得不到自我肯定、自我满足。其实，教育活动本身充满了乐趣，孕育着多重收获，是教师愉悦心境的不竭之源。当教师陶醉于自身的教育工作中时，必定会淡化对名利的关注，能够静心教书，潜心育人，会有"以中有足乐者，不知口体之奉不若人也"的心态。

学生是教师产生乐趣的源泉，在教书育人的活动中随处随时可见。当一位学生得到教师的点拨，在难题面前豁然开朗时；当一位萎靡不振的学生在教师的启发下，变得意气风发时；当一位学生在教师的循循善诱中，明白了生命的价值时；当一位学生在教师的帮助下改掉了不良习惯，变得积极上进时；当一位学生在教师的引导下，学习成绩进步时，教师都会有一种愉悦的情感体验，这些都能给教师带来名利换不来的乐趣。学生快乐成长的过程正是教师生命增值的过程，是教师师德和美好心灵的体现，是教师生命价值的实现和回赠，是对教师生命意义的肯定，是"明志"的达成。法国作家雨果说过:"生活中最大的幸福是坚信有人爱我们。"由于自己的付出,能够得到爱的回报,这就是教师拥有的最大乐趣。

再次,要做精神境界有高度的教师。精神境界并不空洞,它渗透在人们的一言一行之中。精神境界不高的教师,需求满足只是暂时的,需要层次是低下的,只拥有人本能的生理和物质需求,只会趋迎时髦,随波逐流,丧失自我,为世俗的评价标准所左右。在一个物欲横流的时代,这种教师必定唯名利是从,难以拥有一颗"宁静"的心。

精神境界高的教师,基本的需求满足后,高层次需要便占优势,有价值追求、奋斗目标和评价标准,能在复杂的社会环境和受社会环境影响的校园环境中,始终保持独立的人格,追求思想的自由,讲究纯粹的生活,保持简单的人际关系。这样的教师思想和精神有"致远",把教育当成自己一生的事业,心里有美好的愿景,不会感到生活和工作无聊或无奈,会让学生学有所成、快乐幸福,同时自己生命的价值也得到提升。这样的教师会得到学生、家长的尊重,得到同事和学校领导的认可,得到社会的承认。就广大教师而言,多交几个精神境界高的朋友、多读几本好书不失为提高精神境界的好方法。

教师的工作是"树人"工程,功在千秋,难以取得立竿见影的效果,工作成果往往隐没在学生的成功中,自己则可能一生默默无闻,这就要求教师必须具有"淡泊明志,宁静致远"的态度和品质,需要对自己所从事职业的特点、社会意义有深刻的理解,由此产生对本职工作的热爱,拥有工作的自豪感和勇于献身的精神。特别是在当今体制转轨,各种利益调整、碰撞的形势下,更需要以无私奉献为基础的职业道德情操。教育家陶行知先生从教几十年,始终安于"粉笔生涯",以"捧着一颗心来,不带半根草去"的高尚情怀和崇高境界,献身教育,鞠躬尽瘁,值得每位教师敬仰和学习。

职业情感要有浓度

既然已经站上讲台，无论是主动的"一见钟情"，还是被动选择，教师都应该胸怀理想，把职业当事业，努力使自己充满激情，满腔热忱地投入教育事业中去。抱怨、冷漠、懈怠不仅让自己一事无成，碌碌无为，也有损自己的身心健康。即使是被动的择业，也应该日久生情。

教师只有对教育注入浓浓的情感，才能公正地对待每一位学生，尊重他们的人格和创造精神，并与他们平等交流，用自己的信任和关切激发他们的求知欲和创造欲，努力为他们的成长、发展创设良好的教育环境。

只有当教师对教育注入情感后，学生才能感受到教师给予他们的爱护与悦纳，感受到教师的宽容理解，他们才愿意把教师当作知心朋友，表达内心的想法。只有这样，教师才能走进学生的内心世界，深入地了解学生的日常行为，找到和抓住教育的最好契机，发挥教育的作用。

亲其师，信其道。只有当教师对教育注入情感后，教师才能以自己的亲切、和善和师者风范去感动学生，才会架起师生间的信任之桥，学生才会愿学、跟学、会学。

"水尝无华，相荡乃成涟漪；石本无火，相击而发灵光。"当教师把教育当作自己的事业，注入情感后，一定会在工作中生成"涟漪"，达成自己的工作目标；一定能在师生生命交往中发出"灵光"，找到自己的快乐和幸福。

只有当教师对教育注入情感后，才算得上是献身教育事业，才能够体现出教师的情感态度和生命价值。

● 做一位有激情的教育者

伟大的思想家黑格尔曾说:"我们可以肯定地说,世界上的伟大事物都是靠激情来成就的。"可以说,激情是一位教师成功的保证,是一个班级充满活力和创造力的动因,是一所学校发展的不竭动力。

教育需要激情。激情最直接的表现就是教师的精神面貌。拥有良好精神面貌的教师不一定是优秀教师,但优秀教师一定有良好的精神面貌。优秀教师总是精神饱满地投入每一天的工作中,他们不像有些教师那样把自己的职业仅当作一种谋生的手段,而是当成终生为之奋斗的事业,这种激情不是头脑发热的一时冲动,而是蕴藏于心的坚定信念。

每位教师都要力争做一位有激情的教育者。就教师自身来说,激情是教师工作的催化剂,是战胜困难的灵丹妙药,能够弥补工作经验的不足。因为激情是点燃学生学习热情的火把,是激发学生兴趣爱好的酵母,是引领学生实现目标的动力。

教育的过程是师生用情感相互感染的过程。教师拥有激情,除了可以有效地感染学生,也能被优秀同事的工作激情感染,还能被学生的求知欲感染。如果对周围同事废寝忘食、呕心沥血的工作态度无动于衷,甚至挖苦讽刺、鄙夷不屑,又怎么能用激情的话语去说服学生,用智慧和勇气去克服工作中遇到的困难?没有激情的教育既不能感染学生,又不能使学生接受其传达的思想和信息;没有激情的教学不能使学生对所学的内容产生兴趣,教学也便会索然无味。

只有做一位有激情的教育者,才可能有激情的课堂,才可能有激情的班级,才会到处布满阳光,充满生机;才不会冻结学生的灵气,僵化学生的思维,窒息学生的创造。有了激情,才会有生动的韵律,才会拨动学生的智慧之弦,奏出生命的灿烂乐章;有了激情,才会激活学生的创造欲望,使学生的创造火花形成燎原之势;有了激情,才会使师生收获到创造的成果,享受创造的快乐,引领师生融入同乐的激动情境中。

教师的激情就是对教育事业的投入与专注。教育需要激情,教师要善于制造激情,更要给予激情。激情,来自一个不经意的点头与微笑,来自一声真诚的问候与祝福,也来自一份发自内心的感谢与道别。教师要用感动点燃激情,用真心释放激情,用真情感动生命,让课堂激情飞扬。

激情驱动,教师更加热爱教育事业。因为有激情,工作冲动才会在教师内心深处油然而生，这种冲动就是事业的内驱力，奉献的原动力，对职业先天的向心力。激情是教育工作者职业身份的识别码，它洋溢在人的精气神中，表现在言谈举止、举手投足间。因为热爱教育，才会迸发激情，因为这种激情，才会成为一名合格的教师。没有这种激情，教师就会游离于教育领域之外，工作疲沓应付，充其量是一个站在教育讲台上的混事者。

激情驱动，教师才会自信。相信自己是一团火，足以燃烧学生；相信自己是一盏灯，足以照亮学生前行的路；相信自己是知识的仓库，有学生取之不竭的知识；相信自己是一位卓越的人生导师，有着丰富而鲜活的人生经验可供学生效仿。不光坚信自己，还坚信每一位学生都能被教好。无论在怎样的班级和学生中，无论在什么境遇下，都不会轻言放弃，不会认为某班某生已经"不行"。坚持做到每天清晨打开窗户，愉快地自我暗示：今天是个好天气；走进学校，遇到学生，处理教育的大小事情，脸上始终挂着微笑，在困难面前不畏缩，繁杂面前不烦恼，能够正确面对每一个学生，更多地表现出热情，表现出宽容；在自己的词典里没有颓废，没有退缩，没有克服不了的困难；遇到问题学生，不焦急，不慌乱；在教育改革面前勇于尝试，在各种重大活动中，始终有着追求卓越的欲望。

正如托尔斯泰所说："我们创造，没有激情是不行的。"也有人说："如果有人认为世界上有什么比教师这一职业更为崇高，那么他们就是一点儿也不了解这一行。我们热爱教学，热爱学生，热爱自己所教的学科，我们充满了创造的激情。"

有了热爱，才有激情；只有热爱，激情才会浓烈。

有了激情，才有执着；只有执着，激情才会持久。

● 做一位创新型教师

著名教育家吕型伟教授说："教育是事业，事业的意义在于奉献；教育是科学，科学的价值在于求真；教育是艺术，艺术的生命在于创新。"

教师的幸福来源于创新。教师的教学过程从本质上讲，是一个不断创新的过程，教师每天创造出一个个生动活泼的教育场景。面对每一个富有个性的孩子，他巧妙地施展因材施教的艺术，使自卑的心灵自信起来，使懦弱的性格阳光起来，使狭隘的心胸开阔起来，使迷茫的眼睛光明起来，而教师从中体会到满足与快乐。教师还每天用自己的智慧创新着课程，把"干瘪"的教材丰盈起来，使抽象的教材生动起来。当教师在课堂上神采飞扬，诗情洋溢时，教学方法的更新，教学效果的突破，都能给教师带来成就感，令教师幸福不已。如果教师面对一个个鲜活的生命个体时，传递的是自己的爱，滋润的是学生的心灵，那么教师自身也充满着热情和激动，感受着幸福，体会着幸福。相反，如果是一个故步自封、墨守成规的教师，每天都机械地重复，那么，他只是在无聊和无奈中消磨时光，算着大小假期，等待工资，盼着退休。所以，有人说过这么一句话："只有用创造的态度去对待工作，才能在完整意义上懂得工作的意义和享受工作的快乐。"

创新型教师培养的学生须全面发展，有较宽的知识面，充分发挥特长，在特长的基础上大胆地创新，敢于标新立异，敢于出头冒尖。

创新的时代赋予了教师创新的机遇，创新的事业为教师提供了创新的舞台，学生的成长、社会的发展需要教师去创新。

那么，怎样才能由经验型教师转变成创新型教师呢？

（1）具有独立思考的能力、自主意识和怀疑精神。创新性的教育教学活动，离不开教师的独立思考、自主意识和怀疑精神。没有独立性，就没有个性发展，也就无从谈教育创新。独立性强的教师有理想、有抱负，适应能力强，有革新开拓精神，创新意识强，想人所未想，做人所未做，敢为天下先。而依赖性强的教师自信心弱，易受传统束缚，创新力、竞争力也差。教师只有具备创新的个性倾向才能产生创新的意识与行动。要培养鲜活有个性的学生，首先要培养有个性的教师，尤其对个性尚未被磨灭的年轻教师的培养更为重要，要使他们充满自信，不屈从于权威，具有自己的意志和自主行动的能力。

（2）具有好奇心。心理学研究表明，学生对知识的好奇心是由教师培养的，教师的好奇心越强，学生的创造性就越高。创新型教师要把学生稚朴的好奇心培养为科学的好奇心，本身就必须具有强烈的好奇心。

（3）具有丰富的学科知识和教育知识。知识是教师反思和批判的前提，是教师开阔视野、拓广胸怀、提升境界、产生教育智慧的基础。只有那些知识渊博的教师，才有可能在教育中形成教育智慧。因此，创新型教师一定要拥有必备的知识与能使其转化为教育的智慧。教师要努力汲取先进的科学文化知识和教育科学理论，通过学习提升自己的理性认识，才能够从身边的教育现象中发现有价值的新问题。教师特别要学会选择有智慧价值的知识，将知识转化为智慧，转化为个人经验领域的观念，实现认识的飞跃。

（4）具有教育实践和探究的精神。教师教育行为的"度"与教师个人的教育实践、教育体验、教育探究密切关联。因此，教师的教育实践非常重要，教师只有在教育场景中才能真正形成自己的理性认识，产生教育的智慧，使学到的知识转化为对教育的理解和体验，最终形成个人化的教育理念和对教育行为度的把控。

（5）具有坚强的意志和信心。创新型教师要有坚韧不拔的意志、不言放弃、坚持做到底的决心，有力争获得胜利的信心。创新是做前所未有的事。在实际的工作和生活中，也许失败多于成功，辛辛苦苦做了但并不成功，或者成功了又无人喝彩。所以，只有具备"咬定青山不放松"的精神，才有成功的可能性，要把"失败是成功之母"牢记于心，要有屡败屡战、越战越勇的精神，这样，我们才能带出一个比一个优秀的班级，教育出一批比一批好的学生。

另外，教师要自信，相信"我能做得更好"。有了这种信念，才能使大脑活跃起来。如果只想"不可能""办不到""没有用""我不行"等，那么创新就无从谈起。

（6）具有前瞻性的目光和思想。创新型教师不能只顾埋头拉车，还应该要抬头看路。认清时代发展的方向，独立思考，分清主流和逆流，确定自己的行动方向和策略。顺应发展的潮流，就会起到事半功倍的效果。创新型教师与实践型教师的区别在于能不能与时俱进，创造性地进行教育教学工作，特别是能否正确地认识自己的长处和短处，扬长避短，充分挖掘和发挥自己的潜能，而不是满足于按部就班地做好工作。

（7）善于沟通，爱好交流，具有多维的价值观。教师要有变通性和包容性，要善于沟通、交流与学习，具有多维的价值观，能够多角度、多层面地分析问题，研究现象，能够接受不同的意见，倾听来自不同方面的声音，能够分析、整合不同信息，形成全面、生动的评价。今天的社会是一个全方位开放的社会，教师要运用实地观摩、专题交流、网络查询等手段，借他山之石，学他人之长，在广度上进一步拓展。

（8）具有反思与批判的意识和能力。反思意识和能力是一种理性智慧。通过反思，教师能对自己的教育观念进行客观、理性的认识、判断和评价，进行有效的调节，并最终形成独特的教育观念。通过反思意识和能力的发展，教师的自主能力逐渐得到增强。教师反思过程的最大特点是自主的意识活动，反思活动要靠教师自主参与才能实现，因此，有反思意识和能力的教师也必然是自主的、创新型的教师。

如何做创新型教师，下面这两位教师给了我们启示。

上课铃响了，生物教师发现教室里少了很多学生。往窗外一看，满地落叶金灿灿的，好美。同学们正踏着落叶观察着，欣赏着，议论着。语文教师正呼叫同学们回教室。生物教师发现了这个情境，连忙走过去同语文教师商量："这节课我俩同上，就在树林里，好吗？"语文教师想了片刻，点头同意了。两位教师把教室里的学生带到树林里，开始了一堂别开生面的课。

语文教师：用语文的眼光去看，你们首先发现了落叶的什么？

学生：金黄的颜色；美；随风飘扬；踩上去沙沙作响；还有点儿香味……

语文教师：在树叶飘落的时候，你会联想到什么季节？由此，你会有怎样的思考呢？不要急于回答，思索下去就行了。

生物教师：从生物学的角度去看，你们看看这些落叶有什么共同的特征？

学生：都是椭圆形；都是金黄色；都会腐烂；大多是叶背朝天……

生物教师：叶背朝天，呈什么形状？对了，小小的拱形。这是为什么呢？现在不要急于回答，每人拿一片落叶，翻看一下生物课本，再做结论。

两位教师布置了一道共同的作业：以"发现与思考"为标题，写一篇文章，要求用上说明、描写和议论等表达方式。

这个课例给了我们三个层面的启示：第一，在注重知识的接受性思维和解题思维训练的同时，一定要注意到将这两种思维训练延伸到智力思维的训练上去，或者说要注意将书本思维适当地切换到学生智力思维的频道上去；第二，实现这一延伸和切换，要做到三个适度超越：超越书本、超越课堂空间和超越45分钟时间；第三，这种训练的重要形式是解决教学模式、体验教学模式和研究学习模式。

上述课例中，教师很好地利用自然形成的教室外空间，创新地实现了语文和生物的交叉，体现了不同学科的结合，充分发展了学生的交互思维，对学生思维的启迪颇具意义。

可见，教师只有不断地吸取经验，才能进步；只有不断地创新，才能跟上时代的步伐，成为一名受人尊重的好教师，成为一名教育的行家。

● 师爱是教育的奠基石

要想成为一名优秀的教师，除了要有对教育深刻的认识、较好的素养、扎实的专业知识、强烈的责任心外，还要有热爱学生之心，就是平常说的爱心。爱心是每位教师教育事业成功的前提，也是教育的奠基石。有了对学生的爱心，才有对教育事业的热情。教师对学生的爱心，简称为师爱。师爱对于教育来说，是师德的灵魂，是师生接触的基础。有爱的教育才能成全学生、升华自己。师爱是一个永恒的主题。

对学生的热爱体现的就是对教育的热爱。师爱是教师职业道德的核心和精髓，有人称之为"师魂"。如果这一方面我们做不好，就谈不上对教育事业的热爱和忠诚，也谈不上对教育的情感浓度。

教育从本质上来说是一种以人为本的情怀，是一个生命对另一个生命的关怀。在现实中，不管教育的表现形式多么纷繁复杂，但师爱是贯穿教育过程始终的奠基石。对学生来说，师爱润泽学生的生命，是一种伟大而又崇高的爱，不仅能使学生产生安全感、道德感和信赖感，而且对学生的身心健康、智力开发和良好道德品质的培养都起着重要的作用，是每一位学生都希望得到的阳光雨露。对教师来说，师爱是教师该有的本分，是成功的原动力。它具有巨大的感召作用和教化力量，能彻底化解学生的逆反心理和对抗情绪，最大限度地激发学生学习的主观能动性。一些优秀教师的成功经验都证明师爱具有神奇的力量。苏霍姆林斯基说："要成为孩子的真正教育者，就要把自己的心奉献给他们。"他们所说的心就是教师的爱心。教育家霍懋征说："一个教师必须热爱学生才能教好他们。"她在60多年的从教生涯中，践行了爱与教育的奇迹。教育学家夏丏尊说："教育没有情感、没有爱，如同池塘没有水一样，没有水就不能称其为池塘，没有爱就没有教育。"

法国教育家卢梭曾说过："凡是缺乏师爱的地方，无论品格还是智慧都不能充分自由地发展，只有真心实意地爱学生，才能精雕细刻地塑造他们的灵魂。"教育需要爱，在教育教学活动中，无论学生处于何种情感状态，师爱都是基础，是先决条件。

师爱是学生行为的内驱力。根据马斯洛的需要层次理论，中小学生有着强烈的情感需要。当学生的情感需要得到较好的满足时，便会产生更强的依恋感和向师性，并由此转化为学生学习、进步、转变的内驱力。教育实践还表明，师爱在后进生的转化中作用更为明显，是一种强有力的催化剂。

师爱能促成师生之间爱的双向流动。学生得到教师的爱，自然而然地会生发出对教师的爱，形成爱的双向交流，心理学家称之为"动情效应"。在此种情境下，学生会更加自觉地尊重教师的劳动，更愿意接近教师，才愿意向教师敞开内心世界，袒露自己的心声，真诚地倾诉心里的秘密。这样，教师就能更准确地认识学生、亲近学生，从而使师生交流沟通的渠道更加通畅。只有当师生心理相通、感情相融，学生才会亲其师，信其道，学其理，从而使教学收到事半功倍的效果。

师爱表达的方式方法是多种多样的。教师的一句赞赏的话语，一个关注的目光，一个信任的点头，一次轻柔的拍手，都是师爱的传递。当学生成绩进步时，伸出大拇指，或给一个拥抱；当学生有苦恼时，关心、开导他们，使他们得到慰藉，重拾信心。这都是师爱的表达。

师爱，就是教师在平常的工作和生活中尊重学生。尊重学生是现代人本教育的一个重要特征。班级是由一个个鲜活的个体生命组成的，教师在施教过程中，要特别注意学生的个性差异，使学生个性得到健康和谐的发展。只有这样，才能为社会培养出有知识、有能力，且身心健康的人才。这就要求教师要了解、关心、信任每一位学生。

师爱，就是教师在教育实践行为中勇于探索，不断开拓进取，拓宽教育思路，想出新办法，提出新见解，解决新问题，总结新经验。只有这样，教师的爱才是有效的，才会产生爱的魅力。

师爱，就是教师要无微不至地关心每一个学生，帮助他们成长。对后进生不嫌弃，不歧视，给他们更多温暖。这样，学生就会被极大地激发出学习的热情，在学习上有无穷的动力。

师爱，体现的是教师的教育理念和事业情感，有了师爱，教师就会激励自己更加精益求精地探寻教育规律，而且会为了学生而更加注意锤炼自己的品德素养，也会时刻注重言传身教，以良好的形象率先示范，用自己的人格去影响教育学生，激励学生们养成良好习惯，提高道德素质。

师爱具有无私性，它不同于母爱，基于血缘关系，源于生物本能；也不同于男女之间的情爱，发端于异性的吸引，归之于生活的偎依。师爱是一种无私的爱，其无私性体现在它是建立在教师对教育事业热爱的基础上，无法求取等量的回报。教师献给学生的是自己的知识、智慧、时间和精力，所期盼的是学生学有所得、快乐健康、茁壮成长，而不是为了一己私利，正可谓"捧着一颗心来，不带半根草去"。

师爱具有理智性，师爱应有度。师爱不仅包含着情感因素，还包含着理智因素，表现为在教育工作中，教师必须具有超乎常人的理智，做到对好学生不溺爱，对后进生不歧视，不操之过急，能循循善诱；还表现在对学生严格要求上，做到恩威并施爱而不严。

师爱具有稳定性。由于有理智因素的控制，教师的情感不为偶然的因素所左右，它不是瞬息万变的冲动，而是始终如一的挚爱，是教师一生的追求。

师爱具有广博性。核心素质教育要求面向全体学生，那么，教师的爱也应当是面向全体学生的。在教师心中应该装有一切教育对象，对每位学生负有同样的责任和义务，让每位学生感受到来自教师的爱。如果在教书育人的工作中挑肥拣瘦、厚此薄彼，就不是一位合格的教师。教师师爱的广博性，就是教师要真心诚意地爱每一位学生，关心每位学生的情感态度、价值取向，体现出教师胸怀的宽度。

现实教育过程中有些教师逐渐偏离了这一核心理念。故此，重温"爱心是教育的奠基石"很有必要。

文化知识要有厚度

所谓厚度，是指教师知识底蕴的厚重、厚实。对于教师来讲，具有深厚文化底蕴和扎实专业基本功，会让自己的课堂丰富多彩，在教育时有理有据、得心应手，让学生感受到别样的人格魅力。

捷克教育家夸美纽斯说："教师职业本身就督促教师孜孜不倦地提高自己，随时补充自己的知识储备量。"面对求知欲强烈的学生，教师要有丰厚的学科知识的储备，要给学生"一碗水"，教师首先要有"一桶水"的储备。要有丰富而先进的教育思想、教育理念，引导学生学会思考、学会学习、学会处事、学会做人。教师如果没有足够"厚度"的学科知识和教育知识的储备，就会被"难倒"、被"问住"。

拥有深厚文化知识积累的教师教学时能深入浅出，幽默风趣，绘声绘色，能够引起学生的好奇心和求知欲，调动学生的学习主动性，使知识完成由教到学的质的转变。知识渊博的教师往往受学生推崇，成为学生学习的榜样。苏霍姆林斯基曾经说过："学生眼里的教师应当是一位聪明、博学、善于思考、热爱知识的人。"

● 师者，多读书、善读书

著名教育家马卡连柯说过："学生能原谅教师的严厉、刻板甚至吹毛求疵，但不能原谅他们的不学无术。"教师只有不断加强自身专业知识的学习、精通业务，才能将知识有效地传授给学生，让学生在潜移默化中热爱学习、学会学习。

据有关专家研究表明，人获取的知识来自教师传授的不到20%，而通过自己课外阅读和生活实践获取的超过80%，其中课外阅读又占绝大部分。一名优秀教师不仅是有知识、有学问的人，而且是有道德、有理想、有专业追求的人；不仅是高起点的人，而且是终身学习、不断自我更新的人；不仅是学科的专家，而且是教育的专家。

　　读书，既能增加教师的知识厚度，又能拓宽教师的教育视野。书籍是文字表达的载体，又是先人智慧的结晶。读书对于教师来讲，是最基本的素养。读书必然伴随着对话，与作者的对话，与自己内心的对话，这种从外在到内心的通透的对话形式，常常让自己产生新的体验，丰富自己的精神世界。读书能够使教师不断增长教育智慧，在读书的过程中，自然地联想到自己的生活和工作，书中有些内容会有提示和指引作用，能使人产生灵感，在平淡的工作中注入新奇的想法。读书能实现教师自我的提升和生命的升华，经常读书，除了能吸取作者的经验总结，还可以感受作者作品的文字表达，在头脑里留下印象，久而久之，形成语感，唤起我们写作的欲望，动手写作，促进我们写作能力的提高。古人"劳于读书，逸于作文"说的就是这个道理。读书就像打开一扇窗，以此拓展教师的视野，让教师有了间接的经历和感受，让教师正确地认识自然、认识社会、认识世界，并在这过程中学会正确地认识自己、看待别人。

　　读教育行为之书，可博采名师专家之长，可知晓"山外青山楼外楼"。教师日常的工作行为就是教书育人。就育人来说，有班级的日常管理，有组织班级、年级、学校的活动，有对偶发事件的处理和对问题学生的教育，有学生行为习惯的培养，有对学生宽容、诚信、勤奋、坚强、乐观、自信、合作等生活态度的引导，有学习方法的介绍，有做人教育和生命教育。就教学来说，有教学内容的理解与分析，有教学资源的开发与整合，有教学媒体的选择与使用，有教学结构的精心设计，有对学生学习情况的了解与掌控、教学方法的灵活选择，有课堂教学的顺利展开、课堂事件灵活处置等。这些行为决定了教师教育的成败，反映出教师教书育人的水平，直接体现教师目标的达成状况，是衡量和评价教师教育水平、质量和教育态度的重要方面，也是教师教育理念、内在价值取向和内在文化知识借以物化和得以外化的重要载体。教师只埋头苦干，会事倍功半，这样的观念显然不可取。"磨刀不误砍柴工"，读书不会费时或者耽误自己的工作，反是"他山之石，可以攻玉"，使自己的工作多走捷径，少走弯路。教师需要读书，读经典案例，读成功经验，读同行的建议，读名师的设计，从中汲取养分，分享智慧。同时，在自己的实践中移植、生发、创造，进而不断提高教育水平，逐步走向高效，走向娴熟，走向得心应手。

读教育理论之书，可以让自己的心灵由"平地"走向"高原"，虽然"高原"上空气稀薄，但是视野辽阔，可以整体了解与评估人生全貌及价值层次。对教师来说，规范专业行为，是专业成长的重要表征，但专业成长不仅限于专业行为的规范，还在于专业学养的提升，这就需要教师对教育有深度理解和宏观把握的能力。要提升理论素养，那就需要多读教育理论研究的论著、论文。比如，读哲学和人学，便能从高处看到世界的本源和本质，看到人的本质以及人与世界的关系；读教育哲学，便能将教育置于更加宏观的背景中，找到它的"根"，看清它的本意，在自己的教育行为中还原教育的真实。读了卢梭的《爱弥儿》，才能明白一个人受到的自然的教育、人的教育和事物的教育应和谐统一；读了皮亚杰的《发生认识论》，才能懂得认知发展是同化与顺应的冲突平衡循环往复的过程；读了《论语》，才能知晓"温故而知新""有教无类""因材施教""不耻下问"等传统教育理念。教师只有了解甚至熟悉了这些高深的教育理论，才能使视野辽阔，才能居高临下审视教育，把握教育的本真，体察教育对象的脉动，进而从根本上完善自身的教育行为。

读教育之外的书，可以让教师跳出教育看教育，起到"横看成岭侧成峰，远近高低各不同"的作用。世上的道理总是有相通性。站在教育之外看教育，也许观察点和角度不同，看到的风景就不一样；也许更能够发现自己的不足，留意自己是否误入定势和固执的歧途，沦为应试教育的囚徒；也许能把书读活，做到反哺教育，与教育融会贯通，创造性运用。比如，西南大学附属中学的张万国教师就把企业形象设计的三大构成要素用到了自己的班级文化建设中。总之，读教育之外的书，能将教师的视野由教育之内，延伸到教育之外。涉猎与教育似乎无关的书籍、杂志，诸如哲理小品、生活趣闻、宗教故事、情感美文等，不仅可以在记忆的宝库中储存大量活的课程资源，更重要的是很多作品中蕴含的深意与教育之道息息相关，能为教师的教育教学打开全新的视窗。

读书能够开阔视野，摆脱地域的限制，从而站得更高，看得更广、看得更远、看得更深。有句话说得好：视野决定事业。

读书既是在欣赏别人，也是在发掘自己；读书可以让教师的心灵不老，思想永远鲜活；读书让教师增长见识、视野开阔。书是教师的精神食粮，读一本书，就拓宽一寸教师的眼界。

身为教师，我们的教育对象是求知欲强烈的学生。当教师站在讲坛上，面对学生们一双双求知若渴的眼睛，更能意识到教师工作的特殊性、重要性。因此，我们每一位教师都要储备足够"厚度"的学科知识和教育知识，多读书、善读书。

随着现代社会的发展，社会形成了高度分化与高度综合。一个教师专而不通或通而不专都不能适应现代社会发展的需要，同样也不能适应学生发展的需要。求知欲望十分强烈的学生对于那些只懂得专业知识而缺乏其他自然、社会等学科知识，不能指导学生学会学习、学会做人、学会生存和发展的教师往往感到失望。博学多才对一位教师来说很重要，因此我们要不断更新充实自己的学识，应该有活到老学到老的精神，加强自身继续教育的学习。这样才能解学生之惑，传为人之道，才能真正地与学生一同学习，一同进步，给学生做出榜样。我们只有多读书、善读书，才能自信、自如地教书育人，赢得学生的信赖与尊重。

社会的进步，时代的发展，学生个性化的需求增多，对教师教学提出了更高要求。知识不是处于静止的状态，而是在不断地丰富和发展，每时每刻都在发生着质和量的变化。尤其是被称作"知识爆炸时代""数字时代""互联网时代"的今天，如果教师不让自己的知识处于不断更新的状态，仅仅依靠学校里学的那点书本知识，就无法跟上时代发展的步伐，无法满足学生的需求，不能适应新课程的需要。所以，教师只有多读书、多请教、多储备知识，培养自己更多的兴趣爱好，不断更新教育观念，改革教学内容和方法，才能满足学生的需求和时代的需要。

真正的学习，不是嘴上的夸夸其谈、文章上的汪洋恣意，而是内化为行动。李镇西、魏书生之所以能够动辄洋洋万言，离不开他们多读书、多观察、多思考、勤写作的习惯。读书是一种习惯，当困难不断被克服，新的成果不断涌现，受益的是学生，愉悦的是教师的身心。

所以，教师要一边教书一边读书，并且要多读书，善读书。我国著名学者王国维曾论述过治学的三种境界。第一种境界是"昨夜西风凋碧树，独上高楼，望尽天涯路"；第二种境界是"衣带渐宽终不悔，为伊消得人憔悴"；第三种境界是"众里寻他千百度，蓦然回首，那人却在灯火阑珊处"。这三种境界启示我们，读书不仅要有明确的目标、有坚定不移的恒心，还要提高读书效率和质量，讲究读书方法和技巧，在爱读书、勤读书、读好书、善读书中提高思想水平，提升工作能力，解决实际问题，实现自我超越。那怎样做到善读书呢？

第一，要读与思结合。古人说："学而不思则罔，思而不学则殆。""好学深思，心知其意。"读书就是读者和作者之间的心灵交流，两者之间是平等的，对于作者的观点，读者可以接受也可以反对和争辩。读书学习的过程，实际上是一个不断思考认知的过程。思考是阅读的深化，是认知的必然，是把书读活的关键。如果只是被动地接受，简单地浏览，没有思考，人云亦云，再好的知识也难以吸收和消化。爱因斯坦曾说："学习知识要善于思考、思考、再思考，我就是靠这个方法成为科学家的。"

第二，要读与用结合。读书学习客观上是一个去粗取精、去伪存真的过程，必须联系实际，知行合一，通过理论的指导，利用知识的积累，来洞察客观事物发展的规律。古人讲，"纸上得来终觉浅，绝知此事要躬行""耳闻之不如目见之，目见之不如足践之"，说的就是这个道理。一个人如果不注重把学到的知识运用到工作中，落实在行动上，即使他学富五车、才高八斗，也不能说达到了学习的最终目的。

第三，要专心致志。朱熹认为读书要三到："眼到、口到、心到"。三到之中，心到最为重要。心到，就是指读书要专心，注意力要集中。因为读书是一种积极的思维活动，专心致志，是保证阅读效果的前提。所谓专心，就是要诚心诚意地读，一门心思地学。读书要进入状态，要读进去，不能三心二意，不能似学非学，更不能浅尝辄止。读书专心，才能耐得住寂寞，经得住诱惑。

第四，要乐学乐读。古人说："知之者不如好知者，好知者不如乐知者。"可见读书贵在兴趣，有了兴趣，才能从书中找到乐趣，找到灵感，找到真理，才不会读而无味，恹恹欲睡。

第五，要持之以恒。读书是一个长期的需要付出辛劳的过程，"冰冻三尺非一日之寒，水滴石穿非一日之功"，应当先易后难、由浅入深，循序渐进。读书最容易犯的毛病就是"三分钟热度""一曝十寒"。随着信息时代的到来，知识不断更新换代，而读书则是防止自身落伍的最佳手段。"活到老，学到老"的终身学习观，必须深入到每位教师的内心深处。

朱永新说："没有阅读就不可能有个体的心灵成长，就不可能有精神的发育，阅读不能改变人生的长度，因为人的生命长度有基因、保健等各种元素，但可以改变人生的宽度和厚度。阅读不能改变我们的长相，但可以改变人的品位和气象。""没有教师对于阅读的热爱，就很难点燃学生的阅读热情，没有教师与学生的共同阅读，就很难形成师生共同的精神家园。如果没有教师的阅读，就没有教师的真正意义上的成长与发展。阅读经典，与过去的教育家对话，是教师成长的基本条件，也是教师教育思想形成与发展的基础。教师读书不仅是寻求教育思想的营养，教育智慧的源头，也是情感与意志的冲击与交流。"确实，读书能够开拓思路，而思路决定出路。读书学习是教师们不断开拓思路、革新观念的重要途径之一。书是先贤们智慧的浓缩，是他人成功经验的总结，需要认真研读，反复推敲，不断咀嚼，这样才能起到"大补"的效果。

● 不断追求自身的专业成长

教师的专业成长是指教师工作之后，在教育思想、学科知识和教学能力方面的不断发展和进步。由于教育对象是不断变化着的，所以教师的教学技能只有在实践中才能够得到锻炼和提高。

现在各个地方的教委、进修学校都开展了教师的岗位培训活动。这些活动能够让教师养成理论学习和实践反思的良好习惯，不断提高研究和解决教学实际问题的能力，提高课程开发和建设的能力，把日常教学工作与教学研究、教师的专业成长融为一体。教育专家或名师指导讲座，不仅能提高教师自身的教育教学水平，还能开阔眼界，增长见识。

日常教学对教师来说很重要，是教师们花时间最多的工作，也是最能够体现教师们工作能力的地方。因此，教师应该抓好日常教学，提高自己的教学能力。

首先，在备课方面，在研究教材的基础上，可以实行集体备课。新课程倡导合作，不仅是学生之间的合作，还可以是教师之间的讨论和交流。教师发挥集体的智慧，发挥每个人的特长，互相学习、互相进步，取长补短，让每个人的优点都集合到集体中来、资源共享，在集体的交流碰撞中迸发出思维的火花。集体备课，要制订好计划，固定时间地点，让每个教师事先做好准备。每次集体备课都要有一个议题，一个目标，有的放矢，做好会议记录和课后反思，这样才能够事半功倍。同时，每个人都要把集体备课的成果、个人特色与所教班级的特点相结合，使之更能够适应个人的需要，达到良好的效果。

其次，要在其他教育活动中提升自己，比如公开课、示范课、听课、评课等活动。为了力求完美，开设公开课的教师都要精心准备。准备的过程就是一个不断学习、精心雕琢的过程。它和常态课不一样，更能够展现一个教师的专业体验和行为。公开课后还可以从其他教师那里得到评价和反馈，明白自己的优点和不足。而参加听课的教师也可以通过这个平台，互相研讨，互相借鉴，从而拓宽视野，促进团结。

再次，教师还可以利用课余时间，自学一些教学理论和相关专业知识。比如不少教师在教学的时候经常感觉没办法上升到理论的高度。平时只是埋头教学，很少思考理论方面的知识，而教师的成长需要理论的提高。因此，教师要根据需要选一些教育理论方面的书籍，特别是一些大师的书籍来阅读，通过读书加深自身底蕴，提高理论素养。此外，作为教师，除了学习本学科的知识外，还要博览群书，养成经常阅读的习惯。一本好书能够陶冶情操和提升气质。教师只有不断学习钻研，不断实践探索，才能学到更新的知识，才能拓宽自己的视野，在社会的不断变化中跟上时代的步伐，才能较好地完成传道、授业、解惑的使命。

◉ 学会反思自己的教学

著名教育家叶澜说："一个教师写一辈子教案不一定成为名师，但如果一个教师写三年反思则有可能成为名师。"人是会有失误的，但最大的失误就是不懂得反思。教师反思，就是自觉地探求教育教学规律，可以在学中教，教中思，思中学。

反思是教师专业发展的基础。经常性反思可以获得教育教学的感悟，可以获得熟练的教育技能，可以获得教育的灵感，这是教师自我提高的最佳途径，对教师的专业化发展十分重要。对一个优秀教师来说，其成长的过程就是不断反思自身教育实践活动的过程。

在教育现代化背景下的教师，需要具有自我诊断和反思能力，务必努力培养自己的自我诊断能力和反思意识，才能适应新时代的需求。只有不断地对自己的教育实践深入反思，积极探索与解决教育活动中的一系列问题，才能进一步丰富自己的知识，提升教育能力。下面主要谈谈教师应从哪些方面对自己的教学活动进行反思。

一、反思教学活动的达标情况

教师在制订每节课的教学目标时，要特别注意从情感、态度、价值观三个维度培养学生。现代教学要求摆脱唯知主义的条框，进入认知能力、态度、情感、价值和谐统一的轨道。因为对于学生的可持续发展而言，能力、情感、态度培养，其与价值观的适用性更广，持久性更长。只要具备获取知识的能力，就可以通过许多渠道获取知识。所以，能力、情感、态度、价值观必须有机地融入课程教学内容中去，并有意识地贯穿教学过程始终，使其成为课程教学内容的血肉，成为教学过程的灵魂。

二、反思教学活动的沟通合作

叶澜教授曾提出："人类的教育活动起源于交往，教育是人类一种特殊的交往活动。"如果没有沟通与合作就不存在教与学。教学活动是师生生命的碰撞，进行交流沟通合作是必然的。教学活动是师生情感、信息交流活动的一部分，失去了沟通合作的教学一定是失败的教学。成功的教学过程，应该形成多种多样的、多层面的、多维度的沟通情境和沟通关系。教学过程是师生交往、积极互动、共同发展的过程。教学是师生彼此敞开心扉、相互理解、相互接纳的对话过程。成功的教学过程，师生一定是一个合作的学习共同体，学生作为平等的一员参与学习过程，进行心灵的沟通与精神的交融。

三、反思教学活动的教材使用

教材的功能只是教与学的一种重要资源，但不是唯一的资源，它不再是完成教学活动的纲领性权威文本，而是一种参考和指示。教师不仅是教材的使用者，也是教材的建设者。一个优秀的教师一定会创造性地用好教材，在使用教材的同时，会用心地记录课后反思，会积累使用教材的感悟，这样教师、教材和学生就会成为课程中和谐的统一体。

四、反思教学活动的好课认知

要反思自己是否在刻意追求所谓的"好课"标准。教学过程是动态的，教师是否为了教学环节的完美，追求细节的精雕细琢，教学手段中的多媒体一个不能少；是否只是为了学生热热闹闹地讨论，回答问题对答如流。这种

"好课"看似无懈可击，但没有给学生多少思考的空间，合作学习流于形式，讨论是没有成效的。学生的情感、态度、价值观没有得到关注。教师只有认真回顾、仔细梳理、深入剖析，并对症下药，才能找出改进策略。

五、反思教学活动的信息捕捉

教学，不仅仅是一种告诉，更重要的是一种引导。一位优秀教师一定会引导学生在情境中经历、体验、感悟、发散。教学过程中，学生常常会不经意间产生"奇思妙想"，生发出创新火花，教师要善于及时捕捉这些流露出来的信息，再加以重组整合，并借机引导学生开展讨论，给课堂带来一份精彩，给学生带来几分自信。教师更应利用课后反思去捕捉、提炼这些火花，既为教研积累了第一手素材，又可拓宽教师的教学思路，提高教学水平。将其记录下来，可以作为教学的宝贵资料。

六、反思教学活动的尊重差异

学生的个体差异是客观存在的。一位优秀的教师一定会尊重学生的个体特征，会因材施教，因人施教，因景施教，充分发挥学生的特长，让性格各异的学生自由全面成长，让每一个学生都有施展才能的天地与机会。换言之，成功的课堂教学，应让基础好的学生吃得饱、跑得快，让中等生吃得好、跑得动，让学困生吃得了、不掉队。因此，无论是情境的创设还是内容的呈现，无论是问题的设置，还是释疑解惑，均应"为了一切学生"，多层次、多维度、多渠道地开展教育活动，因为教育的最大使命就是尊重学生的个体差异，尽可能地创设条件发展学生的思维能力，培养学生的品质，促进全体学生的发展。

七、反思教学活动的问题探究

有的探究性学习只表现在问题的探究上，只要教师抛出一个问题，几个学生立即围成一团分组讨论，也不管小组成员的组合是否合理，问题的价值是否有讨论的必要。待几分钟后，教师一声击掌，学生的讨论戛然而止；再由小组中的老面孔发言。至于其他学生，尤其是学困生，在讨论时是否真正心到神到力到，是否真正学会了应该学会的方法、技能、知识，就不得而知了。这种"神散形未散"的"伪探究"掩盖了个性之间的差异，甚至会剥夺部分学生的独立思考、质疑、发言的权利。

总之，教师的成长过程是积累经验和反思的过程。如果教师具有较强的教学自我诊断能力和反思意识，便会在教学活动中自觉地检视自己的教学方式、教学手段。教学反思，贵在及时，贵在坚持，贵在执着地追求。

那么，教师要如何进行教学反思呢？

一、反思教学行为是否达到教学目标

新课程标准要求教师在制订每节课的教学目标时，要特别注意从三个维度培养学生——知识与技能、过程与方法、情感态度与价值观。现代教学要求摆脱唯知主义的条框，进入认知与情意和谐统一的轨道。因为对学生的可持续发展来说，能力、情感、态度与价值观的培养，其适用性更广，持久性更长。只要具备获取知识的能力，就可以通过许多渠道获取知识。所以，能力、情感、态度、价值观必须有机地融入课程教学内容中去，并有意识地贯穿教学过程的始终，使其成为课程教学内容的血肉，成为教学过程的灵魂。

二、反思教学活动是否有"沟通"和"合作"

叶澜教授曾提出："人类的教育活动起源于交往，教育是人类一种特殊的交往活动。"教学活动是教育活动的一部分，而没有沟通就不可能有教学，失去了沟通的教学是失败的教学。教学是集约化、高密度和多元结构的沟通活动。成功的教学过程，应该形成多层面、多维度的沟通情境和沟通关系。教学过程是师生交往、积极互动、共同发展的过程。教学是师生彼此敞开心扉、相互理解、相互接纳的对话过程。在成功的教学过程中，师生应形成一个学习共同体，都作为平等的一员参与学习过程，进行心灵的沟通与精神的对话。

三、反思是否创造性地使用了教材

教材的首要功能是教与学的一种重要资源，但不是唯一的资源，它不再是完成教学活动的纲领性权威文本，而是以一种参考的形象出现，给学生展示丰富多彩的学习参考资料；同时，教师不仅是教材的使用者，也是教材的建设者。因为课程改革中的一些理念仍具有实验性质，有待在实践中进一步检验、发展和完善。因此，教师们在创造性地使用教材的同时，可以将课后

反思作为专题内容加以记录，既积累经验，又为教材的使用提供建设性意见，使教师、教材和学生成为课程中和谐的统一体。

四、反思教学过程是否存在着内伤

要反思自己是否在刻意追求所谓的"好课"标准：教学环节中的"龙头""凤尾""铜腰"个个精雕细琢，教学多媒体手段一个不能少；学生讨论热热闹闹，回答问题对答如流。这种"好课"看似无懈可击，但没有给学生多少思考的空间，合作学习流于形式，讨论也没有成效，学生的情感、态度、价值观没有得到关注。教师只有认真回顾、仔细梳理、深刻反思、深入剖析并对症下药，才能找出改进策略。

总之，教师的成长过程是积累经验和反思的过程。如果教师具有较强的教学自我诊断能力和反思意识，便能自觉地对自己的教学方式、教学手段等进行自我诊断，对自己的教学过程进行反思，提高教学质量，提高教学效率。教学反思，贵在及时，贵在坚持，贵在执着地追求。教学反思，只要有所得，就要及时写下，有话则长，无话则短，以写促思，以思促教，长期积累，必有聚沙成塔的收获。

视野要有广度

所谓广度，是指教师要视野开阔、见多识广、兴趣广泛。作为一位教师，只有在教育活动中让学生发自内心地觉得你有才，那他们才会亲近和敬重你。

从某种意义上讲，一位教师的视野和见识有多广，他的教育境界就有多宽。

教师要多读书来拓展知识面；要多与人交流，来增长自己的见识；要亲身体验，多出去走走，拓宽自己的视野，丰富自身的经验；要培养自己的良好兴趣和爱好。教师只有通过不断学习来拓宽自己的视野，增加自己的才能，才能为自己的教育注入活力和内涵。

古话说："腹有诗书气自华。"一位教师宽广的视野和广博的见识，决定了他积极乐观的处事态度，决定了他看待问题和处理知识的深度。

只有教师的兴趣爱好广泛，他的生活才能丰富多彩，有情趣，才能有效地调节长期工作的倦怠感，才能让身教更有说服力。教师每多一项兴趣爱好，就多了一条与学生交往的路径。

● 认识"行万里路"的意义

前面谈了读书可以增长文化知识的厚度，作为一名教师还需要视野开阔。读书是静态的，行路是动态的，书中知识是间接而有限的，而有些知识和能力的获得，教师必须在耳闻目睹中亲自体验感受，显然，"行万里路"是教师增长知识、开阔视野所必需的。

教师的职业病，除了身体上的，还有心理上的。常说教师清高，说话做事有些酸气，其实就是教师隔离在社会之外，脱离实际太久了。长久固定的生活圈子，让多数的教师有了知识，但少了视野、眼界、见识。这样，教师自己的生活郁闷无聊，教育出来的学生也可能视野狭窄，见识短浅。前不久，某校组织班主任外出学习，睡在宾馆，第二天早上起来，有位年轻的女教师生病了，原来是该教师把床罩当成了床单，不知道床罩下还有铺盖，就在床罩上和衣睡了一晚。我知道这位教师毕业于名校，来自农村，也许她是第一次住宾馆。这件事让我思考许久，读书固然重要，但见识也非常重要。在社会生活中，教师成了特殊的群体。出现培养出来的学生"高分低能"和"智商高情商低"的现象，除了有社会影响和应试教育的作用，我想，与部分教师的视野见识也有相关性。要让教师见多识广，就需要教师多参与实践活动，多"行万里路"。

那么，怎么解读平常所说的"读万卷书，行万里路"呢？古人所谓"读万卷书，行万里路"，实则说的是一种胸襟与境界。读万卷书，强调的是涉猎广泛；行万里路，强调的是四处游历，是对已有知识的印证和重新感受，是能力。"纸上得来终觉浅，绝知此事要躬行"，则是说要想提高素养和获得学识必须做事，既要多读书多思考，又要亲历躬行。教师要忌闭门读书，书中知识毕竟有限，又要做到学以致用。顺序应为读书在先，行路在后。读书籍，看山水，其实都是认知、感受和体悟，都是人在路上，只是获得知识的方式不一样。

这里说说"行万里路"的意义。"行路"是指教师在实践中学习。古代著名教育家孔子非常重视实践在学习中的作用，并通过周游列国来印证所学。李时珍、徐霞客、达尔文、哥伦布都是靠"行路"写出了宏伟巨著或取得重大发现。可见，"行万里路"是多么的重要。

"行路"让教师重新获得感受。教师，一向崇尚读书，无形之中也或多或少地存在轻视"行路"的想法，这是不对的，只有"行万里路"，走出去亲自看一看，体验一下书中描述的情境，眼界才能打开，才会发现书中所说的与体验到的有偏差，同时也使自身理解了作者对这种情境的感受，从而扩大知识面，只有这样，读书的效果才能体现出来。

学校既要重视打造书香气、营造读书环境，又要积极举行实践活动；既要带着针对性问题走出去认真考察实践，又要在回来后反思改进。

总之，"读万卷书"，是对知识学问的汲取，"行万里路"，是对实践的体悟。知行统一是人生发展中的一大哲学理念。"读万卷书"是所有教师都需要的,"行万里路"更是不可缺失的。教师只有把"读万卷书"和"行万里路"统一起来,知识才能化为力量,实践才能出真知,个人能力和综合素质才能提升,生命的价值才能得到体现。

● "一专"才能"多能"

"一专多能"是指教师不仅要能教自己本学科,还要能教其他的学科。一是教师不仅能教好本专业的学科,还能够教好非本专业的学科,有广泛的兴趣爱好;二是随着教育事业的发展,一专多能已经注入了新的含义,指在提高自己本专业水平的同时,将其他学科的知识兼容并包、为我所用,做到渗透式教学。

对教师提出的"一专多能"的核心思想应是现代教师专业化的发展,要求教师不仅要"一专",还要适应教育现代化的需要而"多能",这样才有利于引导学生的全面发展。同时,一专多能也是现实客观的需要,一是应对当下有的学校新开设的综合课、选修课、劳动课的需要;二是学生会把不懂的东西都拿来请教教师,特别是班主任,如果自己是"万金油",就有利于威信的树立,有利于自己的教育活动;三是在教育现代化背景下,教师告别了一支粉笔,一块黑板,单兵作战的年代,教师只有与时俱进,多才多艺,才能满足学生的兴趣爱好。

那么,教师怎样才能使自己"一专多能"呢?对新时代的教育有何意义呢?

(1) 教师要充分意识到"一专多能"的意义,才有利于树立威信。教师是特殊的职业,学生需求的多样性和学科设置的不同,教师要适应学生德、智、体、美等全面发展的需要,教师必须一专多能。作为新时代的教师,要想在学生那里获得威信,让学生崇敬自己,就得拥有吸引学生或令学生信服的本领,这本领就是渊博的学识。渊博就是指知识既有深度又有广度,即"一专多能"。数学教师孙维刚就是这样。孙老师在数学方面的"专"有目共睹,他曾经担任中国数学学会理事,他培养的学生还在国际奥林匹克数学竞赛中获得过金牌,为国争了光。与此同时,孙老师又是一位"多能"的人,他教过物理、历史、地理,甚至音乐课。他当过篮球、排球、乒乓球教练,还擅长长跑。他拉得一手漂亮的手风琴,曾当过学校的手风琴伴奏。他的博学多才,为学生的全面发展树立了榜样,为学生体验人生的幸福和快乐打开了一扇扇智慧的大门。这样的教师,一定会得到学生的钦佩,学生一定会亲师信教。

（2）教师要接受"一专多能"的教育理念，才有利于提升自己的职业素养。教师的教育理念的实质就是教师对"教育"理解的反映，并成为每位教师教育行为的指导思想。新时代社会、家长对教师的要求也越来越高、越来越多。教师必须接受和运用新的教育理念，有效地满足学生的需求。过去，常说"要给学生一杯水，教师要有一桶水"。后来变成了"要给学生一杯水，教师要有一缸水"。现在看来，教师只有固定量的"一缸水"是不够的，已不能满足学生的需要，教师应该有涓涓不断的活水源。这里活水不仅要"一专"，还要"多能"。在语文课堂上运用简笔画和音乐，在政治课上结合美术、数学、地理的内容等，这种学科间的教学互补，可以启发思维、强化兴趣，实现学以致用。如果教师不能一专多能，就无法让自己的课堂丰富多彩、妙趣横生，就不能成为学生喜欢的课堂。

（3）教师要敢于在课堂上实践"一专多能"，才有利于丰富自己的课堂教学。教师必须加强自学自研，不断"充电"，不断丰富和完善自己的知识结构，培养自己的爱好兴趣，并把"一专多能"作为职业发展的需要来对待。不仅如此，教师要敢于把自己的本领展示出来，拥有"多能"而不愿或不会展现，等于"不能"。展示"才能"并非拿来炫耀，满足教师心中的虚荣心，而是在教育现代化大背景下的客观需求。教师要求学生掌握各种知识和技能，自己也应当相应地扩大自己的视野和知识范围，在专业之外对于其他学科有所涉猎。这样才能让自己的课堂丰富多彩，让自己的教育有趣有理有情。

（4）教师要努力学好"一专多能"，才有利于自己的生活和工作。要想成为"一专多能"的教师，不能只是想，也没有捷径可言，只有不断地学习。"活到老，学到老"作为教师更应该如此。教师教育的过程，其实本身就是学习的过程。不仅要学习专业知识，还要学一些相关学科的知识，有心理学、美育、德育、哲学的知识，尽量使自己脑库里有复合的知识结构，同时，还要根据自己的爱好兴趣学一些乐器、书法、绘画等艺术，以陶冶自己的情操，提高自身修养。教师还要学会"赶时髦，赶潮流"，不断学习新知，比如，一些流行的网络语言，使自己成为名副其实的"一专多能"的新时代教师。只有努力做个"一专多能"的教师，才能为自己的教育事业插上翅膀。

可见，"一专多能"是教育现代化背景下教师专业发展的需要，是建构师生关系的条件之一，是满足学生健康成长的需要，是提高课堂教学效果的需要，是教师提高自身生活质量的需要。

◉ 兴趣是最好的教师

苏霍姆林斯基说过："学校里要有出色的园艺家，有醉心于机器的人，有电工技术专家，有细木工，有喜欢教学实验园地作业的植物栽培家。一所好学校里，每个教师都应当有从事某项劳动的热情。"

教师应当多一些兴趣和爱好。这样不仅可以营造健康、高雅、和谐的校园文化，还能提高教师个人的生活品质，有利于促进教师的身心健康，帮助教师缓解职业倦怠，让教师的生活丰富多彩，让教师的生命绽放光彩，从而更加有效地提高教育教学效果。

比如，有的教师艺术表演在行，有的教师国画书法漂亮，有的教师电脑操作娴熟，有的教师文章写得好，有的教师爱好篮球、乒乓球、羽毛球，有的教师喜欢象棋、围棋、游泳。总之，只有当学生欣赏到教师的才艺时，才能欣赏到教师内心世界那片广阔的美丽风景，才能在心底生出敬佩或崇拜之情。

教师的兴趣爱好能丰富班级文化生活，为学生的学习减压。一位教师有兴趣爱好，为成功接近学生提供了便利。教师会在平常的教学中无意识地渗透自己的兴趣爱好，从而引起学生的兴趣，激发学生效仿的热情。有的教师还会有意识地培养学生的兴趣爱好，组织开展一些主题活动。有的还会积极地带领学生参与学校、社区的一些活动。这些都会让学生们在快乐中成长。

教师的兴趣爱好能为一些有特长的学生奠定未来人生道路的基础。很多学生的爱好会逐渐演变为特长，如加以专业的指点，这些学生日后有可能进入专业的学校深造。现在高考中，艺体生逐年增加，如果从小学、初中就培养学生的兴趣爱好，对他们的升学也是有益的。

教师的兴趣爱好也可以为自己减压，更可以为自己的工作注入新鲜的血液，拓宽思路。很多爱好与兴趣可以让我们身心放松，思维活跃，有时会给以我们工作的灵感。我们强烈地感受到，许多优秀教师背后都有一些非专业的东西在支撑。试想，如果教师在课堂教学之余，能为学生们演奏口琴、钢琴、笛子、二胡、小提琴，或者进行书法、绘画、魔术表演，那将是何等的"风光"。这样既丰富了教师的业余生活，放松疲惫的心灵，又能拓展自己的思维空间，提高自己在学生心中的人格魅力。

教师的兴趣爱好可以是教学理论的拓展，也可以是本学科的延伸，如语文教师可多一些阅读写作，数学教师可进行数学建模，英语教师可设计一些情景剧，文科教师可组织主题辩论，理科教师可改编一些实验，还可以发展旅游爱好，做一些收藏，画几幅画，演奏几首曲子等。

如何培养教师的兴趣爱好呢？

首先，政府、学校要加大投入，创设良好的学习环境。现在，很多学校进行扩建，学生使用的篮球场、舞蹈教室、美术教室等设施越来越完备，但供教师活动的设施和场所很少。因此，学校在建设中要注意为教师的业余生活考虑，建教工之家，设教师活动中心，开阅览室，购买一批娱乐、健身器材，配备茶水服务，让教师在紧张的工作之余可以有地方看书读报、健身。有这样一个优雅、舒适的环境，教师自然愿意参与。

根据教师的兴趣和爱好，学校可利用节假日有计划、有重点地聘请电脑、舞蹈、书画、摄影等方面的专业人士举办讲座，有意识地引导和培养教师发展高雅的情趣，形成特长，提高教师生活的品位。

其次，学校要多组织活动，丰富教师的业余生活和爱好。校长应重视学校工会工作，要求工会经常组织开展各种活动来提高集体的凝聚力，缓解教师因长期从事繁重的教学工作而带来的身心疲乏和倦怠状态，进一步引导和培养教师的兴趣爱好。如利用双休日开展棋类、球类等比赛，利用妇女节、青年节等开展美食烹饪、健美操等比赛，让教师在丰富业余生活的同时陶冶情操，在活动中激发工作热情。教师也可以根据自己的需要，邀请一些有相同兴趣爱好或同一学科、同一年级的同事组成一个活动小组，大家相互探讨。

为引导教师将读书、写作、教研等作为自己的兴趣爱好，学校可通过举办演讲赛和辩论会，开设"百家讲坛"，派出教师参观学习等方式，鼓励教师专业成长、成就事业，激发教师的上进心。让教师在拼搏进取之后能体验到成功的喜悦、精神的欢娱、情感的满足，从而把学校的要求、期望变为工作的内趋力，自觉地结合自己的专业特点，有意识地培养自己的兴趣爱好。

另外，学校领导要积极参与相关活动，密切上下级关系。教师教书育人是辛苦的，校长有责任提升教师工作、生活的幸福指数，带领教师积极地对待人生的每一天，让每一天都充满快乐，让教师充分享受人生。为此，学校领导不仅要满怀热情地支持教师拥有积极健康的兴趣爱好，更要身体力行，积极融入，做好服务。

胸怀要有宽度

　　所谓宽度，是指教师胸怀宽广，对学生有宽容、包容之心。作为教师，尤其是班主任，我们应该有"海纳百川"的胸怀，有"登泰山而小天下"的胸襟，不放弃任何一个学生，不因为任何一个学生偶尔对自己的无理而心怀怨恨。

　　宽容是一种非凡的气度，是对人对事的包容和接纳。宽容是仁爱的光芒，是对人缺点的释怀，也是善待自己。

　　教育家苏霍姆林斯基曾讲过这么一个故事。他小时候住在一间杂货店附近，每天都能看到大人们将一种东西交给杂货店老板，然后换回自己需要的东西。于是，有一天，他将一把石子递给老板"买糖"，杂货店老板迟疑片刻后接下了石子，把糖给了他。

　　苏霍姆林斯基回忆说："这个老板影响了我终生。"他不是教育家，但他用教育家的智慧，理解和爱护一个小孩的精神世界，赢得了小孩的感激，影响了小孩的人生轨迹。

● 要有宽容意识

　　海纳百川，有容乃大。雨果曾说过："世界上最广阔的是海洋，比海洋还广阔的是天空，比天空还广阔的是人的心灵。"

　　宽容是理解的桥梁，真诚是它的基石；宽容是芬芳的花朵，友谊是它的果实。宽容是一种美景，犹如狂风暴雨后天边的彩虹；宽容是一种力量，支撑人们熬过数九寒冬，盼来阳春三月；宽容也是一种魅力，一颗宽容的心衬托出健全的人格。著名节目主持人白岩松在写给自己小儿子的《生命的邮件》一文中的重要内容就是学会宽容:"如果所有的美德可以自选,孩子,你就先把宽容挑出来吧。也许平和安静会很昂贵,不过,拥有宽容,你就可以奢侈地浪费它们。宽容能放松别人,也能抚慰自己,它会让你把爱放在首位,万不得已才动用恨的武器;宽容会使你随和,让你把一些人很看重的事情看得很轻;宽容还会使你不至于失眠,再大的不快,再激烈的冲突,都不会在宽容的心灵里过夜。于是,每个清晨,你都会在希望中醒来。一旦你拥有宽容的美德,你将一生收获笑容。"

教师对学生的适度宽容是十分必要的。学生之所以为学生就是因为他们还蒙昧无知,有缺点,不懂事,有的学生还常会犯错误。教师年长于学生,知识多于学生,涵养胜于学生,所以,教师理当宽容、理解和原谅学生的缺点甚至错误,这是对学生的一种期待。教师的宽容是学生自信心的保护伞,是学生发展的动力。教师的宽容为学生的成长留足了自主反思的空间。

一位懂得宽容的教师,不仅懂得教育,更会享受教育。当学生因犯错误挨批评而产生心理压力的时候,恢复师生之间的正常交流,唤起学生对教师的尊重、信任和理解所靠的就是宽容!一位缺少宽容态度的教师,总是看不到学生取得的成绩和进步,即使意识到了学生取得的成绩和进步,也会马上要求学生要虚心不要骄傲,甚至会找出学生的一系列问题,打压学生刚获得的一点成就感,还美其名曰"严格要求学生"。缺少宽容态度的教师总是恨铁不成钢,抱怨这些学生难教,没有悟性,在潜意识里认为学生没有希望了。未成年的学生,对心中极具权威的教师的表情、态度、言行很敏感。如果学生感受到教师的严苛态度,在面对学习困难的时候,极易采取放弃的态度。

教师的宽容不仅仅针对学生,还涉及对待同事,对待学校领导,对待学生家长。有一句格言能够教给我们理智的方法,那就是:退一步,海阔天空。宽容蕴含着一种使人心悦诚服的力量。

宽容的教师,往往是自信的教师,往往是具有亲和力的教师。相传古代有一位老禅师,一日傍晚在禅院里散步,忽见墙角有一张椅子,他一看就知道有位和尚违反寺规越墙出去了。他没有声张,走到墙边,移开椅子,就地而蹲。一会儿,果真有一个小和尚越墙回来,黑暗中踩着老禅师的背跳进了院子。当小和尚双脚着地时,才发现刚才踩的不是椅子,而是自己的师父。小和尚顿时惊慌失措,张口结舌。但出乎意料的是,师父并没有厉声责备他,只是以平静的口吻说:"夜深天凉,快去多穿件衣服。"

宽容是美丽之源，就像天空是宽容的，它容忍了雷电风暴一时的肆虐，才有了它的深邃之美；也如时间是宽容的，它容忍了各色人等一时的虚掷，才有了它的延续之美。教师多一些宽容，那么，学生的生命就会多一份空间，多一份阳光！

● 具有民主、平等情怀

教学中师生的地位问题，在世界教学史上曾出现过两种具有片面性的观点。以赫尔巴特为代表的"教师中心说"认为，教师在教学中处于中心地位，向学生传授知识，进行教育，主张树立教师的绝对威信，认为只要顺从教师的教导，学生就能学到知识，养成良好品德，学生的独立性、自主性反而被认为是有害的东西，这样就造成教学进行得死板、枯燥。以杜威为代表的"学生中心说"则主张把儿童变成教学的中心，充分发挥学生的主动性，教学的一切措施都围绕着学生转。显然，这种学说把学生的地位推向顶峰，至于教师的作用——传授系统知识，却被放在次要的地位。走向了另一个极端，片面强调学生的学习主动性，忽视教师的主导作用。这就使学生的学习陷入盲目探索的境地，使学生只能获得一些零星的知识，而学不到系统的科学知识。

新时代背景下的教育要求关注学生生命、个性的张扬和能力的提高，赋予其不重复前人的、崭新的人文本质。因此，教师应面向所有的学生，发展每一个生命体的创造个性，学生则应将个性、特长的发展提到重要位置，不再循规蹈矩、死记硬背、人云亦云，要敢于标新立异、独辟蹊径。教师要有与之相适应的新型师生观，转变传统教育中形成的"师道尊严""唯师是从"的师生观，构建教学活动中相互尊重、相互信任、相互理解的平等、民主的师生关系。教师和学生可充分了解和发挥自我发展的潜能，增强"教"与"学"的主动性与积极性。这样，才能既有利于提高教师的教学能力，又有利于发展学生的综合能力、实践能力，促进学生全面发展。新时代的教师只有从观念上更新，才能创造出师生平等、其乐融融、共享教学民主的氛围，让学生在学习中体验到不受压抑的愉悦情感，为他们张扬个性提供良好的教育环境。

教师在课堂中要明确自己的角色和任务。只有坚持民主、平等的情怀，才能够帮助学生维持学习过程中积极的心理状态，协助学生寻找、搜索和利用学习资源，引导学生设计恰当的学习活动，鼓励和肯定学生对自身做出恰当的评价。教师还应随时观察和记录学生的学习状态以及出现的问题，适时地采取合理有效的教育手段调整课堂。

教师要敢于在课堂教学中提倡民主、平等的师生关系，为课堂营造一种积极合作的软环境，开启学生的智慧，润泽学生的生命。教师要通过创设轻松活泼的课堂气氛和引发思索的问题情境，鼓励学生从不同角度提出问题或提出假设，发展学生的发散思维、创新思维；还要艺术地运用点拨，激励学生以独立的角色、建设性的态度对教师质疑、批评乃至争辩。这一过程体现出师生之间情感的交流、知识的融合、思维的撞击。这样，既能够积极地调动教师自身的思维活动，又能够保护学生智慧的火花，激励学生创造性思维的发挥，有效地提升学生的能力，发展师生间的情感，升华师生生命价值。

教学过程中，坚持民主、平等是非常必要的，只有这样才能够形成良好的师生交往关系。教师面对的是鲜活的生命，坚持民主、平等，建立良好的师生关系需要教师的教育良知和师德的自觉约束。怀着爱心、耐心、责任心、宽容心面对学生，是每个教师实现这个目标的前提。

● 对待学生要宽严有度

处理学生的问题，进行班级管理是一门学问。如何处理好师生关系，确实是一个让人颇为头痛的事：如果对学生要求过宽，学生就会懒散，无所约束；如果要求过严，学生觉得教师冷漠，没有人情味，行为就会过于拘谨，不利于学生个性的张扬、思维的发散。所以，教师要拿捏好尺度，力争做到宽严有度。

首先谈谈严。说起严来，就很容易让人想到一系列的词，如冷峻、冷漠、面无表情、不苟言笑、呵斥、指责、批评等等，给人一种拒人于千里之外的感受。这其实是一种错误的理解，也是一种浅层次的"严"，是一种虚假的"严"，也是一种不负责任的"严"。对待学生的缺点和错误，表现出一副疾恶如仇、穷追猛打的样子，不批评得学生体无完肤就誓不罢休。这种"严"只能让学生感觉到这位教师不可接近，只能让学生感受到这位教师不近人情，这种"严"是不会产生好效果的，学生往往与教师的愿望背道而驰，只能是"治表不治里"。

真正意义上的严应该是在纪律、管理制度、原则性问题等方面的严。对待学生公平公正，没有偏向；对待问题对事不对人，不因个人感情而有所偏袒。如此下来，学生就会觉得教师是一个公正、公平的人，是一个言而有信的人，是一个真正能够严字当头又让人信服的人。这种严不但不会让教师失去在学生心中的地位，不会让学生觉得你不近人情，不容易接近，反而会随着时间的推移，越来越让学生觉得你是一个让人尊重的人，是一个值得信赖的人。

再谈谈宽。宽是指在平时和学生的相处中，在学生学习生活等诸多问题中对学生的关心和爱护。在严格的班级纪律之外，教师完全可以和学生平等相处。教师既要看到学生的优点，也要容纳学生的不足。对待学生要平易可亲，谈话交流要真诚。闲暇时，开个玩笑，玩个游戏。给学生批改作业时，写上几句鼓励学生的话。在学生受到挫折时，多开导，多激发。在学生取得成绩时，真心赞扬，要注意培养自己的亲和力，培养自己的宽容胸怀。其实，所说的宽就是在生活、学习细节上，要学会关心爱护学生，学会保护学生的自尊心，学会尊重学生的人格，学会笑着和学生说话，学会和学生平等相处。

教师对学生的宽容绝不等同于对学生缺点或错误的一味纵容，也不是教师对待学生的问题无计可施，而是对学生的一种理解，是对学生能够克服困难，改正错误，取得学业成就的信任。

总之，学生有缺点和错误是在所难免的，教师要带着爱心、宽容心去看待和对待学生。只要用心去探索，用心去研究，认真地体会感受，多观察、学习、请教，就能掌握好教育这门学问，做到严格而不严厉，宽容而不纵容，宽严有度。

品 性风格要有亮度

初来乍到时，也许你的形象、气质、文凭就是你的亮度，可以暂时性地获得认可。但时间一长，要想得到他人、集体的认可，获得尊重，就要努力工作，且表现出一定的工作能力，做出能够引起关注的成绩；就要为年级或学校争光，要让身边的人因为你的存在而获得快乐和幸福。可以这么说，要想成为一名优秀教师，就要在工作中表现出能力，做出成绩，最好是做出有特色的成绩，给学校增添一抹亮丽的色彩。

在实际的教育工作中，教师的心态决定了生命的亮度。只有积极向上、胸襟开阔、勤奋好学、兢兢业业的教师，才可能让自己的工作出成绩、有亮度，从而彰显生命的价值。

● 风格决定生命的亮度

生命应该有自己的亮度。生命的亮度体现于生命的价值，生命的价值体现在事业的成功上，而事业的成功往往由个人做人做事的风格决定。所以说，风格决定生命的亮度。作为一名教师，应该有自己做人的风格，育人的风格，教学的风格。

教师的风格来自教师的人格魅力，教师的人格魅力是教学风格形成的前提。如果教师没有对真善美的追求，没有纯洁无瑕的心灵，没有对教育事业的热爱，没有对教师职业的敬畏，没有对学生的理解，没有坚强的意志，没有克服困难的勇气，没有战胜挫折的决心，没有善于思考的习惯，没有敢于怀疑的品质，没有创新的精神等，就不可能形成自己的教学风格。一名优秀教师一定会在先进的教学理念指导下，经过长期教学实践活动，逐渐形成符合自身特点的教学风格。没有教师的人格魅力，教学风格就很难形成，而没有与众不同的教学风格就很难吸引学生。

教师的风格来自教师的文化底蕴。底蕴是指人内心所蕴藏的才智、见识，文化底蕴则是指人的学识和精神修养。丰厚的文化底蕴是教学风格形成的基础。一位教师只有具备丰厚的文化底蕴，才能具有较强的理解和驾驭教学的能力，才能使自己的课堂洋溢着浓厚的人文气息，才能使学生受到浓烈的文化浸染，才能使自己的教学别具一格、非同凡响，才能使教育达到激发学生创造力、挖掘学生潜能、弘扬学生个性的目的。这样的教师不是满口讽刺挖苦，而是举止文雅，浑身散发着书卷气和催人向上的力量。一位有文化底蕴的女教师，可能不漂亮，但一定充满了高雅的气质；一位有文化底蕴的男教师，可能不潇洒，但一定具有儒雅的风采。

教师的风格来自对理想的追求。教师只有在教育理想的推动下，才会热情地工作，才会在工作中任劳任怨、不知疲倦，才会积极、主动、创造性地从事教学研究。教师的风格也就在这种工作状态下慢慢形成。一个没有理想和追求的教师，不但缺乏生存的动力，而且缺乏教书育人的动力，同时必然缺乏形成自己教育风格的动力。

教师的风格来自思考。一个能形成自己的教育风格的教师，肯定是善于思考的教师。思考是教育风格形成的桥梁。这种思考包括两个方面，一方面是思考自己的个性和特点，诸如自己的兴趣、爱好是什么，自己的能力、气质如何，自己的优势和特长是什么，自己的劣势和缺点在哪里等。只有深入思考自己，才能逐渐形成自己独特的教育方法，形成自己独特的教育风格。另一方面是思考教育，包括思考教育理念、教育本质和教育对象，思考自己所教的学科，思考教学目标、教学设计，思考教学内容、教学情境，思考师生互动，思考问题设置以及教学评价等。只有深入思考教育，才能对教育有自己独特的理解，才能形成个性化的教育思想，最终形成自己的教育风格。

教师的风格来自勇于创新。教育风格的形成是教师勇于创新的结果。一个教师，即使具备了一定的人格魅力，具有了较高的文化底蕴，树立了崇高的教育理想，并且能够做到善于思考，但是缺乏创新的意识、创新的思维、创新的能力、创新的实践，也难以形成自己独特的教育风格，也不会有工作的亮度。任何独特性的东西都是创新的结果，任何教育风格也都是创新的结果。可见，勇于创新是教育风格形成的关键。

风格是生活的本质和内涵，一个有风格的人，往往具有较高的文化素养、高尚的道德情操、良好的生活习惯、高雅的生活方式和积极的工作态度。一个教师有了高雅的风格，就会使其教育洋溢出风采，充满着生机。一个有风格的教师，具有理性精神，闪烁着人性善良的光辉，其博大的爱惠及与之接触的每一位学生。这样的教师具有良好的生活习惯和道德修养，在生活细节方面表现出自身良好的教养，是有着良好、温和而优雅性格的人。这样的教师一定有自主意识，会用自己的头脑去判断、去思考、去行动，从而获得一种独立的人格，保持着内心的澄净。

生命是宝贵的。宝贵的生命是需要亮度的，只有真有独立个性、有自己独特的教育风格的教师，才会让自己的生命有亮度。

● 做有责任的人

任何人都必须履行自己的责任。正如马克思所说："作为确定的人，现实的人，你就有规定，你就有使命。"一个人如果没有了责任感，即使再聪明，再有才华，身体再好，也没有用。一个人可以不伟大，也可以不富裕，但不可以没有责任感。责任让人坚强，责任让人勇敢，责任让人去创新，责任也让人学会关怀和理解。当我们成为有责任感的教师时，自己的生命就有了亮度。

教师必须清醒地认识到自己的责任，并勇敢地去担当，这样，无论对于自己还是对于社会都将问心无愧。教师要有责任感，有责任感的人才是值得信任的人。责任与教师如影随形。既然选择了教师职业，就必须义无反顾地承担教师的责任。因为教师所要履行的责任关系到国家的未来，民族的复兴。著名教育家陶行知先生说："在教师手里操着幼年人的命运，便操着民族和人类的命运。"教师如果没有责任心，就难以承担自己的职责，难以实现自己肩负的历史使命。教师如果没有责任心，就教不出有责任心的学生。所以，教师要增强自己的责任心。

首先，教师要做到对自己负责。教师有了责任感，才能成就辉煌的事业，实现自己人生的价值。教师要想证明自己的价值，就必须履行自己的责任。教师有了责任心，就能遵守《教师职业道德规范》，注意自己的一言一行，以身作则、为人师表，做学生的榜样。教师有了责任心，就能有自我发展规划，明确奋斗的目标，并为之不懈努力。古往今来，许许多多教师或教育家在教育这块神圣的领域做出成绩，无不是责任心使然。陶行知受"教育救国"责任的驱使，创办平民教育，"捧出一颗心来，不带半根草去"；孟二冬用毅力证明了教师责任的可贵。教师只有对国家与社会有高度责任感，才能有战胜困难的勇气和智慧，才能使自己在人生的道路上找到前进的方向，确立奋斗的目标，实现崇高的理想。

其次，教师要做到对全体学生负责。教师教书育人应面对全体学生。从教师踏进校门的那一天起，便要对每一位学生负起责任，必须关爱学生，尊重学生人格，促进他们在品德、智力、体质各方面都得到发展。教师在对待学困生时，要耐心开导，要多一份关爱，使他们能够感受到来自教师和同学的温暖。教师要平等对待每一位学生，不要厚此薄彼，偏爱优生，歧视学困生。教师要民主地对待学生，切不可感情用事，独断专行。

第三，教师要做到对学生未来负责。十年树木，百年树人。教育是一门慢艺术，是一个长期发展的过程，同时又是承上启下、环环相扣的过程。一个环节出现缺陷会给其他环节造成困难，从而影响学生的正常成长。教育工作是辛苦的，教师每天都进行着大量平凡琐碎的工作，日复一日地备课、上课、管理班级，单调而缺乏新鲜感。但如果教师本着为后代着想，为家长负责、为学生负责、为国家千秋大业负责的责任感，就应该立足现今，着眼未来，以苦为乐，甘于寂寞，勤勤恳恳，甘当人梯，承担起这个光荣而艰巨的任务。工作中既要严格要求每一位学生，也要善于欣赏每一位学生；既要让学生学好基础文化知识，练就过硬的从业技能，也要培养他们吃苦耐劳、勇于拼搏的品格；既要让学生健康成长，也要关注他们未来的发展。要精心培育学生在未来社会生活和竞争中立于不败之地的核心素养：民族精神、社会责任感、科学与人文素养、创新精神与实践能力等。只注重学生眼前成绩和考试名次的态度和行为是对学生不负责任的体现。

第四，教师要对学生的全面发展负责。不仅要关注学生的学业，也要关心学生的情感、态度、价值观；不仅要关注学生的学习，也要关心学生的生活、健康、品德和习惯。只重视学生的考试成绩，忽视学生的思想进步，只教书不育人，这都是对学生不负责任的态度和行为。

第五，教师要做到对学生所传授的知识负责。教师所传授的知识，对学生来说都是新知识。对知识的第一印象将给学生留下根深蒂固的影响，因此，教师的教学内容必须准确科学。教书育人是一项职责重大的工作，来不得半点虚假、敷衍和马虎，不允许含混不清或有错误的概念出现。要保证学生掌握准确的知识，教师就不能用照本宣科、满堂灌等方法来教授知识。这就要求教师自身应当有渊博、通达的学识，应当能够对科学知识有通透的理解，如此才能在教学过程中做到游刃有余，知识才能被学生理解，内化为学生自己的知识结构，并转化为解决问题的能力，真正完成知识传授的过程。

第六，教师还要做到对教法负责。有的教师认为，只要兢兢业业，任劳任怨，就是一名有责任心的教师了，其实这种想法很片面。素质教育要求教师对教育理念、教育行为、教育评估进行科学的思考，不断调整自己的教学行为。

总之，教师的责任心最终是为学生负责。作为一名教师，责任心有多大，他的人生舞台就会有多大。责任心是师德的体现，是良心的体现，是教师心想事成的秘诀。具有责任心的教师，会收获丰富而精彩的人生。

● 亮度是"做"出来的

教师的主要工作是教书育人，要让自己的工作有亮度，就必须认真去"做"。

第一，要找准自己的角色定位。教育工作与其他工作不同，有其特殊性和复杂性，每位教师要结合自身的条件和特点，找准自己的角色定位。想要做出工作亮度的教师要避免三点错误：一是对自己的定位过高，高于自己实际可以承担的角色；二是定位过低，低于自己实际可以承担的角色；三是角色错位，定位与自己实际可以承担的角色不符。教师的基本工作有教学工作、德育工作、教研工作。一名优秀教师往往三项工作都能够做好，但在实际工作中许多教师的精力、条件、能力有限。最好先选择自己感兴趣的、自身能驾驭的一项。

第二，要拟定职业生涯规划。教师的职业生涯规划，是对教师专业发展的各个方面和阶段进行的设想和规划。教师要客观地分析环境，选择发展的路径和目标，制订发展的行动方案，及时反思和调整方案。教师的职业生涯规划对教师的成长是非常有意义的。

规划对教师的发展与成长具有指导作用。"凡事预则立，不预则废。"只有事先考虑和设计好目标和方向，才会让工作置于理性的思考之上，才会有发展和追求的目标与动力。规划能够引导自己读什么书、参加什么样的活动、做什么研究等，减少做事的随意性，避免工作的盲目性和情绪化。

制订与实施规划可促进教师不断思考。制订职业生涯规划可以促使自己认真分析和反思；可以使自己有专业发展的紧迫感；可以促使自己不断寻找自己在年级、在学校甚至在更大范围教师中的位置，不断激励自己。动态的规划能满足教师不断发展的需求。有人对职业生涯规划的作用表示怀疑，其中最主要的理由是"计划赶不上变化"。计划赶不上变化是客观实际，但并不能由此否定规划的作用。首先，尽管社会和教育事业不断变革，但教育是一个相对稳定的领域，它的基本任务、内容和方法是相对稳定的。教师成长的过程有一定的规律性，一般说来都要经历探索期、适应期、成长期、成熟期几个阶段。其次，规划有中长期和短期两种，在内容上有区别。中长期计划比较宏观，短期的规划则比较具体。最后，教师也要有正确的动态计划观，计划不是一成不变的，而是动态的。如果客观条件变化比较大，我们就需要对计划做出修正和调整。

做事有计划对于一个人来说，不仅是一种做事的习惯，更反映了他的做事态度，是取得成就的重要因素。教师应该在学期初对新学期的班级工作深入思考，结合学校的要求，制订详细计划，从常规管理、特色活动等方面确定班级学期奋斗目标及每月、每周甚至每天的教育、活动内容。遇到特殊情况，如上级下达了一个新精神，班上出现了一个新情况，学到了一个新思想，班级计划就要及时调整，增强计划的可操作性。有的时候，工作的好坏并不在于你有多大的热情，而在于你如何有效地面对，得心应手地去处理每一件事情。

第三，要有认真的做事态度和有效的工作方法。教师要有现代精神和奉献精神，要有未来社会所要求的开放意识、竞争意识和合作意识，思想上更新观念，行动上勇于创新，学习上力争上游。

教师要有育人能力与敬业精神，必须具备不断学习和自我发展的能力，科学的预见能力，与时俱进、开拓创新的能力，实践与交流能力，捕捉和使用信息的能力。

教师要发挥人格力量的引导作用。乌申斯基说："在教育工作中，一切都应以教师人格为依据。因为，教育力量只能从人格的活的源泉中产生出来，任何规章制度，任何人为的机关，无论设想得如何巧妙，都不能代替教育事业中教师的人格的作用。"可以这样说，教师的人格力量是教师工作做出"亮度"的重要保证。

教师要用真心、爱心、耐心去开启学生的心灵。既然选择了教师这份职业，就要用真心去对待它。爱是一个永恒的主题，教师对学生的爱更是把全部心灵和才智献给学生的真诚。

教师会有一些琐碎的事情要处理，而面对这些琐事的时候就需要有良好的习惯和耐心。很多时候，让我们感到疲惫不堪的往往不是工作中的大量劳动，而是因为没有良好的工作习惯，从而降低了工作质量，加重了工作任务，影响了我们对工作的兴趣。我们要求学生做事要有条不紊，自己就更应该以身作则。比如，在每天下班之前，要养成清理办公桌的习惯，把明天必用的、稍后再用的或不再用的文件都按顺序放置，保持桌面的整洁，这会使繁重的工作变得有条不紊、充满乐趣。

教师要有一颗求知的心，要有在无涯学海泛舟的进取心。教师要树立民主科学的教育观念。今天是一个日新月异的时代，教师与学生生活环境的不同，使得传统意义上的教学、学习生活，从节奏到质量都发生了深刻的变化。现在的学生从多种渠道获取的信息和资源不仅数量大，而且内容多样、视角多变、形态复杂。这样就迫使我们教师必须想办法适应学生，确定合理的教学目标和教学方法，把学生放在首位，形成民主、科学的教育方法。

教师要有团结协作的合作精神。要想做到团结，就必须大度、包容，有胸襟、有境界。

总之，教师只有定好角色，找准方向，勤于思考，敢于创新，脚踏实地、兢兢业业地去做，才可能出成绩，实现自己的目标。

职业坚守要有韧度

韧度，一般指物体抗磨损、抗拉伸、抗压力等方面的特性。本书用来指教师对工作的坚持、坚守。韧度对一个人一生的发展来说是至关重要的品格。一个人有一颗像琉璃杯一样容易破碎的心，你能指望他成就什么伟大的事业？树高千尺，是因为它曾无数次地经受住了狂风暴雨的洗礼；船行万里，是因为它能一次次经受住惊涛骇浪的撞击；一个人能成就功业，更是因为他能承受无数大大小小的失败和挫折的打击。失去了韧度的人，也将失去一个个得以展现生命价值的机会，失去辉煌的未来。

没有了韧度，就宛如混凝土中没了钢筋，大厦建得越高就越是脆弱，难以经受任何撞击！没有了韧度，就只能做一棵随风摇摆的小草；没有了韧度，就只能做一条柔弱地附着于大树之上的青藤。

韧度，正是教师工作中不可缺少的品格。

● 教育贵在坚持

教师做工作要持之以恒，坚持不懈，教师职业容易产生审美疲劳和厌倦之感，这就需要教师有强烈的事业心和责任心，有工作的韧度。教师切忌没有耐心，对待学生简单粗暴，做事情只有三分钟的热度，而要做到耐心细致地教育，以情育人，以情感人。

苏格拉底曾经给他的学生们出过这样一个题，把手臂尽量往前甩，再尽量往后甩，每天甩臂 300 下。学生们都笑了，这么简单的事怎么会做不到呢？过了一个月，苏格拉底问他的学生们："每天甩臂 300 下，哪些同学坚持了？"90％以上的学生骄傲地举起了手。两个月后，当他再次提起这个问题时，坚持下来的学生只有80％。一年后，苏格拉底再次问道："请你们告诉我，最简单的甩臂运动，还有哪些同学坚持每天做？"这时候只有一个学生举起了手，这个学生叫柏拉图，他后来成了古希腊的另一位大哲学家。

这个故事告诉我们，成功的关键在于坚持不懈，正如古罗马著名学者塞涅卡所说："不是因为这些事情难以做到，我们才失去信心，是因为我们失去信心，这些事才难以做到。"教育工作亦是如此。古往今来，成功者之所以能取得业绩，凭借的是坚韧不拔的意志和坚持不懈的努力，而不是偶然的运气。

教师应该有自己的奋斗目标。无论是为了晋升或成为优秀教师，还是成为名师、教育专家，若要心想事成，都必须坚持。教育实践活动的过程就是一个不断坚持、不断积累的过程，是一个量变到质变的过程。只要有坚持干下去的决心和毅力，每位教师都能够达成心愿。

教师的工作不可能一帆风顺，不如意之事十有八九，总会遇到这样那样的困难、挫折或失败。在困难面前要告诉自己：坚持，再坚持，不要放弃，绝不能放弃，暴风雨过后就会有彩虹。挫折不可怕，经历挫折后需要站起身来，总结经验教训继续前行。失败时，不要气馁，更不要怨天尤人。也许困难、挫折或失败还会接二连三出现，这时更是要有韧度，持之以恒地做下去。能够做到这一点，就离成功不远了。

教师要坚持的是一些具体、琐碎的事，有育人方面的，有教书方面的，有人际关系方面的，有家庭方面的，如果一个方面没做好，没有耐心和勇气坚持去做，就可能影响教师心愿的达成。一般说来，教师要坚持以下方面。

（1）坚持做一个学习型的教师。教师从事的是传道授业、教书育人的工作，教师如不自觉进行学习，顺应社会发展要求，适应当下信息量大、知识变化快的特点，不积极掌握相关的新知识、新理念、新方法、新技术，就很难担当起实施素质教育的重任，履行好教师工作职责。教师的教学智慧是读书和实践的结晶，会有一个学习和接受的过程，并非是刻板的教学模式本身所能包含的。

（2）坚持做一个创新型教师。教学是教与学的互动过程，是师生互相交流、启发、补充的过程，是共享共进的过程。师生是平等、互利互惠的学习共同体。教师不善于学习，不去接近、研究学生，就不能创造出适应学生发展需要的新方法。教师要有扎扎实实、富有创意的课堂教学内容，就要不断发现和创造课堂教学的新思路与新方法。某些创新也许要花费很多精力，且短时间效果可能还不理想，但只要坚持下去，对学生的终身发展是有益的。有了教师创造性的劳动，才会有学生创新思维的发展，才会有真正活跃的课堂气氛。

（3）坚持做一名认真备课的教师。在备课的过程中，要始终坚持以学生为主体，以学生的学习能力为标准，以学生的需要为出发点。在备课的每一环节都想着学生的发展，想着为学生的健康成长服务。认真地钻研教材，设计弹性化的教学方案。在组内备课的基础上针对自己班学生的特点进行重点备课，任务的设定要适应学生的水平，要充分考虑量和难度，让学生能够"跳一跳，摘到桃子"。

（4）坚持做认真反思的教师。对于教师来说，反思很重要。有人说"写十年教案不如写三年教学反思"。那如何反思呢？首先，要确定反思的目标。聚焦某一点，反思就有了针对性。其次，经常进行自我评价。通过对课堂上师生行为的观察获得反思的信息，从不同的角度反思，并进行有效的调试。另外，记录教学日志有助于收集真实的信息。最后，反思活动应该是持续的。反思型教师在追求自己的目标上，会表现出坚持不懈的精神。

（5）坚持做一名有爱心的教师。做有爱心的教师首先应有责任心，教师要关心、爱护每一位学生，为他们的学业、品德负责。教师应该放得下架子，师生之间相互尊重、体谅、合作，营造和谐的师生关系。教师遵守职业规范，恪尽职守，力争做出出色的成绩。

● 守住自己的沉香

随着我国社会经济的发展、综合国力的增强，教师的待遇有所改善。特别是推行绩效工资政策以来，教师职业地位有了显著提高，成为令人羡慕的职业。

但是，一些教师并没有更加安心教育，反而变得十分浮躁。有的教师不满足，一山还看一山高，整天想着发横财；有的教师"身在曹营心在汉"，始终看着公务员的工资单。这些现象，有其社会原因，但更多的还是教师对自身的职业认识不到位，事业心和责任心不强，只是简单地把教师的收入拿来与那些收入较高的职业比较。

作为现代教师，向往美好的生活，关注和追求物质的满足无可厚非，但一些教师对物质过分追求，是不正确的。教师职业特点决定教师对物质的追求是有止境的，而对精神的追求和享受是无止境的。上好一堂课，班级学生考出好成绩，发表一篇论文等，都可能让教师感到快乐和满足，都可能赢得认可和尊重。

这让我想到《木炭与沉香》的故事。

一个人去寻找宝物，他跋山涉水历尽艰辛，最后在热带雨林中找到了一种树木，这种树木能散发出一种浓郁的香气，放在水里不像别的树木一样浮在水面，而是沉到水底。他心想：这一定是价值连城的宝物，就满怀信心地把香木运到市场上去卖，可是无人问津，为此他深感苦恼。当看到隔壁摊位上的木炭很快就卖完时，他一开始还能坚守自己的判断，但日子如水，时间最终让他改变了自己的初衷，他决定把这种香木烧成木炭去卖，结果很快被一抢而空。他十分高兴，迫不及待地跑回家告诉了父亲，但父亲听了他的话，却不由得老泪纵横，原来儿子烧成木炭的香木——沉香，只要切下一块磨成香粉，价值就超过了一车的木炭。

这个故事告诉我们，人如果没有主见，经不住生活的诱惑，就会随波逐流，最终失去自己最宝贵的东西。

教师应该有自己的职业道德和事业追求，但有的教师却偏离了自己的人生航道，以至误入歧途。

每位教师心里都有一片净土，但是有的教师却不能守住它，一味地听从非理智的情绪化的选择，使自己的神经变得麻木，不再有对学生的热情，没有勇气面对困难和挫折。

每位教师都有一段"沉香"，但有的教师不懂得它的珍贵，反而对别人的木炭羡慕不已，最终的结果只能是本末倒置，让蝇头小利蒙蔽了自己的双眼。

世人常犯的错误就是不能坚守自己，而总是喜欢和别人比较。印度哲学大师奥修说："玫瑰就是玫瑰，莲花就是莲花，只要去看，不要比较。一味地和别人比较，就可能动摇自己的心志，改变自己的初衷。而比较的结果，让人不是自卑，就是自傲，总之是流于平庸。"

教师要学会坚守。坚守，看似简单，其实也是最困难的，其困难在于坚守的过程会遇到无数的诱惑、打扰，浮躁的社会或多或少会侵扰我们原本坚定的心。坚守，是生命源源不息的力量。古往今来的执着坚守者，无一不在坚守之中收获到了更明确的目标、更坚定的方向。只有守住自己的"沉香"并始终保持梦想的教师，才不会人云亦云，才不会放弃梦想。只有对事业坚持不懈地追求，才能产生面向未来的希望之火，才能获得积极进取的力量。选择坚守的人生才是丰富的人生，终究会收获财富。

言行举止要有风度

　　风度，即美好的举止、姿态或气度。现代社会中，风度二字举足轻重。外交家有外交风度，政治家有政治风度，明星更是无风度而不红。印象中，风度总与那些公众人物相配，而普通人，工作在平凡岗位上的教师，似乎与风度没有什么相关。其实不然，风度是一个人德行、品格、气质的自然流露，也是人们对一个人的身段体魄、装束打扮、表情神态、谈吐举止的一种综合性的审美评价。只有当内在的气质之美得到完美的外现时，人才能够具有风度之美。因为一个人的内心世界总要借助于外形表现出来，同样，一个人的外部表现总含有内心活动的内容。所以，风度既表现为人的静态美，又表现为人的动态美。它是内秀与外美的高度统一，正如培根所说："把美的形象与美的德行结合起来吧，只有这样美才会放射出真正的光辉。"

　　现代教育要求教师要有较好的外在素质。所谓外在素质，就是教师要有良好的风度，它是教师各方面素质的综合表现。中外教育家都十分重视教师风度的培养，一致认为教师风度是一种强有力的教育因素，在教育过程中具有不可替代的身教作用。

　　教师的风度对学生的品行有着直接的影响，同时对课堂教学也有直接的干预作用。教师应具备适度的风度。

● 着装有讲究

　　教师的风度不仅表现在"行"和"言"，还表现在"形"上。这"形"便是教师的外在形象。培根说过，相貌的美高于色泽的美，而秀雅合适的动

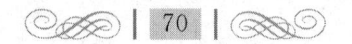

作的美，又高于相貌的美，这是美的精神。教师的仪容总体要求是：容貌健康，发型朴实，着装文雅得体。

仪表美是教师职业的必然要求，衣着打扮又是仪表美的主要组成部分。衣着整洁得体是对教师服饰的基本要求。教师的衣着打扮，关键在于要适合身份，符合教师的职业规范。尽管适宜的身材、流行时髦的服饰对教师的形象美也起相当重要的作用，但这并不能代表仪表美的全部。只要他在教书育人的实践行动中，衣着整洁得体、落落大方，同样能够透露出朴实端庄的美、整洁和谐的美、情趣高雅的美。

教师在衣着的选择上，需要适当考虑到以下几方面内容。

（1）选择衣着要符合自己的身体条件。身材较矮的教师，衣着选择宜简洁明快，上下色彩一致或上浅下深的色彩为主，以便把身体反衬得高一些；颈部较细长的教师，衣着选择宜以高领、筒领或翻领样式为主，以便增强颈部的粗壮感；而颈部较粗短的教师则宜选择V型领口一类的衣着，以便敞开胸口，增强颈部的加长感；体胖的教师，衣着选择宜以冷灰色、深色为主，以便给人以紧束感，但不宜选择紧身或束腰的衣服；体瘦的教师，衣着选择宜以暖色亮色为主，或增加衣饰花样皱褶等，以便增强扩弛感、厚实感。总之，教师衣着服饰的选择要适合自己的身体特点。

（2）衣着选择要符合自己的年龄特征。年轻教师应该朝气蓬勃，充满活力，服饰选择上宜以活泼明快为主，可以与流行色泽款式适当地靠近一些。年长教师德高望重，沉稳通达，衣着上宜以严肃端庄为主，但也可以根据实际情况，适当选择一些既稳重大方，色泽款式又比较清新的服饰，这样既显得充满成熟的魅力，又焕发出青春的活力。

（3）衣着选择要符合环境特点。教师的衣着在整洁得体的基本要求下，也要随着具体环境的变化而变化，课堂教学时衣着要整齐，游乐时的衣着要简便、舒适。

（4）衣着选择要符合教学对象。教师的衣着选择需要考虑到学生的年龄、性格、知识、能力等因素。对于中学生，教师的服装要朴素、整洁，有利于培养他们的成熟的衣着行为，并同时给予思想情操方面的启迪。对于小学生，根据他们天真烂漫、活泼好动的特点，教师应选择一些色泽鲜艳、明快的服饰，更容易给他们以美的启迪。

（5）衣着要整齐清洁、讲究卫生，不要衣冠不整、蓬头垢面。这是衣着外表美观的起码要求。任何一个教师都要认识到，讲究个人仪表的整洁卫生，不仅仅是教师个人道德修养的表现，更是教育好学生的需要。

(6) 教师的衣着仪容要美观大方、朴素典雅，不要奇特古怪、艳丽花哨。教师的衣着仪表要符合个性特点和职业特点。

总之，对教师而言，服装是一种表现力很强的无声语言，得体的着装可帮助教师建立美好的形象，畅通地传递各种信息，从而顺利地完成教学任务。教师作为学生的引导者，言谈举止、衣着服饰会对学生产生潜移默化的影响。衣着语言是教师与学生相处时传达给学生的第一信息。教师的着装应与社会大环境协调，体现时代感。

● 举止要稳重端庄、落落大方

捷克教育家夸美纽斯认为："教师的职务是用自己做榜样教育学生。"教师与学生的特殊关系、共同的目标等决定了教师自然是学生模仿和学习的对象。教师的一言一行、一举一动对学生具有显著的示范作用。因此，教师在日常生活中，特别是在学校工作中要严于律己，以身作则，要不断地自我发展，自我完善，尽可能做到待人接物稳重端庄、落落大方，以自己正确的行为举止去感染学生。

平常生活中教师的举止应该做到以下两点。

(1) 教师的举止要谦恭有礼，不能粗野蛮横。如果教师对待学生彬彬有礼、温文尔雅，使学生感到教师和蔼可亲、平易近人，就容易融洽师生关系，便于沟通。同时，还能让学生从教师的礼貌行为中受到良好熏陶，有利于学生礼貌习惯的培养。相反，如果教师对待学生不讲文明礼貌，粗暴无礼，气势汹汹，不尊重学生，不仅会造成师生间的感情对立，还会使学生从教师粗野蛮横的举止中受到不良影响，养成坏的习惯，或者有一种不安全感。

(2) 教师的举止要稳重端庄，不能轻浮放荡。教师是学生的教育者，自己的举止不仅要礼貌，而且要端庄、正派、适度、得体、优美，让自己的举止体现出良好的道德文化修养，让美德表现在外部行为上。英国教育学家洛克说过，做导师的人应当有良好的修养，随时、随地都有适当的举止和礼貌。教师的举止基本要求是稳重。稳重就是举止得体，庄重潇洒，不卑不亢，落落大方，体态活泼而不失端庄，具有可供学生效仿的作用。身教胜于言教，教师稳重的举止，端庄的仪容，大方的体态，既给学生严肃稳重之感又不失亲和力，有助于提高身教的效果。教师在与学生交往中，要向学生传达自己行为中那些具有丰富内涵的美。教师走路的姿势应步履稳健、抬头挺胸，表现出朝气蓬勃和积极向上的精神。

课堂是教师举止集中表现的舞台，教师的一言一行直接起到示范作用，所以，教师务必重视这个舞台。

课堂上教师要举止适度，动作文雅，表现出文明的气度。和学生交往谈笑，要热情而有分寸，亲切而讲究礼节，表现出庄重随和的品质。教师要特别注意做到不乱抛纸屑，不抽烟和随地吐痰，不把脚搁到桌凳上等等。因为一个教师只有举止适度、行为端庄，才有利于建立自己的良好形象，受到学生的爱戴和欢迎，为学生树立良好的身教榜样，给学生以良好的精神感染。当教师自己心境不佳、身体欠佳时要控制自己的情绪，不要动辄发脾气、拍桌子、砸东西，更不能把自己的不满情绪转嫁到学生头上，将学生视为发泄愤怒的"替罪羊"。也不能因个别学生捣乱，或班级纪律不好，或师生之间发生误会，或有学生不够礼貌，就疾言厉色、暴跳如雷，而应该表现出宽容和肚量，用智慧和理性解决问题。

课堂上教师的表情、言语、教态要得体。学生心目中的教师是神圣的，教师应尽可能地减少瑕疵。学生对教师有着特别的期望和依赖，特别喜欢对教师"品头论足"。教师的一件小小的善举，会使他们感到无比的欣喜；教师的一点小小瑕疵，则会使他们产生莫大的失望，产生一种"放大效应"。在课堂上，教师应根据教学内容的需要而适当变换眼神、手势、表情、声调、体态等，表明自己对真善美的褒扬，对假丑恶的贬斥，以此引导学生、感染学生、启迪学生，培养他们求真、向善、爱美的品德。在讲课时，面部表情要庄重而亲切，目光要温和而慈祥，步态手势要稳健而有力，注意随时观察学生的反应，倾听学生的意见，与学生进行沟通。在提问时，可轻轻皱眉，以表示思索；当学生答非所问，不专心听讲时，缓缓摇头，以表示疑问；当学生回答令人满意时，点头赞同，表示鼓励；当学生不能回答，出现冷场时，则示意学生安静，认真听讲。不要唾沫横飞，自顾自侃侃而谈；不要东张西望，给人产生魂不守舍的感觉；也不要呆若木鸡，一副若无其事的样子；更不能手舞足蹈，像个跳梁小丑。

此外，教师在课堂上还要努力改掉举止、姿态上的一些不良习惯，比如讲课时搔首抓耳，与学生相处时勾肩搭背，翻书时用手指放在口中沾唾沫，站在讲台上不停地抠鼻子、玩粉笔等，这些教态会贬低教师的形象，引起学生的哄笑或者厌恶，削弱教师在学生心目中的威信，减弱教育效果。教师得体的表情、言语、教态以及肢体语言，犹如春风化雨，润物无声，能够起到不教而教的效果，使学生能够自觉进行自我教育，自我反省，促使学生把道德规范、行为准则内化为自觉行为，健康、自由地发展。

总之，无论是课外还是课内，教师的言谈举止一定要庄重文雅。教师应具有高雅而质朴、贤明而开朗、庄严而和蔼、自信而谦逊、愉快而冷静的教师风度。

● 做到和蔼可亲、平易近人

具有和蔼可亲、平易近人的态度，是教师职业道德对教师的基本要求。无论是对待学生和家长，还是对待同事和领导，教师都要控制情绪，在工作和生活中表现出良好的素养和态度。

教师有了和蔼可亲、平易近人的态度，在教育学生时，就会表现出师长的爱抚和关切，目光会充满热情和希望，面容慈祥，态度诚恳，表情温和，情绪稳定，给学生一种和蔼可亲、平易近人的感觉，这样学生才打心眼里喜欢教师，乐意接受教师的教化。学生违纪违规是常有的现象，甚至有的学生还一而再再而三地违背教师的愿望。这时教师要善于控制自己的情绪，不要对学生疾言厉色，情绪和行为反复无常，捉摸不定，这样会伤害学生的心灵，动摇学生对教师的崇敬与爱戴之情，有损教师在学生心目中的良好形象。

如何才能做到和蔼可亲、平易近人呢？

首先，教师要尊重学生。美国心理学家马斯洛的需要层次理论认为：人人都有被尊重的需要，都希望得到别人的承认和尊重。心理学家威廉·杰姆斯曾说过："人性最深层的需要就是渴望别人的赞赏。"教师在生活和教育教学中要保持和蔼可亲、平易近人的态度，不颐指气使，不刚愎自用。善于发现自己的不足，不掩饰、不回避，积极聆听学生的话语，尊重学生的意见和看法，将自己和学生放在同一位置上。教师要信任、尊重和热爱学生，要学会赏识学生，用欣赏的眼光来对待每一个学生，少一点求全责备，多一些欣赏赞美。让尊重、理解、关怀、信任如阳光一样照耀在每一位学生的身上，使学生感受到亲切和温暖，从而产生心灵的和谐共鸣，产生愉悦的情绪反应。这样就会牢固树立起教师在学生心目中的"精神父母"形象，学生自然会愿意接受约束，自觉进行自我省察，不断增强自我教育、自我修养的主动性和自觉性，从而促进学生自我发展、自我完善、自我提高。

其次，教师要活泼开朗。教育的职业特点决定了教师面对的是一群未成年人，他们活泼好动、精力充沛、求知欲强、可塑性强，要求教师也要有旺盛的精力、坚强的意志，反应迅速而灵活，情绪积极而沉稳。只有富有朝气、乐观开朗的教师才能给学生以生机勃勃、坦率豁达的良好印象。教师只有既阳光、活泼、朝气，又稳重、沉着、刚毅，才能在师生接触中起到为人师表的作用，才能在和谐愉快的气氛中与学生相处，才能引导学生积极向上。教师应该努力培养自己沉着安静等内倾性特点，说话不可轻浮，举止不可轻佻，遇事不可慌张。

再次，教师要热情大方。热情是人际交往的润滑剂。教师的诸多素质在与学生的交往过程显示出来。教师情绪体验的快慢、强弱，感情的热烈、淡漠以及动作的敏捷或迟钝等，都在交往中显现出来。教师与学生相处，应该热情大方而不矫揉造作。除此而外，还要善于掌握分寸，尽量避免语言或动作失误而引起学生的误解与不快。

最后，教师要善良真实。教师的教育对象是学生，是有血有肉、有情感、有理性的人。教师只有善良和蔼，满腔热情，才能让学生产生真情实感，从而取得学生的配合和信任，掌握教育工作的主动权。为此，教师要像父母那样亲切地关怀每一个学生，不仅要关心他们的学习，还要关心他们的生活、爱好、兴趣等方面。教师要认真处理学生之间产生的矛盾，不能因关系亲疏、家庭差异而有所偏袒。

● 巧妙运用语言表达的技巧

教师和学生朝夕相处，无论是平常的教育，还是课堂上的教学，语言是师生交流和沟通的主要方式，教师的语言无时无刻不在影响着学生。由于学生的模仿性特强，教师要时时处处注意自己的语言。教师的语言应该和气、文雅、谦逊、温和而有礼貌，不讲脏话，不强词夺理，不恶语伤人，教学和日常生活中的谈吐不鄙陋粗俗。从某种意义上讲，教师是语言工作者，教师的谈吐形式上并不要求千篇一律，但教师所言必须言之有理，言之有礼，言之有物，言之有艺术。

教师的语言是传递知识和表达感情的重要工具。教师要启迪学生的心灵，陶冶学生的情操，犹如琴师操琴一样，只有运用生动艺术的语言才能够拨动学生的心弦，引起强烈的共鸣。教师语言表达能力在很大程度上直接影响教学的效果。许多优秀教师在教育学生时能取得显著成效，除了具有较强的事业心、责任感，具有渊博的知识和丰富的经验外，还善于运用丰富、生动、形象的教学语言。相反，有的教师语言单调乏味，内容空洞，模糊混乱，呆板冗长，甚至粗俗污秽，恶语伤人，尽管他们也有教育好学生的良好愿望，但由于语言表达能力欠佳，不仅不能帮助学生形成准确、鲜明的概念和思想，还不利于发展学生的思维能力；不仅影响知识传授，还会影响学生的情感和意志。低年级学生的思维具有形象性和富于感情色彩的特点，更需要教师语言生动形象和富于感情，而高年级学生则要求教师语言的逻辑性和哲理性强，所以教师的语言应当简明、准确、生动、合乎逻辑，具有强烈感染力和说服力，做到以下几方面：

(1) 教师要有准确规范的评价语言。教师准确规范的语言能帮助学生正确认识、评价和接纳自己。随着年龄的增长，学生的自我意识在不断提高，但他们还难以充分认识和正确评价自己。因此，在评价的过程中，教师要用发展的眼光看待学生，评价学习的动机、行为、过程和结果，引导学生多角度、多途径地认识自己、评价自己。教师可以引导学生通过学生与学生的比较，学生与自我过去的比较以及从周围环境中获得有关自我的真实反馈，加深学生的自我了解，避免主观误判。学生除了要正确认识自己，评价自己，还需要接纳自己。同时教师要引导学生拟定目标，树立恰当的理想抱负。在这一教育活动中，语言表达起着极其重要的作用。

(2) 教师要有艺术的批评语言。批评总是不受人欢迎的，而教师却又是使用这个"武器"最频繁的人，因此使用有艺术的批评语言很有必要。教师批评的话语要让学生听得进去，心中认可，并在日常活动和学习中加以改进，而不是对抗或口服心不服，甚至敌视教师的教育。教师要思考在当前的社会环境下，如何对学生进行批评教育，如何从学生的家庭环境、心理因素、个性特点出发，使批评的语言能入耳入心，使批评收到较好的效果。俗话说得好："良言一句三冬暖，恶语伤人六月寒。"可见用好语言是至关重要的。

(3) 教师要多用引导性和激励性的语言。引导性和激励性的语言能在学生心田撒播理想的种子，激发学生的学习动机和求知欲。课堂上，教师要经常鼓励学生发现问题、提出问题、解决问题。对待学困生，教师的语气应平和轻快，让学困生在谈话中抛开包袱，愈显轻松；同时，教师应多给他们一些关爱，善于捕捉学困生的闪光点，并加以真诚的赞许和肯定。

(4) 教师要以交谈的语气与学生家长沟通。教师在社会生活中要扮演多种角色，教师在与学生家长沟通时要用心倾听，给予适度的互动，使家长愿意信赖并倾诉内心话。另外，教师要积极主动与家长沟通，如果对家长教育方式有意见，提出批评或劝说时，切忌发生正面冲突，要用商量的口气委婉表达。

　　"开言知肺腑，出口见精神"，语言精神的体现；"诚于中，形于外"，语言是内心的表白。对学生的调皮、违纪、错误要循循善诱，要"晓之以理，动之以情"，不要说一些狠话来刺激学生。也许教师的出发点是好的，但如果教育的语言不当，其结果会适得其反。教师文明的、艺术的教学语言体现的是教师的素养，反映的是教师的风度。若一位教师能巧妙运用各种正确的语言表达技巧，必能让教师的语言生动而有说服力和感召力，能引导好学生和班级，让自己的教育获得成功，同时让自己的工作充满快乐和幸福。

教育行为要有力度

　　所谓力度，一是指强力，二是指借力。

　　这里所说的强力，是从教育工作效度的角度来说的，是指教师在教育学生时，具有针对性，不敷衍，使学生感受到来自教师的教育压力。学生有了知晓事理和情感触动的感受，才能够接受教师的教育，继而改变自己。教育的强力，还意味着教育学生时，并不求一次就解决问题，而是要通过反复的训练，在学生头脑中形成一种意识，这样教育的效度就有了。

　　教师还应当借力而教。这里的借力，是指教师善于借用其他的力量，来为自己的教育提供有效的帮助。比如领导的力量，同事的力量，家长的力量，社会的力量，榜样的力量等，但这些都是辅助的力量。最根本的力量其实来自学生本身，只有把学生自身的力量"借"到手，教师才能既教得轻松，又做出成绩；学生才能既学得愉快，又学有所获。教师只有充分调动学生自我管理的主动性和积极性，才能让学生在受教育的过程中体验，在体验中感悟，在感悟中自觉。自觉就是学生内因的变化和作用，是学生表现出的一种强大力量，有了学生的自觉行为，教师的工作会卓有实效。

● **以身作则是最有力度的教育**

　　"其身正，不令而行；其身不正，虽令不从。"这句话肯定了教师以身作则的重要性。作为教师，自身的品行尤为重要。教师的思想、信念和道德修养，以及处世的态度、行为、仪表等方面，对学生的成长都产生着潜移默化的教育作用，这种教育方式比批评、责骂与训斥的效果更好，能达到无声胜有声的境界。教师要注意自身形象，要言行一致，表里如一，以自己的良好言行为学生树立榜样。要当好学生的引路人，做好学生的思想工作，教师就要在学生中处处起到表率作用。为了培养学生的综合素质，使学生成为合格的公民，教师应严格要求自己，以身作则，充分发挥言传身教的作用。

俗话说："有什么样的教师，就会有什么样的学生"，教师在情感态度、道德品质、学识上都要以身作则，率先垂范。要求学生做到的，自己必须先做到；要求学生不能做的，自己坚决不能做。为人师表对学生是一种无声的教育，它的内驱力不可估量。

从某种意识上讲，教师的境界决定了学生的境界。德国哲学家雅斯贝尔斯曾说过："真正的教育是用一棵树去摇动另一棵树，用一朵云推动另一朵云，用一个灵魂去唤醒另一个灵魂。"

有这样一个故事：一所乡村小学好不容易请到了一位省特级教师来上一节公开课。学校里的教师都没有见识过特级教师，有的对特级教师不以为然，有的认为特级教师是凭关系、熬工龄评上的。

特级教师来了，没想到竟是一位年轻美丽的女教师。特级教师说，上课时她将随便走进一间教室上课。谁也没想到，她走进的恰恰是全校闻名的后进班。讲台上乱七八糟地散落着粉笔，桌面铺着一层厚厚的粉笔灰。特级教师用目光扫视一周后，迅速收拾好桌上的粉笔，然后走下讲台，绕到讲桌前面，背对着学生，面对着黑板，轻轻吹去桌上的粉笔灰。片刻的安静后，教室里响起一片掌声，所有观摩教师和学生用掌声给她的"开场白"打了最高分。

课上她出了几道题让学生做，然后讲解了这几道题的做法。讲完之后，她说了一句："请做对的同学扬一扬眉毛，暂时没做好的同学笑一笑。"此刻，所有的教师似乎都明白了什么样的教师才是特级教师。

这位特级教师懂得"身教"。走下讲台，绕到前面，背对着学生，面对着黑板，轻轻吹去桌上的粉笔灰，她的这一举动无疑是用行动为学生们做出了一个完美的示范。这种以身示范，换来了学生热烈的掌声，从而达到了不教而教的最高境界。

现在的学生，独生子女居多，个个都是"小皇帝"，零花钱多，爱吃零食，吃完后果皮纸屑随手乱扔。这样既对学校环境造成了污染，也不利于学

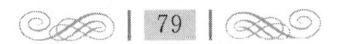

生的成长，尽管教师课上讲了，课后督促，但还是扭转不了这种随地乱扔的局面。有一次，学校刚刚大扫除之后，不知是谁在红色的消防箱上放了两个食品袋。学校德育校长路过看见了，他抬起头看了看，走道和阳台上到处是学生在玩耍嬉笑，怎么没有人捡走呢？校长捡起食品袋，往垃圾桶走去，这时一名同学来到校长跟前，红着脸说："老师，我错了。"说着接过校长手里的食品袋，小心地放进了垃圾桶。后来校长向年级组长表扬那位同学知错能改，而当年级组长表扬那位同学时，同学却说是校长的行为让他惭愧。可见，要育好人，必须从身边的一些小事做起，勿以善小而不为。

学生特别善于观察和模仿，可以说学生时代是榜样和偶像的时代。学生对偶像有极高的认同感，乐于模仿偶像的行为习惯。教师是学生心中的偶像，要因势利导，用好自己偶像的身份，用自己良好的行为习惯，去引导学生养成良好的行为习惯和学会做人。教师的一言一行对学生都有着深刻的影响，所以教师要以身作则，树立良好的形象，这样才能既教好书，又育好人。

● 说服教育要有力度

在教育实践中，教师、家长要更多地从学生的成长需要上去探索说服教育的技巧，并把这种教育方式变成与学生的沟通方式。

说服中，要争取别人赞同自己的观点，光是观点正确还不够，还要掌握巧妙的交谈艺术。说服教育是一个信息传播过程，是教育者与被教育者通过思想交流，解决认知问题与改正错误行为的教育方式。它以教育者传播的信息为开端，以引起被教育者相应的心理变化或心理反应为目的。说服教育是对学生进行思想教育最常见的方式，也是最便捷、最有效的方式之一。如果"说"没有力度，就达不到"服"的教育效果。

说服教育法的具体方式可以分为两大类。

第一类，运用语言文字进行说服教育，主要包括以下几方面内容。

讲述或讲解：教师通过向学生叙述、描绘有关事实的发展过程，提高学生对问题的认识。这种方式比较形象主动，富于感染性。

报告或讲演：这是一种比较系统地向学生论述、论证、分析某个问题的方式，其特点在于涉及的问题内容深入，范围较广，所需时间长。这种方式可以开阔学生视野，激励情感，活跃思想。

谈话：针对学生的思想实际，就某一问题与其交换意见，并对其进行教育的一种方式。谈话的针对性较强，便于师生之间交流思想感情、促进师生相互了解。谈话是说服教育常用的方式，不受时间、地点、人数的限制，课内课外均可进行。

讨论或辩论：是在教师的指导下，由全班或小组成员围绕某个中心课题各抒己见、相互学习，经过充分的讨论和争辩，最后得出正确结论以提升认识。这种方式需要充分调动和依靠学生自我教育的积极性，有利于培养和提高学生识别、判断、评价问题的能力和坚持真理、修正错误的勇气。

指导阅读：是在教师的指导下，学生开展阅读书籍、报纸、杂志等活动，以提高学生的思想觉悟，弥补口头说理方式的不足，可与讲解、讲述、报告、谈话、讨论相结合。指导阅读有利于培养学生自觉阅读的良好习惯，从而提高学生的评价能力和辨别能力。

第二类，运用事实进行说服教育，主要包括参观、访问、调查等方式。

参观：是根据教学任务的实际需要，组织学生到实地进行观察和研究的方式，如参观工厂、先进单位、博物馆、展览会等。

访问：是结合某一种具体任务或研究课题，走访有关的典型对象以丰富学生感性认识和情感体验的一种方式，如走访劳动模范、战斗英雄、科学家等。

调查：是有目的、有计划地获取一些足以说明某些问题的第一手资料，以验证和加深学生思想认识的一种方式。

参观、访问、调查均是通过教师的组织使学生接触社会实际，用具体生动的典型实例进行说服教育的形式，其共同特点在于：其一，可以加强中学教育与社会生活的联系，通过中学生的耳闻目睹、亲身感受，吸取丰富的营养以弥补口头说服之不足，增强教育的可信性与感染性；其二，有利于组织社会上各种力量对中学生施加积极的影响。

说服教育的方式多种多样，一般都相互配合、综合运用。但是无论采用哪种方式都必须遵循以下基本原则。

（1）说服教育要有针对性，这是提高说服教育实效性的前提和条件。针对性即从中学生的思想实际、年龄特点、个性差异及心理状态的实际出发，有的放矢地进行说服教育，为此要事先了解学生情况，根据对象特点确定说理的具体内容、时机、场合和方式等。

（2）说服教育要有感染性。感染性是指能激发学生内在的积极情感，以达到师生双方心理相容，提高教育效果的目的。要使说服教育具有感染性，一要从爱护和关心学生出发，抱着尊重和信任的态度，设身处地地为学生着想，循循善诱、推心置腹、坦诚相见，而不能以惩罚等手段强迫对方接受自己的观点。二要使说服富有知识性和趣味性。说服要注意教给学生以知识、理论，使他们受到启迪、获得提高；同时选用的内容、表述的方式要生动有趣，使他们喜闻乐见，留下深刻的印象。三要使说服真诚自然，不能言不由衷或装腔作势，矫揉造作只能引起学生的怀疑和反感。

（3）说服教育要讲究科学性。所谓科学性，即教师所阐述的道理必须符合客观真理，符合实际，要对学生讲实话；教师所讲的道理要符合客观实际，所举事例是真实可信的，而不是杜撰。

（4）说服教育要有艺术性。所谓艺术性，是说要灵活运用说理的方法和方式。注意营造相宜的环境和气氛，注意选择合适的方法；加强自身语言修养，讲究言辞和方式。特别重要的是在对学生进行说服教育时要使用"爱的语言"。

要让自己的说服教育有效，能够真正感染学生，这需要一定的技巧。

（1）合理地使用正反两方面的材料。要关注学生的态度。若学生持积极态度，对所述观点比较赞同时，适合提供正面材料；而当学生对所述观点持怀疑态度甚至反对时，适合提供反面材料。还要关注学生的鉴别能力，学生的鉴别能力与学生的年龄直接相关。低年级的学生，鉴别能力较低，适合提供正面材料；而高年级的学生，鉴别能力高，可以提供正反两方面的材料。

另外，在说服教育的过程中，还要注意顺序，即先讲什么，后讲什么。一般情况下，开始和结尾讲正面材料，中间放负面材料，这样的效果最好，更有教育的力度。

（2）合理地使用感性材料和理性材料。如果学生文化程度较高，可提供理性材料；如果学生的文化程度较低，提供感性材料效果会更好。短期任务提供感性材料效果较好；长期任务则需要提供理性的相关材料。当然，在现实情况下，一般是两者结合运用，只是在使用时要略有侧重。

（3）利用门槛效应，向学生逐步提高要求。心理学家费里德曼和费雷泽的一项研究证明，让人们先接受较小的要求，能促使其逐渐接受较大的要求,这就是"登门槛效应"。有个小和尚跟师父学武艺,可师父却什么也不教他,只交给他一群小猪,让他放牧。庙前有一条小河,每天早上小和尚要抱着一头头小猪跳过去,傍晚再抱回来。后来小和尚在不知不觉中练就了卓越的臂力和轻功。原来小猪在一天天长大,小和尚的臂力也因此在不断地增长,他这才明白师父的用意。在对学生进行说服教育的过程中,要结合学生自身的情况,先提出较容易达到的目标,然后逐步提高要求,不可急于求成。

当然,教师在设置"门槛"时,也要考虑到学生的具体情况,因材设"门槛",逐步提高要求。

(4)利用"南风效应"。"南风效应"是一个社会心理学概念,出自法国作家拉·封丹的一则寓言。北风和南风比威力,看谁能把行人身上的大衣脱掉。北风不假思索首先来了一阵冷风,凛凛刺骨,行人为了抵御北风的侵袭,便把大衣裹得严严实实。而南风则不然,它徐徐吹动,使人暖意渐生,行人在不知不觉中先解开了纽扣,继而脱掉了大衣,结果南风获得了胜利。在进行说服教育时,要注意讲究方法。使用"北风"式的方法批评教育时,往往会让学生产生惧怕心理,效果短暂;而"南风"式方法,能够和风徐徐地吹掉学生自我保护的"盔甲",打破学生自我封闭的心理状态,使学生敞开心扉。这样一来,说服教育就容易进行了。

成功的教育依赖于真诚理解和相互信任的师生关系,因此在使用"南风"式说服教育前,应建立融洽和谐的师生关系,为运用"南风效应"奠定心理基础。

(5)寻找共同语言,引起共鸣,以缩小与学生间的心理距离。这样彼此的谈话就很融洽,通常会起到很好的教育效果。美国前总统里根争取选民的手法就变化多端,富有吸引力。在向一群意大利血统的美国人讲话时,他说:"每当我想到意大利人的家庭时,总是想起温暖的厨房,以及更为温暖的爱。有这么一家人住在一套稍显狭小的公寓房间里,但已决定迁到乡下一座大房子里去。一位朋友问这家12岁的儿子托尼:'喜欢你的新居吗?',孩子回答说:'我们喜欢,我有了自己的房间。我的兄弟也有了他自己的房间。我的姐妹们都有了自己的房间。只是可怜的妈妈,她还是和爸爸住一个房间'。"这个笑话明显地拉近了他与选民的心理距离,有效地"推销"了他的形象。

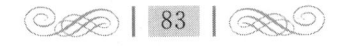

(6) 避免"超限效应"。"超限效应"是指刺激过多、过强或作用时间过久，而引起心理极不耐烦或逆反的心理现象。马克·吐温听牧师演讲时，最初感觉牧师讲得好，打算捐款；10分钟后，牧师还没讲完，他就不耐烦了，决定只捐些零钱；又过了10分钟，牧师还没有讲完，他便决定不捐了。在牧师终于结束演讲开始募捐时，气愤的马克·吐温不仅分文未捐，还从盘子里拿了2元钱。刺激过多、过强或作用时间过久，往往会引起对方的不耐烦或逆反心理，从而事与愿违。因此，教师在对学生进行说服教育时，一定要把握好分寸，把好"度"，过度的刺激，强硬、超时教育，不是科学的、有力度的教育，而是教育的愚蠢行为，会产生"超限效应"，达不到教育目的。

说服教育是坚持正面教育的一条有效途径，说服教育时少不了举例，教师在举例时应努力做到以下五点。

(1) 宜真不宜假。说服教育是针对学生的错误思想或言行，用大量生动的正反两方面典型事例，引导学生通过剖析、比较的方式，了解人与人、事与事的异同，使学生从中受到启发，从而改正不良言行。如果教师所举的事例是临时编造的虚假情节，不仅容易出现漏洞，而且一旦让学生识破，很容易引起他们的反感，导致说服教育的失败。为此，教师在举例时首先应考虑其真实性，在这个前提下，不举文艺作品中的人物、事件，多举学生熟悉的真人真事。只有事实，才有真情实感；只有感人，才能增强说服力，使受教育者心悦诚服。

(2) 宜新不宜旧。教师在运用事例开导学生时，如果一味地举一些过时的事件或经常讲述同一个人所做的同样的事，往往会给学生一个教师只能老调重弹的印象，从而失去吸引力，导致学生对教师的说服教育抱无所谓的态度。因此，教师在举例时应注意从新人新事中发现典型事例，讲述时注意事件的新颖性、针对性和典型性，这样就能增加吸引力，让他们在对事件的比较中有新鲜感和实在感，从而增强学生明辨是非的能力，积极主动地改正不足之处。

(3) 宜近不宜远。教师所举的事例要给学生以强烈的震撼，引起他们心灵深处的反思。如果教师所举的事例是学生认识范围以外的事件，距离学生的生活实际较远，一则学生因不熟悉而无法产生共鸣，二则会给他们造成一种教师又在编造的不真实感，达不到说服教育的目的。因此，教师应随时观察学生身边发生的好人好事，做好各类素材的收集，在说服教育时就能多举

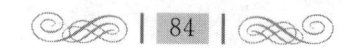

一些本地区、本学校和学生身边的感人事例，这样学生就较容易感知和接受，从而克服不良心态。

（4）宜点不宜面。在说服教育举例中，一是列举犯错误的学生的其他事例，二是列举与教育该生有关的他人事例，在这两方面的列举中，教师应本着一次解决一个问题的原则，抓住一个新的典型事例，作为说服教育的突破口，次要事例放在适当的时机列举或从轻处置，不宜面面俱到。因此，在说服教育犯错误的学生时，切忌抓住其犯错误这一点就全盘否定的不良做法，应抓住他们所犯错误的这一类事，有针对性地进行教育。在列举他人事例对其进行教育时，切忌不针对学生的主要问题，泛泛而谈与问题无关的其他事例，即使是有益的正面事例，也容易分散学生的注意力而影响教育的效果。

（5）宜详则详，宜略则略。教师在说服教育时，应把握所举事例的全过程，区别对待，找出事例中具有教育意义的典型环节或细节，有的放矢地进行教育。比如，在介绍某一英雄人物或优秀学生的典型事例时，可细致生动地介绍他们先进事迹的经过，增强感染力。如果有些不需要甚至不必让学生了解的细节，教师应点到为止。比如，在讲述反面事例时，就不应对犯罪过程做细节性介绍，避免产生副作用。

● 区别威信和威风

二者都含有"威"字，都有使人服从的含义，但二者有本质的差别，它们的力量源不一样。

树立威信，是每个教师追求的目标。那何谓威信呢？即声威信誉，众所敬仰的声望。可见，威信是一种声望，且是众人所钦佩、敬仰的声望。教师的威信就是得到学生的认可、信赖、尊重，产生拥护和爱戴之情。

一个教师的威信直接影响其教育的力度。作为一个班集体，教师是一堂课、一个班级的责任人和管理者，要使管理有效，教师务必在班级中有威信，学科成绩、班级发展的好坏与教师的威信直接相关。

教师的威信是指教师的一言一行扎根于学生心田而引起的正反应现象，是师生生命碰撞的良好结果。教师树立威信的主动权在自己手中，而威信度是从学生身上反映出来。

教师的威信与自身修为、知识、能力，以及适合学生心理感受的阳光形象紧密联系在一起。教师必须爱学习、有美德、有爱心、兴趣广泛、乐观自信、心胸开阔,懂得充分展示自身的鲜明个性,能够扬长避短,把自己积极的一面留给学生。对于教师而言,决定其威信的因素莫过于知识的多少。如果教师所具备的知识不足以胜任教师的工作,就很难树立威信。对学生来讲,教师是知识的化身。学生需要知识来满足自己,哪怕仅仅是取得好成绩、好名次,得到家长或同学的赞誉。当然,随着学生年级的升高,对社会家庭、对理想前途有所认识,对知识的认识变得深刻起来,他们需要知识的武装。

教师的威信与教师的人格紧密相关。就教育工作的性质而言,一位教师不但应该具备专业权威,而且在人格上也须具备某种程度的感召力量,如此才能赢得学生的信赖。在实践中,不同的教师所拥有的威信不尽相同,这种差别不完全是由教师本身所具有的知识量决定的,更多受教师人格因素的影响。人格是一个多因素的复合体,表现在对人、对事、对己等各个方面,比如教师的组织能力、语言表达能力、个人作风等,对于教师威信的形成起着增强或削弱的作用。

教师的威信受教师的教育艺术影响很大。教师是育人的工作,面对的是活生生的生命,他们正走在成长的路上,不成熟,心理、生理变化快,这就要求教师不仅要满腔热忱地工作,还要有教育的艺术,比如,爱人的艺术、宽容的艺术、信任的艺术、等待的艺术。教师的言行要让学生感受到阳光雨露、和风细雨,感受到生命被润泽,心智被开启,也只有这样的教育,教师才可能树立起威信。教师的威信有两个层次,如果教师仅凭着自己的知识能力、理性涵养来树立威信,这种威信是浅层次的。只有再加上教师努力地工作,施展教育的艺术,有对学生生命的尊重、关注和悦纳,才能在学生心里留下深深的感动,才能够树立深层次的威信。

有威信的教师,讲话时学生们爱听;交代的事学生们会遵照办好;制订的班规班纪,学生们乐于遵守。教师的一言一行,对学生有较大的影响作用,在长久的潜移默化中,学生的行为思想都越来越像教师。因而,有威信的教师,所带的班集体一定是"政通人和"的。

然而,耍威风的教师不是这样的。一个耍威风的教师是让学生"怕他",学生的反应是畏而不敬,口服心不服。

耍威风的教师可能有知识有能力,但不能算是好教师,至少欠缺两点:

一是不懂得学生心理学，教育的艺术还需加强学习；二是工作责任心没到位，以粗暴简单的方式处理问题，以求自己省事，没有把学生当作鲜活的生命来对待。还有的教师自身能力不足，得不到学生的尊重和爱戴，就以耍威风来压服学生，想从精神上找回失去的"师道尊严"，但结果往往适得其反、事与愿违。

树立威信和耍威风这两种教育方式很容易混淆，都会触动学生的内心世界，都会引起学生生命的波澜。不过，前者是积极的，有利于学生身心的健康和生命价值的生成，而后者是暂时的"听话"，留有不确定的隐患，不利于学生的健康成长。

● 用好教师的权利——奖与惩要有度

教师权利主要表现在对学生的心理影响和行为约束上，而这种影响和约束具体体现在奖和惩两个方面。这里的奖，即奖赏。奖起的是引导作用，以奖引人从善。这里的惩，即惩罚。惩起的是警戒作用，以威劝人弃恶。这两者都是教育中必不可少的。

对于教师来讲，这两种方法是教师手中两把锋利的宝剑，却也是容易误伤学生的剑，必须小心谨慎地使用。

就奖赏而言，教师惯用的方式是认同、表扬和奖励。奖励指的是物质奖励，如笔记本、笔等，而用得较多的或用得方便的是其他两项。也许有人会认为，无论是认同还是表扬，无非是一种最廉价的方式，对学生的影响不大。其实，教师的表扬与其他人的表扬相比，更具诱惑力。因为教师所表扬的学生是多数中的一个或有限的几个，何况班级中的成员都属于同辈群体，成员之间更具有可比性，更容易产生成功感、优越感。

但是，在班级中，当教师对某个学生的成绩给予表扬时，如果这个学生发现其他同学与自己成绩一样却得到教师更高的赞赏时，这个学生就会觉得教师奖赏的不公平。久而久之，就会造成学生漠视教师奖励的状况。

所以，教师在奖赏时要做到有度。奖赏如果太吝啬，学生就会受到冷落；奖赏如果太慷慨，学生就会觉得麻木；奖赏如果压低了，学生感到没意思，奖的意义体现不出来；奖赏如果拔高了，一些学生又觉得不公平，事与愿违。

就惩罚而言,有的人认为教师无权惩罚学生,教师应当充分肯定学生、赏识学生,这样才能激励他们进步,所以不能批评学生,更不能惩罚学生,因为批评和惩罚会对他们的心灵造成伤害。但也有人提出,每个人走上社会后都会因为做错事而受到相应的批评和惩罚,为什么学生在学校就不能受到批评和惩罚呢?没有惩罚的教育是不完整的,并不利于学生的成长。

当然,也不能过度的惩罚,不能把理性的惩罚推升为情绪化的体罚,摧残学生身体;也不能采用"心罚",对学生进行"语言暴力",进行心灵的折磨。中国传统的教育素以严格著称,古训曰"严师出高徒",并有戒尺相伴,对犯了错误的学生进行惩戒。这种严是一种优良的传统,它体现了教师对学生的爱和期望。但有的教师并没有继承与发展这个优良的传统,而是走向了极端,发现个别教师对学生实施的体罚。

所以,教师在惩罚时要力争做到有度。惩罚过少,不足为训;惩罚过多,消极悲观;"量刑"过轻,助长恶习;"量刑"过重,伤害身心。

总之,教师在对学生奖或惩时,需要教师的智慧,要向学生做解释和疏导工作。教育,一旦超越了"度"的奖惩,肯定是非理性和不专业的,很可能是反教育的。因此,奖惩的程度和频率必须调控得当,要与学生的行为相适应,要用得灵活,用得有理,用得有度。

师生生命碰触要有温度

温度是表示物体冷热程度的物理量。就人来讲，保持一定的温度是人的生理需要，过冷或过热都让人产生不舒适感。同样，在人与人的交流中，一方的行事说话会让对方有愉悦或厌恶的感受，会起到"冷"或"热"的效果。一个人只有把握一定的说话做事的热度，才可能让人接受、认可，这个热度就是人与人相处需要的温度。有了温度，我们的生活才会温暖，才会温馨，才有感情；我们的工作才会舒心，才有热情。

话语是有温度的，一句有温度的话，暖人心。在一个人失败的时候，送上一句温暖的话语，能让人重新站起来；在一个人成功的时候，献上一句温暖的话，能让人幸福。在别人需要的时候给以帮助，会让人成功，也会让自己快乐。

教育是一种特殊的工作，教育的对象是未成年人，他们可塑性和依赖性较强，对许多问题的认识和看法还不成熟，情绪变化大。所以，师生生命交流和碰触中一定要有温度。一位教师只有把握好师生情感的温度，才可能有效地开展工作，做出成绩。

● 构建有温度的师生关系

教育是心灵对心灵的启迪，精神对精神的感化，离开了和谐的师生关系，启迪与感化便只是一番空话。只有构建和谐平等的师生关系，营造有"温度"的师生情感氛围，才有利于学生心灵的舒展、愉悦。当学生具备了舒服、愉悦的心理感受时，教师的教育便成功了一半。

构建有温度的师生关系并非易事，除了要求教师把学生当成平等的独立的生命个体，热爱并尊重每一位学生之外，还要掌握一定的教育艺术和技巧。

　　由于传统的"师道尊严"和现代社会浮躁情绪带给部分教师的现实主义、功利主义的影响，部分教师强化自己在教育活动中的权威与尊严，强调教师为中心的思想，抹杀了学生的个性，导致了师生之间缺乏民主和平等的沟通对话。教师当众羞辱、挖苦讽刺学生的现象屡见不鲜。有的教师在潜意识里总抱着"严师出高徒"的心态，对师道尊严割舍不下。有的教师为了追求个人的功利，比如评优评奖、职称、奖金等，不遵循教育规律，不顾及学生个性特点，把自己当作"匠人"，把学生当作物化的产品，把分数、升学当作工作的第一任务，大搞"题海战"，大量侵占学生的休息时间，大肆补课，教学中以"灌"为主，育人中"居高临下"，师生之间缺少了生命与生命的情感交流。这样，必然导致师生关系存在隔阂。

　　在现代社会里，教师的教书育人活动，一定要体现教育现代化的要求，师生关系应该是民主、平等的，学生尊重教师，同时教师也应该尊重学生的个性和人格，师生之间形成互相尊重、互相关爱的有温度的关系。

　　首先，尊重学生是构建师生有温度的关系的基点。无论是教书还是育人的过程中，教师所具有的民主、平等的意识是构建有温度的师生关系的重要前提。

　　在教育活动中，师生双方谁也不能控制、操纵谁，或者把自己的意志强加于对方，而应建立一种平等、自由、合作的关系。著名教育家叶圣陶认为，师生之间应该确立像朋友一样的和谐关系。他说："无论是聪明的、愚蠢的、干净的、肮脏的，我们都应该称他们为小朋友。我要做学生的朋友，我要学生做我的朋友。"教师首先就应该把自己的学生当成一个个有血有肉、有情感、有灵魂、有志向和理想的人，走进课堂，所想到的不只是为了教会他点什么，更重要的还应该想到唤起他作为一个人的崇高感和神圣感。教师的脸上要常常带着对学生的赞许的微笑。

　　现代教育的民主性原则，要求教师把自己放在与学生平等的地位，用心灵换取心灵，只有这样才能真正密切师生关系，提高教学效率。当学生畏于教师的威严，战战兢兢地站在教师面前时，有疑问还敢向教师求教吗？著名教育家爱默生说："教育成功的秘密在于尊重学生。"教师对学生的最高奖赏莫过于对他们的尊重和信任。保护、尊重学生的人格和自尊心，这是国内外许多教育专家、教师的成功之道。

其次，师生心灵和谐是构建师生有温度的关系的支点。赞科夫曾说过："学生对教师给予他们的好感，反应是很灵敏的，他们是会用爱来报答教师的爱的。"教师对学生的好感和爱，可以说是构筑师生和谐心灵世界的两个重要支点。教师的好感犹如春风一般吹向学生心灵，使其复苏，而爱则是让他们获得成长能量的温暖阳光。当然，构筑师生心灵的和谐世界，只有这两个支点还远远不够。教师还必须具有较高的素质，因为师生心灵的和谐是双向的，如果学生对自己的教师缺少必要的敬畏或敬佩，和谐也是建立不起来的。心灵的和谐，是师生间有时不需要语言就能感受到的一种默契，是从一个点头或一个微笑中就能感受到的一种温馨，是相处时能够感受到的心灵的轻松。为了建立这种新型的师生情感关系，教师在与学生的交流过程中要善于用亲切的眼神、和蔼的态度、热情的话语来缩短师生间的距离，取得学生的信任，让他们无拘无束地表达自己的内心情感，使他们亲其师，信其道，乐其教。

总之，把握好师生关系的温度，找好温度的基点和支点，构建和谐、融洽、有温度的师生关系需要我们每位教育工作者不断地去钻研、去探索。教师一句关心的话，一句温暖的问候，一次鼓励或一份奖励，都会让学生难以忘怀。教师要有热爱学生、无私奉献的精神，学生才会热爱教师，师生之间关系才能和谐，两者才会产生感情上的共鸣。我们只有把工作做实、做细、做出成效来，用爱心去对待学生，并不断创新思路，才能取得更好的教育教学效果。

学生正是因为不完美才需要教师的教育和指导。构建有温度的师生关系能极大地调动学生的学习主动性，提高学生参与活动的积极性，有利于学生个性的发展。而这种有温度的师生关系，可以说正是一个教师教学艺术的最直接展示。

● 说有温度的话，做有温度的事

"说有温度的话，做有温度的事"是对教师和学生文明素养的要求。教师说话做事不仅要正确、灵活，还要有温度。"说有温度的话"不只是简单地说一声"对不起""谢谢"之类的话，还要伴以温暖的态度，才能真正拉近师生之间的距离。在师生日常的交流中，教师要引导学生学会并擅于运用有温度的语言，从而让师生保持温润的学习生活热度。

什么是有温度的话呢？就是能让你感动，让你觉得很亲切的话。当对朋

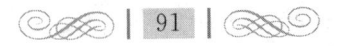

友说这样的话时,你们的关系就会拉近。当对家人说这样的话时,家庭关系会更和睦。当失败时,别人献上一句温暖的话,会让你心里暖暖的。当胜利时,别人献上这么一句话,会让你更加快乐。一位同学在作文中写道:"初二期末的那次考试没考好,我很伤心,这时是你送上一句:别灰心,总结这次失败的原因,把它运用在下次考试中,相信你的实力,你一定会考好的。这句话虽然很平常,但对当时的我来说有不平常的作用。它让我重新站了起来。"卡耐基曾指出:"使一个人发挥最大能力的方法是赞赏与鼓励。"在课堂中,学生除了有渴望被认同、被赞赏的心理需要以外,他们还需要从教师那儿得到尊重、宽容和教诲,当他们得到时,他们就被温暖了。

回顾我们自己走过的路,不难发现正是我们的教师、同学、同事那一句句激励的、温暖的话语,让我们走出困境,获得成绩,走向成功。可见,温暖的话对人多么重要。没有它,就没有激励;没有激励,就没有我们一点一滴的进步。所以,教师应该多给学生和周边的人一些温暖的话,促使他们一点点进步,一点点成长。

在教育实践中,教师的评价语言应该从学生的年龄特点和心理需求出发,尽可能地多一些欣赏和鼓励的语言,通过评价让学生品尝到成功的喜悦,唤起他们学习的激情和动力。比如,当遇到学生因紧张一时语塞或说错的时候,教师要说:"别急,再想想,你一定会说好!""你读得很正确,若声音再洪亮点就更好了。"

什么是做有温度的事呢?就是教师通过自己的行为让学生感受到来自教师的关怀、支持、帮助。我们的学生来自不同的社会阶层,有不同的生活环境,他们在学校的学习生活中也表现出不同的状态。教师要用自己特有的身份和威信,用积极的行为去影响和感染学生。教师尊重学生,做事公平公正,教育时的宽容和仁爱就会温暖学生。当学生获得成绩时,教师给一个微笑或竖起大拇指;当学生遇到困难时,教师用自己的行为给予帮助,会让学生感受到温暖。一位班主任把一位被大雨淋湿的学生叫到办公室,借来吹风机,像母亲一样给这位学生吹干头发和衣服时,感动的不仅有这位学生,还有全班学生,甚至感动了同事和学生家长。

做一名让学生感到温暖的教师,就要发自内心地无条件地爱学生。只有真正的爱才能让学生感动,被真爱感动的学生,才会懂得感恩。正如卢梭说的:"在敢于担当培养一个人的任务之前,自己必须造就成一个人,自己就必须是一个值得推崇的模范。"朱永新说:"教育不光是给孩子们知识,更重要的是培养学生一种积极的生活状态,以积极的生存心境,积极的人生态度对待生活。教育本身就是生活。"

如果学生在学习中被教师的温暖感动，那他们也会去温暖别人。这样，我们的教育才是成功的。

● 掌控好教育的温度

掌控好教育的温度是指处理学生问题要有"冷"有"热"。不同的学生有不一样的成长环境和理解能力，对教师教育的接受度也不同。教师在处理问题时一定要掌控好温度。处理有的问题需要有热度，快处理；而有时也需要有冷度，慢处理。

所谓热度，一是指热爱，一是指热情，也就是说教师要热爱自己的工作岗位。只有热爱教育工作，有为它付出一切的心理准备时，才能积极面对工作中的一切困难，才有克服这些困难的决心和勇气，才能够在克服困难中体验到成功的快乐。当然，热爱还包括热爱自己的学生，要以"幼吾幼以及人之幼"的心态来对待学生，把他们当成自己的亲人，这样，不管工作有多么辛苦，内心都会充实、快乐。热情则是指面对看似辛苦繁杂的工作，能做到以积极的心态去面对，热情洋溢地投入其中，这样，教师不会当不好的。

所谓冷度，首先指冷静。"冷"，就是要理智客观地去工作，要按照客观规律办事。从教育对象上看，教师面对的是未成年人，是身心还不成熟的孩子，他们的身心特点决定了他们的举止行为往往是幼稚的，甚至是"可气"的，此时，"冷"处理会使我们不被情绪左右。从工作本身来看，一个成熟的教师，他的工作是有目标、有规划的，只有冷静地规划工作，一切才会井然有序。"静"，就是要宁静、沉稳，不浮躁。处理问题不能停留在事物的表面，更不能急功近利。问题出现后，先理性地观察和分析，然后找出解决问题的办法。可以说，宁静和沉稳是当好教师的基本功。其次，还有冷静的意思，也就是说，工作时教师不能感情用事。常常见到有的教师好心地替学生做一些他们原本力所能及的事情，这不能不引起教师的思考。作为教师，更多的时候，是学生的引导者和合作者。教师，特别是班主任老师，兼具着几种角色：当学生需要爱的时候，是他们的亲人；当学生需要交流倾诉的时候，又是他们的朋友；当学生需要撒欢的时候，又要当他们的玩伴……当角色需要转变的时候，教师该怎么办？我想，教师必须给自己一个准确的定位——给自己的角色定位，给自己的教育行为定位。我们要关心爱护学生，做学生的良师益友，而良师是需要理智的思考和行为的，任何剥夺学生锻炼机会的替代或纵容都是充满"爱"心的误人子弟。

掌控好教育的温度，一方面要有一定的"热度"，即要以真实的情感去感染学生，达到教育的目的。罗姆认为，爱是情感诱导的基础，没有爱就没有教育。因此，教师必须用诚挚的情感去热爱、尊重、信任每一个学生，了解每一个学生的心理，掌握每一个学生的思想、学习、生活中的热点和兴奋点，真正达到师生心心相印，只有这样才能产生教育的"热效应"。

另一方面，掌控好教育的温度要有一定的"冷度"。因为人在感情冲动时，往往会产生强烈的排他性及抵触情绪，即使是正常的好言规劝也难以入耳，此时最忌讳的是硬碰硬，打"遭遇战"。有这样一个例子，有一次，班级中一位调皮的男同学在自习课上违反纪律，班主任当着全班同学严肃地批评了这位同学，刚开始这位同学还满不在乎，可后来脸色逐渐变了，故意用力开关课桌抽屉以示不服，这使得班主任火冒三丈，批评的火力急速加强，最后的结果是这位同学的情绪达到更难以控制的局面，狠狠地折断自己手中的笔，根本听不进去任何话。这让我认识到了教育"冷度"的重要性和必要性。教师面对犯错误的学生及班级出现的问题，会在自己内心掀起感情的波澜，这时就需要克制，使自己尽快冷静下来，因为只有这样，才能比较理智地思考、分析面临的问题，寻找教育契机，选择适当的教育方法，达到预期的教育效果。

教育离不开师爱，但如果爱过了头则是对学生的一种伤害。有一位班主任，班里有位情况特殊的学生，父亲贩毒被抓，母亲离家出走。她与爷爷奶奶相依为命，靠低保救济度日。于是，这位班主任在各方面都给她以关爱，时常拿些东西给她，经常和她唠家常，有时宠着她惯着她，对她的小过错也只是点到为止。经过了一个学期，有同学向这位班主任反映，说这位同学有班主任的宠爱，平常显得有点放肆。有科任教师也向班主任诉苦，说这个学生让班主任宠坏了。班主任反思自己的教育行为后，明白对这位学生爱的温度是有些过了。此后，班主任对这位学生的爱降了温。当发现她趾高气扬、骄傲自满时，班主任就及时提醒她，"晓之以理，动之以情"地向她讲做人的道理。在班主任严格而慈爱的教育下，这位同学有了明显变化，变得会为人处世了，变得阳光了。三年后，这位同学考取了重点高中。

当教师能调控教育学生的温度时，就掌控了教育的主动权和方向。

● "爱""严"要有度

不少教师在教育学生的过程中，往往把握不准对学生"爱"与"严"的尺度。不是对学生爱得过分，失去教师的尊严，就是管得太紧太死，以致学生"谈师色变"。对学生恰当的"爱"和适度的"严"是教育的艺术。

教师对学生的爱是由道德和理智凝聚而成的教育情操，不同于父母对孩子天然的爱，它蕴含更多的社会内容，具有广泛的社会意义。教师对学生的爱是一种态度，是一种行为，更是一种肯定的评价。因此，学生往往把教师对自己的关怀、爱护、信任与教师对自己的评价联系在一起。教师的一句话有时候能改变一个学生的一生。

当学生意识到教师是真心爱护他、关心他，为他操心时，无论你是耐心地帮助还是严厉地批评，学生都会乐意接受。反之，如果没有取得学生的信任，即使你教育目标正确，教育方法科学，也无法达到期望的教育效果。因为在教育过程中，学生既是教师作用的对象，又随时显示出一种反作用，这种反作用表现在教师在教育学生和提要求时，都要经过学生情感的过滤和催化。如果师生没有达成信任，没有爱的亲近，学生对教师的教育就会无动于衷，对教师提的要求无所谓，严重时学生还会产生抵触情绪和对抗行为。

在教育活动中，教师对学生爱的方式很重要，方式不同，学生接受的情感也大相径庭。热爱学生绝不是溺爱学生，而是从严要求，从严治学。只有真正热爱学生的教师，才会对学生提出严格要求，因为，严格要求是师爱的重要体现。诲人不倦、不放任自流，实质上是全心全意地为学生服务的表现。注意不要成为以下几种类型的教师。

（1）家长型：表现在教师的言行专制。学生稍有不顺从，就批评、训斥、体罚，这些教师认为，严厉管束是对学生的爱，显然，这种爱是很难被学生理解和认同的。

（2）保姆型：这些教师对学生的情感近似于溺爱，事事包办，不给学生锻炼的机会，是对学生能力的剥夺。这类型的教师是"吃了亏"，却不见得"讨好"。

（3）暖水瓶型：这一类教师表现为外冷内热，他们热爱自己的学生，处处为学生着想，但为了维护其威信，在学生面前过于严肃，不苟言笑，结果使学生对这类教师敬而远之。

（4）势利型：这些教师对优生与学困生的爱呈现明显的两极分化。教师喜欢优生本属正常，但这种"嫌贫爱富"则有失教育公平，不利于学生的均衡发展。

没有爱便没有教育，教师唯有心里时刻装着学生，学生心里才会有教师。尤其是学困生，爱之深，才能唤起他们奋发向上的勇气和信心。但爱而不严，没有了对学生的约束也是不行的。如果和学生打打闹闹、嘻嘻哈哈，则会损害最基本的教师尊严，将会造成学生对教师的要求不执行或执行不力，因为学生会认为反正我与教师关系好，做不做教师都不会责怪的，这样的话，良好的班风就无法形成，教师在学生的心目中也没有什么威信可言了。

教师对学生严，是理所当然的，是培养人的需要，任何时候对学生严格要求都是正当和必要的。正如马卡连柯所说："如果没有要求，那就不可能有教育。"常言道："严师出高徒"，"教不严，师之惰"。严有时是规矩、是纪律，"无规矩不成方圆"；严有时是风雨，"不经历风雨，哪能见彩虹"。严是教师的责任和义务。教育不只是一个面，而应该是一个立体，教育的方法不是单一的，而是多维的。如果教育只有轻松、好玩，教师只有微笑、温柔，那将很难促使学生茁壮成长。

一些教师在育人实践上对严的曲解、误用，令人深思。在日常教学中，严演变为体罚和变相体罚。心虽善，动机也好，但严而无"格"，爱必无"成"。学生的自尊、人格、上进心被严的霜风冷雨击碎，心灵受到创伤，久而久之将形成逆反心理。这种严于事无补，于人无益，是对学生个性发展的隐性扼杀。

真正为学生好的"严"，应该是严而不厉。缺乏严格要求，放任自流，是对学生的不负责任，但严格不等于严厉。严厉意味着教师态度强硬、武断、偏执甚至是刚愎自用，有时还表现出冷漠，严厉会让学生产生惧怕、退缩的心理。因此，教师对学生的态度应该是严格，而不是严厉。

教师对学生一味严格，不给学生以关怀和体谅也是不正确的，是缺乏爱的表现。表面看来，学生非常听话，能遵守各项制度，甚至做得很好，但时间长了，学生见了教师就像老鼠见了猫，除了害怕还是害怕。学生长时间处于被动和压抑之中，将对学生的身心产生不良影响，从而导致学生厌学、逃学，最后往往会发展为退学、辍学等。

教师要严而有格，"格"就是范围、尺度。就是教师要根据具体情况向学生提出自己的要求和主张。教师如何做到严而有格呢？

（1）严于律己。教师要做到严而有格，首先要言行一致，树立自己的威信。要求学生做到的自己也要做到，做学生的榜样。

（2）严在理后。教师对学生提出严格要求时，要向学生说明理由，特别是在学生不愿意的情况下。只有在得到学生理解和支持的基础上，教师的要求才可能顺利地展开，圆满完成。

（3）严而有法。教师不要简单地或情绪化地要求学生，而应注意倾听学生的心声和意见，培养正确的是非观念，以爱心感化和引导。另外，要因材施教，把握好尺度。

（4）严无偏见。教师的严应该一视同仁，不能厚此薄彼。

教师面对的每一位学生，身心都处于一个迅速发展的阶段，在心理上表现出幼稚或半成熟状态，再加上有些家庭的过分溺爱、社会的不良影响，往往使他们好逸恶劳，心理承受能力弱，心理素质差。面对学校和教师繁杂的规范要求，沉重的课业负担，饱和的时间安排，有些学生往往会走向极端：一种是过分服从依赖，唯恐做得不对，整天只是机械地埋头苦学；另一种认为自己无法成材，成功无望，面对教师的教育，反抗仇视，为所欲为。针对这两种性格的学生，教师要及时理清情况，把握"爱"与"严"的尺度。要从学生的心理需要和心理发展规律出发，采取个别谈心，开展集体活动等方式进行引导和调适，不断提高学生对社会的适应和辨别的能力，对外来刺激的适应能力，对心理活动的平衡协调能力。

另外，学生大部分时间都精力充沛，易于接受新鲜事物，但其辨别是非的能力不够，难免会沾上一些不良的习气，有的甚至误入歧途，从而陷入矛盾、痛苦、迷惘的境地，为此背上沉重的思想包袱。对此，教师不能只坚持原则，严格要求，要及时开导他们，既不过分计较，也不过分急躁。帮助学生找出导致错误的根本原因，循循善诱，引导学生改正错误，不让失误、失败成为学生的枷锁。

因此，教师对学生不仅要给予关心、爱护、帮助，还应时常鼓励、鞭策、指导，使师生关系融洽、自由、平等、和睦。平时要对学生严格要求、严加管教，既让师生之间有一定的距离，又能成为学生心目中值得信任的人。对学生的教育，唯有做到宽严适度，严爱统一，才能有效地培养学生良好的思想品质和行为习惯。

在教育学生时，爱与严是辩证统一的。教师要适时地把握对学生"爱"与"严"的度。教师要做到爱中有严，严中有爱，爱而不宠，爱而有度，严慈相济，严而有格，让学生体会到真诚的爱。

● 教师要有亲和力

在学生评教中，发现、学术能力、教学水平与学生的满意程度并不一定成正比。有一位教师，其所带班级的考试成绩总是处在年级前列，个人也常有研究文章见报，但学生评教的满意率却很少能达到平均值，为此我们曾开过一个小型学生座谈会。学生反映，对该教师的教学方法、教学能力他们都能接受，但教师太过严肃，少有笑脸，与学生谈话总是盛气凌人，学生有事找他，他表现出来的也是一种爱理不理的态度。这位教师之所以不受学生欢迎、师生关系紧张，是因为他缺乏必要的亲和力。

亲和力是两种或两种以上的物质结合成化合物时互相作用的力。从心理学的角度看，它是指"在人与人相处时所表现的亲近行为的动力水平和能力"。教师亲和力的高低常常取决于他的性格特征，比如，有的人生来不爱笑，有的人从小不爱亲近人，有的人天性爱热闹，有的人具有丰富的幽默细胞等。但亲和力又与亲和动机密切相关，亲和动机强，比如，迫切需要得到学生的友谊，得到他们的支持合作的教师，其亲和力就高；亲和动机弱，比如，无视学生的存在，或把学生当作知识的容器，把自己的权利放在至高无上的地位等，亲和力就一定很低。

教师的工作性质要求具有高度的亲和力。只有让学生接近你，接纳你的意见，最终才能接受你的教育，也只有这样才可以赢得学生的尊敬和信任，获得学生的宽容与理解，即使某些教师在教学方面有所欠缺，但只要具有了亲和力，能带领学生快乐地学习、主动地思考，还是能获得最大程度的教学效果。反之，有的教师虽有教学能力，但如果学生敬而远之，那这位教师是不可能获得最佳教育效果的。

一个缺乏亲和力的人，可能是一位好的教学人，也可能是令人尊敬的专家学者，但绝对不可能成为一名出色的教育家。有的教师自视甚高，不顾学生的感受，唯我独尊，很容易引起学生的逆反心理，即使他学问很好，讲得很好，最终也得不到令人满意的教学效果。

可见，良好的亲和力有助于形成和谐的教育氛围，师生关系才会真正的民主、平等。教师有亲和力，是人本思想渗透的结果，也是教育现代化背景下师生关系的精髓。

那么教师怎样提升亲和力呢？

亲和力应从细处做起。俗话说，润物细无声。无论课内课外，教师的一言一行，都像一滴一滴的甘泉，滋润学生的心田。在平凡的生活细节中，在教学环节的细微处，注意一些小技巧可以帮助教师提升自己的亲和力。比如，课堂上，学生低头做小动作时，教师边讲边走过去，用手抚摸一下学生的头，或轻轻地敲桌子，给学生一个善意的提醒。这会起到心灵交流、增强亲和力的神奇作用，学生就会感觉教师就是他们的朋友，就生活在他们中间。

亲和力表现在语言上。因为言语交流是师生互动的基本方式，语言是实现这一交流的最直接工具。具有亲和力的语言是教师开启学生心灵的钥匙，是对学生进行语言训练的一面镜子。要使语言有亲和力，就要注意平时言谈和蔼可亲，如春风化雨，如清泉小溪；课堂上和学生进行知识和思想的交流，语言要自然亲切、热情明快，做到活泼而不庸俗，文雅而不晦涩；对学生的提问、辅导、解答要不厌其烦；课下可以融入学生中去，和学生进行无拘无束的交谈。学生学习上有失误或做了错事能够循循善诱，给予正面指导。学生生活中有苦恼，教师要给予关爱，即使只是一句温暖的话语，也会让学生心中充满爱意。

亲和力的核心是民主、平等的思想。现在的学生生活在信息快捷的时代，学习机会多，独立性强，自我意识浓厚；他们渴望与他人合作，被他人尊重和重视。教师对学生的说教占据很大的教学空间，如果这个度把握不好，就有可能让整个班集体产生抵触情绪。教师要把对学生的说教变成一种沟通，把对学生的管教变成一种商讨式的参与。在与学生的交流中，多一份平等，就会让学生产生一份责任感；多一份尊重，会拉近彼此的距离，多些合作的机会。

亲和力需要尊重，最主要的是尊重学生的人格。对学生采取讽刺、挖苦、体罚等手段，只能引起学生的逆反心理和对抗情绪。记得教初二时，一位数学教师对回家在电脑里找答案的同学一阵发火，当着全班同学批评他，还请家长，结果本来数学成绩还好的这位同学，与数学教师有了距离，数学成绩明显下降。后来经过师生交流，多次谈心，这位同学感受到了教师对他的尊重与理解，师生关系才恢复到以往，这位同学的数学成绩才回到之前状态。可见，只有尊重学生，才会获得学生的尊重。

亲和力需要真诚。真诚地对待学生，才能赢得学生的真诚。教师要勇于面对自己，把自己的精神世界展示在学生面前。教师难免会有过失，放下架子做自我批评，学生会觉得你是真诚的，亲和力就会向着健康方向发展，同时也使学生学会自我批评、自我完善。一句"对不起，老师有事耽搁了，迟到了几分钟"一定会赢得学生对你的信任；一句"对不起，我错怪你了"一定会收获一份尊敬和爱戴。在交流与自我批评中，定会收获更多的真诚与信赖。

　　亲和力需要宽容与自控。教师的发火和指责，往往不能激发学生的学习热情、进取心和荣誉感，反而会伤害学生的自尊心，疏远师生的心理距离。教师应该还有一颗宽容的心，能容忍学生的缺点与错误。在突发事件面前，不能感情冲动失去常态，要控制自己的情绪，保持平静的心境，有分寸、有节制、有办法地处理问题，做到以理服人、以情动人。

　　没有微笑就没有亲和力。微笑具有暗示和感召作用，能表现教师对学生的友好态度，缩短教师与学生的心理距离。带着微笑进课堂，定会收获好心情，因为微笑能创造出和谐的教育环境。

　　没有赞扬就没有亲和力。教师引领作用的发挥程度直接影响学生学习的状态与效果。由于课堂的动态性，教师要及时关注学生的变化，善于发现学生个性中的闪光点，及时赞扬和鼓励。当然，赞美要言之有物，深入挖掘学生品质，不能虚浮空洞。

教育教学要有灵活度

所谓灵活，就是敏捷、不呆板，善于应变。教育是一门科学，也是一门艺术。要实现既定的教育目标，收到预期的教育效果，除了应该具备一定的工作能力外，还必须讲究一定的教育艺术，具备恰当的工作方法。从某种意义上讲，教育的艺术主要就表现于灵活性。

学生是有差异的。由于学生所处的家庭环境、社会环境和自身经历的不同，学生的心理素质、文化素质存在着很大的差异。教师要因材施教，对不同的学生应有不同的教育方法。

批评学生的语言要有弹性，既要指出学生的缺点，又要看到学生的优点；既要让学生看到希望，又不至于把学生一棍子打死。在工作中，教师应以肯定为主、否定为辅的教学方法，批评学生要把握一定的尺度。

要沉着冷静、机智果断地处理偶发事件。偶发事件在预料之外，没有充裕的时间思考对策，必须根据事态灵活处理。

苏霍姆林斯基说，爱是最好的教育；王晓春说，光靠爱的教育是苍白的；魏书生说，教育主要靠科学管理；李镇西说，主要靠人文关怀；孟凡杰说，要做智慧型教师。看起来似乎矛盾的观点，却告诉我们一个很明确的道理，教师是这个世界上原则性最强的，也是灵活程度最高的管理者。

● 班级管理的灵活性

创建优秀班级并且使优秀班级获得可持续发展，是教师工作的重要奋斗目标。怎样实现这个目标呢？这需要教师的热情和睿智。班级工作没有固定模式、统一标准。只要能获得最佳效果，就是妙招，就是技巧。所以说教师的工作要有灵活性，教师也只有具有了教育的灵活性，才能收获教育成果。

时代在前进，学校在日新月异地变革，教育管理在发展，这就需要教师的工作要适应形势，灵活多变，及时面对可能出现的各种问题，为学生提供多种形式、多种途径的服务和有效的帮助。因此，灵活多样的教育方式，是教师必不可少的追求。

第一，教师提要求要粗细灵活有度。教师宜提出整体要求，不宜太多、太细，这叫作"粗"。一方面，这种"粗"是集体中每一个人都做得到的基本要求，它有益于团结班集体；另一方面，也给全体学生在形成班集体过程中留有创造与发挥的余地，有利于学生自我管理、自我教育能力的培养。正如英国斯宾塞在《教育论》中指出的："记住你的教育目的应该是培养一个能够自治的人，而不是一个要别人来管的人。"不包办，不发号施令，放手让学生去做，让学生在学中干，干中学，把班集体当作他们除了学习文化知识之外的培养各种能力的实验场所。但"粗"并不是撒手不管，放任自流，而是抽出更多的精力，细心地观察每一个学生，了解他们的特点、思想和需要，从而激发学生对某一方面活动的兴趣，使其个性得以充分发展。"细"，正是在"粗"的框架下对"粗"的完善与丰富，也是因材施教、培养个性化不可缺少的。

第二，教师要灵活地用好师爱。尊重学生、关心学生是一种爱，严格要求学生也是一种爱，一种深沉的爱。对学生要严格要求，一丝不苟，不迁就，不放松。对学生的严格要求并不是指教师提出要求时要有严厉的面孔，而是指要求应严格，并做到切实可行，坚持不渝地贯彻到底，而且要严在理中，严中有爱。用任小艾的话说："以爱动其心，以严导其行。"但在管理方法上要活，这是由于每一个学生的心理、生理等都存在个性差异，即使是同一个学生，由于环境与自身条件的变化，个性也会随之发生变化。所以教师在工作方法上要灵活变通，做到因材施教，因人而异，因事而异。

第三，教师处理事情要有轻重缓急，灵活机智。根据学生的年龄特征和个性差异，在处理问题时如果能针对学生的心态，做到缓得适时，急得恰当，将会收到事半功倍的效果。比如，对个性倔强、自尊心强的学生应采取延长教育法，循序渐进，让他们自我思索、自我对比、自我反省，以激发他们的内在驱动力为目的。如果操之过急，往往会使他们丧失学习和生活的信心。但强调缓的作用，并不是说时时处处都以缓为好。相反，急的重要性同样不可忽视。比如，当学生做了一件好事时，他迫切想得到教师的表扬，如果教师不能抓住时机，及时表扬，即使后来再补上，效果也不够理想。

第四，教师在对学生进行教育时，应抓住教育的有利时机。内容、方式相同而时机不同，效果也常常会不同。教师要善于选择和捕捉最佳教育时机，以求得最佳教育效果。而要捕捉最佳教育时机，教师就要敏锐地觉察学生的细微变化，及时预见教育效果。有时，学生出现的问题，如果不是最佳解决时机，那就要等待或创造最佳时机。比如，有位教师注意到班上一名优生近期学习热情降低，作业质量变差，上课精神状态不好，经家访才了解到家长在该生生日时满足了孩子的愿望——买了电脑。谁知该生竟沉迷其中，放学一回家就上网，常常要玩到深夜，家长教育没效果，正为之伤脑筋。当这位教师得知这一情况后，感到时机不够成熟，未立刻教育。时值半期考试，其结果正如所料，该生成绩明显下降。当这位教师在班会课上分析总结时，发现该生有失落感，他感到最佳教育时机已经到来，下课后即与该生谈心，动之以情，晓之以理，该生认识到了沉迷网络的危害，当即表示一定合理安排时间，以学习为重。果然，下半期该生学习成绩又回升了。因此，能否捕捉最佳教育时机，有时甚至是教育成败的一个关键因素。

第五，教师要因材施教，对不同的学生应有不同的教育方法。教师，特别是班主任，是一个班级的领导者和组织者。要取得良好的教育效果，就必须讲究灵活教育的方式。学生是有差异的，由于家庭环境、社会环境、自身经历的不同，学生的心理素质、文化素质存在着很大的差异。教师对于品学兼优的学生要从严要求；对单亲家庭的学生要进行爱心教育；对于后进生要进行信心教育以寻找闪光点；对于过早社会化的学生要进行正确的人生观、世界观、价值观引导；对于心理有障碍、情绪偏激的学生要进行心理健康教育，使其正确看待身边的人和身边的事；对于自私的学生要进行集体主义教育；而对于性格孤僻、内向的学生则要进行交往教育，让他们经常参加一些集体活动。如果教育方法过于简单化、模式化，教育内容再好，也难获实效。

第六，教师实施教育时的材料要鲜活。教师对学生的教育具有全方位性，其内容既要积极健康，又要针对学生实际；既要丰富多彩，又要让学生乐于接受。因此，在选择教育内容时，不能拘泥死板，囿于成规，而要匠心独运，机智灵活。不能今天谈《班规》，明天讲《守则》，今天板着脸训诫"不能如何如何"，明天瞪大眼警告"不能怎样怎样"，这种单调空洞的说教，学生是反感的，效果是有限的。因此，材料要有鲜活感、时代感，报纸杂志上、电视网络里以及我们身边，都有许多的鲜活素材、典型案例是对学生进行教育的极好材料。要符合学生的年龄特征。只要有选择性、有针对性地利用这些材料，灵活多样地对学生进行教育，学生就会参与热情高，也易于接受。灵活选取教育内容，常常能获得良好的教育效果。

教师要明白教学有法，教无定法。不要拘于传统的管理模式，要积极探索，大胆创新。要抓住现象、分析本质、寻找规律、对症下药。接着就要去实践，要脚踏实地一步一个脚印地做。当然，做的同时要思考原方案的利弊，随时调整、丰富和完善。

灵活地选择教育内容，灵活地采用教育方式，灵活地把握教育时机，是教师工作灵活性的主要表现。教育工作是一门艺术，灵活性是其中的一种技巧。教师应充分发挥自己的教育智慧，科学地掌握和运用这门艺术，避免工作中的低效劳动甚至无效劳动，为创建优秀班级并使之获得可持续发展而努力。

● 教学方法要灵活

教师工作的对象是复杂多变的鲜活生命，他们不同的知识基础、接受水平、个性特点等决定了教师的教学过程不可能完全按照预先的设计进行，也不可能有一个固定的模式。教师教学的方法必须是灵活的。这种灵活性表现在以下几方面。

（1）需要对不同的学生因材施教。不同学生表现出不同的学习状况，需要教师在教学时灵活，要有快慢、详略、难易之分，要"一把钥匙开一把锁"。

（2）需要灵活地运用、选择和处理教学原则、教学方法、教学内容。教育有规律可循，有原则可依，但无教条可套。教学有法，但教无定法，贵在得法，说的就是这个道理。在什么时候、什么情况下运用什么原则以及怎样运用，很大程度上取决于教师的灵活性。教师备课要在深入钻研教材和了解学生的基础上对教材进行灵活加工处理。

（3）需要对突发性教育情境随机应变，做出迅速、恰当的处理。教学的过程并不是千篇一律的，教学的情境不可能毫无差异地重复出现。正如马卡连柯所说："一般来说，教育学是最辩证、最灵活的一种科学，也是最复杂、最多样的一种科学。"这句话不仅反映了教育的特点，而且也充分说明了教师需要灵活性和创造性。

在灵活运用教学方法时，教师要遵循以下原则。

（1）择优性原则。每一种教学方法都有它的优点，亦有它的不足之处。一般说来，采用不同的教学方法所取得的教学效果是不相同的。教师应该根据教学内容、教学对象和教学环境等具体因素，灵活地选择比较合适的教学方法。

（2）综合性原则。在教学过程中，学生的知识获取、智力发展和非智力因素培养，不能只靠一种教学方法，而应该博采众法之长，加以综合运用。一般来说，一节课应以一至二种教学方法为主，辅之以其他的方法。教师要灵活地发挥各种不同教学方法的特点，扬长补短，相互配合，相辅相成。

（3）相关性原则。制约教学方法运用的因素是多方面的，教师应灵活地权衡利弊，抓住有利的主要因素，避免不利因素的消极影响。比如，有的课运用实验法虽费时较多，但对激发学生的兴趣和培养动手能力有好处。如果教学时间允许，就要用实验法进行教学。但是，如果教学时间实在难以调剂、安排，还是应把这节课的主要内容完成。

在教学实践中，有的教师富有创新精神，勇于探索新的教学方法，但对教学效果考虑得比较少，也有的教师只习惯于某一两种教学方法，担心进行教学方法改革会影响教学质量。提倡教学的灵活性，就是要求教师既要有改革创新精神，又要着眼于实际效果。只要教师们坚持不断地学习教育科学理论和积累经验，在教学实践中完善自身的知识结构，提高教学水平，就能得心应手地灵活运用教学方法。

教学方法是实现教育目的、完成教学任务的基本手段。它对于教学的成败、学生智力的发展都起着重大的作用。教师们已总结出了许多实用的教学方法，只要学会灵活运用多种教学方法，就一定能提高教学质量，培养学生的学习兴趣，活跃教学气氛，增进师生交流。常见的教学方法可分为七类。

第一类方法：以传递信息为主的方法，有讲授法、谈话法等。
第二类方法：以直接感知为主的方法，有演示法、参观法等。
第三类方法：以实际训练为主的方法，有练习法、实验法等。
第四类方法：以赏析活动为主的方法，有阅读法、陶冶法等。
第五类方法：以引导探究为主的方法，有发现法、探究法等。
第六类方法：以情感交流为主的方法，有角色法、游戏法等。
第七类方法：以逻辑思维为主的方法，有程序法、辨证法等。

● **赏识教育也有度**

鲜花因被人欣赏而美丽，学生因被人赏识而奋进。人人都需要赞赏，如同人人都需要吃饭一样。赞赏属于精神食粮。人性中最深切的需求，就是被人赏识。卡耐基说："使人发挥最大能力的方法，就是赞美和鼓励。"作为教师，应对学生多加鼓励和赞扬。

通过赏识教育，可以维护学生的自尊，建立良好的师生关系，保护学生的学习积极性；可以挖掘学生学习潜能，充分调动学生学习做事的主动性；可以培养学生的独立性、耐挫力，建构和谐的教学环境；可以帮助学生树立信心，激发学生奋进的勇气和力量。赏识教育就是引导学生向着更健康的方向发展。反之，如果该赏识时教师没有赏识，势必错失教育的良机。如果教师不懂赏识，只是一味否定、嘲讽则会浇灭学生希望的火花。

俗话说："人上一百，形形色色。"每个学生都有着自己的个性特征和对思想品德要求的接受方式，同时，在他们的个性特征中又有一点是共通的、具有普遍性的，那就是他们都强烈希望得到他人的尊重、鼓励和赞美。教师在平常的教育教学中要学会和运用赏识教育法，要有一双发现美、欣赏美的眼睛，要善于抓住赏识学生的机会。即使是后进生，也只是成长的经历和环境不同使他们暂时落后，但他们身上都有其闪光点。因此，教师在进行赏识教育时应做到以下几点。

（1）赏识要有度。赏识教育对于改善师生的关系，调动学生学习的主观能动性有积极的作用，但把它作为教育的万能药就有失偏颇。赏识要正确客观地分析学生的身心需要和心理状态，根据真实需要实施赏识教育。赏识要恰到好处，过度的"赏识"，也会"捧杀"学生，要么会导致学生对自己没有正确的认识，产生骄傲自满的心态；要么让学生感觉教师的赏识是虚假的。赏识是欣赏、认可学生的优点和进步，但不能忽视学生的缺点和弱点。如果滥用了赏识教育，不但不会对学生产生激励，相反会让学生产生自负、傲慢的情绪，唯我独尊和经不起批评，没有一点抵抗挫折的能力。教育是一门科学，有自身的规律，运用赏识教育一定要有度，在加强对学生教育的同时，赏罚分明可能更有作用。

（2）赏识要有法。首先，应让学生感到教师的信任与期待。其次，赏识学生要给学生设计适当的目标。人只为可能达到的目标而努力。如果目标过高，就会使学生失去自信；而如果目标过低，他们则会不感兴趣。第三，课堂教学是赏识教育的重要场所，发现学生在课堂上的每一点进步，能使他们的学习兴趣得到提高，主动性得到发挥。第四，要了解学生、亲近学生，深入到学生当中去，随时捕捉学生的闪光点。另外，赏识的语言要有艺术性，赏识要持之以恒。

（3）赏识要有效。教师要多学习、多观察、多体会，按照教育的规律办事，这样赏识才会成为有效的教育手段。首先，最根本的前提是教师在学生心中有分量，有威信。一位自己都不被学生赏识的教师，学生又怎么能接受和在乎你对他的赏识。其次，要和学生建立良好的师生关系，只有当师生的关系很好时，赏识的话语学生才会听进去。如果师生没有良好的关系，再好的赏识语言也没有用。最后，表达的时机要恰当，看到学生有良好的表现时，一定要立即表扬，因为，这样才会把被表扬的良好感觉和做的这件事在头脑中联系起来，让学生乐于重复地去做被肯定的事或行为。

赏识是一种理解，更是一种激励。赏识教育，是在承认差异、尊重差异的基础上产生的一种良好的教育方法。赏识教育是帮助学生实现自我价值，发展自尊、自信的动力基础。赏识教育是让学生积极向上、走向成功的有效途径。有度、有法、有效的赏识教育是良好的师生关系与和谐的教学氛围中不可缺少的。

● "小题大做"和"小题不做"之间

"小题大做"，出于明清时代的科举考试中。现在有两种意思：一是用小题目做大文章，二是把小事当作大事来处理。后者有不值得这样做或有意扩大事态的意思。

教育工作有其特殊性，决定了教师工作的复杂性。教师面对的是一群精力旺盛的鲜活生命，他们是未成年人，有的个性十足、好表现，有的沉稳安分、能守纪，有的"活蹦乱跳"、行事不定、口无遮拦等。教师要教好书育好人，就得根据具体的教育情境、教育对象，有针对性地用好教育方法，采用合理的教育方式开展教育工作。教育行为中的"小题"没有现成的答案，只有教育的经验和智慧。

现实的教育活动中，有的教师"小题大做"了，结果教育的效果不佳，有时事与愿违、适得其反。有一天，办公室的一位数学老师，正批改着学生昨天的作业，边改边说："这道题是难了点，成绩好的几个同学都不会做。"隔了一会，突然说："他怎么会做哟！"接着又说："成绩好的都不会做，他肯定是在哪里抄袭的！"下课铃响了，数学老师把这位同学请来办公室，问他这道题是自己做的，还是抄袭的。这位同学我认识，叫贾航，综合成绩在年级属于偏上，平常表现较好。老师问他时，他低着头，不说话，老师很生气，拍打着作业本，威胁说："不说，就请家长来。"于是，贾航支支吾吾地说："我做了一会儿，也做不出来，就在网上看了一下。"老师一听更是火冒三丈，指着贾航说："这节课不要上了，马上叫家长来。"无论贾航怎么央求，老师还是拿出电话通知了家长。二十几分钟后，贾航的妈妈来到学校，老师把情况向家长讲了，家长也生气了，指着贾航数落起来，说贾航不争气，再不准贾航碰电脑了，要贾航写保证书。两节课后，才把这事解决好。后来我还几次听数学老师说："贾航的作业越来越不认真了！课堂上也不爱听讲了。"贾航的变化引起了我的关注，我找贾航谈心，贾航表现出对数学老师的不满，不想听他的课。我批评和引导了贾航，贾航意识到了自己的错误和偏激。这件事让我感悟到，有时对学生的教育不要"小题大做"。要是数学教师以温和的态度问一下情况，合理地布置作业，客观地看待学生抄袭作业的动机，参照平常学生对待作业的态度，是否"小题大做"，也许产生的教育结果会截然不同。其实，这件事老师也没有必要发火生气，当学生诚实回答了，更没有必要请家长。

作为未成年人的学生是在不断地犯错误和改正错误的过程中逐渐长大的。而在他们这个年龄段内，有许多应该是允许的甚至是"正常的"错误，因为他们思维、心智都还不成熟，判断力、约束力、表现力等还相对较差。只要不是道德品质问题，或屡教不改、有意顶撞教师，或做出超出这个年龄范围允许的事，也就无须"小题大做"，反而应该小题"小"做和小题"中"做，或现在"不做"，观察一段时间后再"做"。如果教师有分寸、有宽容、善于尊重学生，就能化解师生之间的矛盾，这样会产生更佳的效果。

诚然，也不能"小题不做"。有的教师忽视小事、不管小事，这也是不对的。"小题不做"，结果该生或该班养成不良习惯，久病成疾，这是教师的失职。班级管理往往就是从日常的小事和管理的细节开始的。

同时，教育中的有些事应该"小题大做"。学生生命健康安全，即学校生命教育涉及的事，和前面谈到的有关学生道德品质问题，即"做人教育"方面的事，那就无小事，都是大事，教育起来就应该"小题大做"。教师要善于在日常学习生活中加强引导，培养学生良好的生活习惯；要在问题发生之前及时消除学生消极的思想和不良行为，要防患于未然；要在与学生交往的过程中，时刻严于律己，用教师的嘉言懿行熏陶和感染学生；要处处留

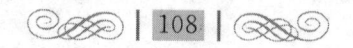

心，消除一切安全隐患，防微杜渐。

　　总之，上课时乱讲话、做小动作，不交作业、作业"偷工减料"甚至抄袭，迟到旷课，同学之间产生矛盾纠纷或升级为打架事件，顶撞老师，中学高年级学生可能出现抽烟、早恋等，这些"小题"在不同时间、不同情境、不同学生身上发生，教师教育起来应依据实际情况而定，要把握好教育的灵活度。

对 学情和班级情况要有灵敏度

所谓的灵敏度，就是反应灵活敏捷达到一定的程度。在心理学上，灵敏是能力的一种外在表现形式，分行为能力和语言能力。这里指教师在教学生活中具有容易受影响、受感动的能力，能对极其微弱的刺激迅速做出反应的能力。陶行知老先生提出："教育的责任就是：不辜负机会；利用机会；能用千里镜去找机会；会拿灵敏的手去抓机会。"这句话启发我们：机会来自生活，只要拥有了一双慧眼，生活中的点点滴滴都能成为教师发现问题、解决问题的好素材、好情境。

● 课堂教学要有灵敏度

教师要想在单位时间内让学生最大化地获得知识，提高能力，丰富情感，感悟生命，就要做一个有"心"的教师。要对班级学生的行为表现和学习情况有洞察力、灵敏度，自己上课前、上课中、上课后的方方面面都要有所思考和准备，要用独特的眼光去观察，用真情去感知学生们特有的个性、求知欲和心理情况。

教师只有对学生的表现有高度的灵敏度，才能在课堂教学中确保知识的准确度，问题设计有梯度，文本挖掘有深度，拓展探究有广度，知识内化有力度，课堂评价有角度等。

(1) 课堂教学要有灵敏度，才能把握好教学的准度。课堂教学要把握好准确度，不仅指课堂不能出现常识性错误或科学性错误，还指在其他各方面都要做到准确精当。只有当教师对课堂有灵敏度，对所教学的知识有准确度，才能确保对课堂的驾驭。一是教师的语言表述要准。教师传授知识，语言表述要准确，如果表述不简洁，不准确，会给学生带来误导，得不偿失；如果方言连堂，词不达意，肯定会使课堂的感染力大打折扣；二是教师整体把握要准。教师要正确地把握教材，准确地把握学情，合理地设置教学目标、教学重难点，恰当地选择教学方法，有效地利用教育时机等；三是教师的分析推理要准。如果一位教师知识归纳总结不完整或者不准确，分析推理又不严密或者逻辑混乱，那就很难让学生信服。学生也难以理解知识、增长能力并受到正面的熏陶与启迪；四是教师矫正错误要准。学生回答问题出现错误是避免不了的，教师要及时给予正确的引导与纠正，才能让学生认识错误，提高自己。如果以错纠错，那只能是错上加错；五是教师板书的内容要精炼准确。板书内容往往起到归纳提炼课堂教学，凸显课堂教学核心问题的作用，可以给学生留下一个完整的积极的信息提示。

要把握好教学的准确度，教师就要掌握所教学学科的基本知识、基本技能、基本理论和学科体系，了解该学科的发展脉络、思维方式和方法；要有教育科学知识、广博的文化知识；要具备丰富的生活见识、广阔的视野、创新的思维。在上课前，要认真备课，反复推敲，做到吃透教材，吃透学生；上课后，要经常性反思反省，发现问题及时补救。

v（2）课堂提问要有灵敏度，才能把握好教学的梯度。教师要认真设计教学问题，提高教学活动的针对性、目的性和实效性。要使所提的问题，既能紧扣教学的重难点，又能符合学生的认知规律，有利于学生思维活动的充分开展。一是问题设计无论是用来引导还是用来探究，都要有一定的梯度，要符合人们认识事物会由点到面，由浅及深，由感性到理性，由个别到一般的规律。二是要根据不同的学情，采取不同的提问起点，把握不同的提问梯度，以便与不同水平的学生对接，都能在独立思考后解答问题。三是需要教师巧妙地创设有梯度的平台，对学生进行引导，开展师生间、学生间探究互动。问题的解决要让学生有新知识的获得和积累，而这新知识不仅是解答了前一个问题，也为解决后一个问题提供帮助，或为后一个问题的解答做好铺垫。这样，所学知识就能融会贯通，知识便是活性的，课堂才会让学生在有序思考的氛围中获得新知。

要把握好教学的梯度，教师就要对学情和问题设计、提问针对性有灵敏度，既不能一味地降低提问的难度，让学生不加以思考就能回答好，也不能一味地提高提问难度，把学生难倒，这两种做法都会损害学习的积极性。正确的做法是，结合学生实际情况，设计各种难度系数不同的问题，让每个学生都能尝到"跳一跳，摘到桃"的幸福与甜蜜，让学生每节课都能收获思考带来的乐趣。

（3）文本挖掘要有灵敏度，才能把握好教学的深度。就语文教学而言，文本挖掘要有深度。如果教师备课不充分，不认真阅读与分析文本，就会造成师生在课堂上探究不深入，学生对有的问题一知半解，难以真正走近作者，理解文本，分析文本，汲取文本中的思想智慧与精神养料。如果教师喜爱分析研究问题，想在课堂显示自己知识渊博与分析探究能力强，便不顾单元提示要求、教纲要求和考纲规划，把精力只放在挖掘文本深度上面，不是类比引伸就是拓展讨论，不是深入探究就是总结归纳。把课堂的重心放在了相当高的高度上，在一定程度上忽视了基础知识的掌握与基本技能的培养，忽视了学生的接受能力与教学效果。其实，这是缺乏对学情的灵敏度，单纯从教师"教"的维度上考虑问题，是自顾自地教学方式，有经验的教师是不会这样做的。

要把握好教学的深度，教师在备课的时候，就要充分研究教材，理解文本，既要深入文本内部咀嚼鉴赏，又要跳出文本的思路限制，做高屋建瓴式的客观审视，从宏观与微观两个方面准确把握教材。同时，还会根据单元要求、教纲要求，结合自己对学生接受能力的观察研究，结合学生的年龄特点与志趣爱好特征，设计好具体而适当的教学目标，灵活机智教学。在具体的授课过程中，有经验的教师还会结合学生学习时的信息反馈大胆而合理地调整教学思路与教学容量。

（4）拓展探究要有灵敏度，才能把握好教学的广度。教师要认识到教书不仅仅是教课本，而是用课本教。还是以语文为例，教师在以课文为本的同时，又不能被课文束缚手脚，限制思维。要在文本的启发下，进行同类话题作品的比较阅读，从而生发许多新的有意义的联想与推理，加深对原作品的理解，探究出许多具有形成性逻辑性思想性规律性的知识。而要做到这些就要求教师在引导学生鉴赏完一篇课文后，进行适度的拓展探究。如果拓展面太窄，难以打开学生思考的思路，不能让学生全面认识研究对象，并进行分析鉴赏，起不到拓宽知识视野与培养分析研究能力的作用，导致拓展的收益较小。如果拓展面过宽，打开了学生思考的思路，发散了思维，激活了课堂教学，又有可能分散学生的注意力，削弱学生对文本的感知与消化。

要把握好教学的广度，教师在文本拓展之前，就要思考和找到拓展幅度宽窄的平衡点，要视具体的文本内容而定，要视拓展探究的具体目的而定。不可信马由缰，让拓展课堂教学没有教育灵魂。有经验的教师通过拓展教学的广度，既能开阔学生的视野，丰富学生的知识，又能激发学生学习的热情，消化文本的内容。

（5）知识内化要有灵敏度，才能把握好教学的力度。课堂教学中，也有许多教师舍本逐末，刻意追求教学手段的新奇而不断翻新花样，结果造成"课堂上热热闹闹，课后难见实效"的局面。特别是各级各类教学公开课，有的教师为了追求课堂"热闹"的效果，常常导致内容上很空洞，学生没有积累到知识。教育现代化背景下的课堂教学比较注意让学生感悟，但这种感悟也很容易演变为偏离文本依托的纯抽象感悟。教师要清楚，知识的内化，能力的提升，品质的形成是一个过程，这一过程不是仅凭简单地运用教学技巧、教学手段就能完成的。

要把握好教学的力度，教师要关注具体的教学方法的实施，更要关注具体的教育过程的生成，特别要关注学生的情感状态和情绪表达。要在教学实践中反思，在反思中探索，在探索中前进。

（6）课堂评价要有灵敏度，才能把握好教学的角度。学生很在乎教师的评价，恰如其分地运用评价语言是一门科学，也是一门艺术。在评价方面，教师一般比较侧重正面评价，而且多是形成性的评价，较少使用批评性的评价，也较少使用生成性评价。评价的语言是生动的鲜活的，主要表现为既有形成性的评价也有生成性的评价，既有肯定的赏识性评价也有否定的批评性评价。一是学生在课堂中要动口、动手、动脑，要开展自主、合作、探究性的学习活动，教师要对学生的表现和状况做评价。这个评价很重要，评价不好就会挫伤学生的积极性与创造性，甚至有可能把课堂教死。这就要求教师在评价时选择好角度，组织好语言，践行多元化评价理念。二是在学生回答问题的瞬间，教师要思考学生答案与正确答案之间的差异与联系，并从不同的表达角度把它明示出来，适当时还要把学生的答案简单引导，使它更加接近正确答案，让所有的学生都能看到该学生的答案中的合理性成分。这样的评价往往更容易让学生接受。

要把握好教学的角度，教师在课堂评价时，就要从多角度出发。在思考评价角度的同时，还要考量到褒扬的程度，不同的学生进步的程度不一样，接受褒扬的心理不一样，至此，教师的评价标准也各不相同。另外，教师还要探究用不同的行为去提升评价产生的积极效应。比如，可以用竖大拇指、报以掌声、赠送具有代表意义的小物品等方式彰显评价的作用。

总之，课堂教学是一门博大精深的艺术，要灵敏地把握好各个"度"。也只有随时随机把握好了"度"，课堂才是鲜活的、准确的，才能做到润泽学生生命，才能产生效度。

◉ 处理问题要有灵活的应变能力

应变能力是教师应当具备的一种教育能力，反映着教师的机智和聪明。它是指教师要善于因势利导、随机应变，灵活处理各种意料之外的问题的能力。有了这种能力，教师就能急中生智，发挥自己敏捷的思维能力和语言应变能力。能在复杂多变的情境中，做出最合理的决定，采取最恰当的教育方式。能摆脱困境，化险为夷，化拙为巧，收到意料之外的效果。

正如马卡连柯说的那样："在我这里没有两种情况是完全相同的。"教师要想取得良好的教育效果，就必须在处理学生问题时有灵活的应变能力。教师要根据学生问题的情况选择恰当的教育方式，做到处理问题准确、及时、适度。教师灵活的应变能力表现在以下三个方面。

教师要灵活机智地回答疑问。教师的教育对象是个性不同、心理各异、知识程度不一的学生。他们是活生生的生命个体，特别是在当今科技飞速发展的时代，他们视野开阔、思维活跃、反应灵敏，遇事喜欢分析，敢于展示自己的观点。这就给教师的课堂教学加大了难度，要求教师不仅仅具有丰富的知识修养，而且还要具备灵活运用知识、机智处理问题的能力。

教师要胸有成竹地处理问题。在教师的教学活动中，也常常会遇到一些突发事件。这时，教师的应变艺术就表现在善于控制自己的情绪，冷静地审时度势，胸有成竹地寻求适当的解决方法。比如，在课堂上发现一些学生在做小动作，这时大声地呵斥其实也没有很大的意义，与其这样，还不如请思想开小差的学生起来回答问题，这样的方法既可以让他们在比较平静的课堂气氛中学会一些知识，又可以让这些学生意识到教师对自己的尊重。只有冷静、理智地控制自己的情绪，课堂才会在自己的掌握之中。

教师要沉着冷静地应付"怪事"。几乎每一位教师都会碰到一些偶发事件，而且以"怪事"居多，往往使教师感到"意外"，甚至"出洋相""当场出丑"。此时此刻，教师一定要沉着冷静地对待"怪事"，实事求是地分析和评价"怪事"，千万不能为了维护自尊而胡乱处置，应该让学生在沉着的分析和冷静的评价中受到教育的启迪。

曾经读过这样一篇教学案例。

一个大雪纷飞的冬日，天寒地冻。许多同学上课了还不断地跺脚，老师站在讲台上并不生气，反而说："跺吧，跺吧，我已经听见春雷滚动的声音了。"许多同学都被他的话逗笑了，感觉这位老师幽默、风趣而又平易近人。大家很快平静下来，老师说："春雷过后，春天就要到了，这节课我们就先来学习朱自清先生写的《春》。"老师先给同学们范读课文，他读得声情并茂，让学生觉得浑身也暖和起来。教室里非常安静，同学们都被富有磁性的嗓音所吸引，一个个坐得很端正。老师刚把课文读完，一位同学突然轻轻地唱了一句"春天在哪里呀"。虽然很轻，可同学们全都听见了。此时，大家都把目光投向这位同学，有的脸上现出厌恶的神情，大概觉得同学这样捣乱太不应该；有的笑了起来，或许觉得又有好戏看了。面对这突发情况，老师没有慌张，他慢慢地走过来，也没有训斥唱歌的同学，而是笑眯眯地说："现在虽然不是春天，却孕育着春的生机。诗人雪莱有一句名言——'冬天到了，春天还会远吗？'这位唱歌的同学，你还记得吗？"听了老师的话，大家无不为他的教学机智所折服。正在这时，一阵风猛地把教室的门吹开了，一团雪花随风飘了进来。老师快步走向教室的门前，伸出双手，接住了几朵雪花，大声地说："瞧，雪花迫不及待地来告诉我们，春天就在它的后面！""哗——"全班同学都为老师这句精彩而富有诗意的话鼓起掌来。唱歌的同学的脸立刻就红了起来。老师关了教室的门，看了那同学一眼，又笑着说："看，你的脸多红呀，艳若桃花，相信从此以后，春天会永驻在你的心里。"这个教育故事，让我看到一个机智灵敏、幽默诙谐的优秀教师形象。

教师应变能力强，引导得法，处理得当，就可以对教育过程中的突发情况迅速做出准确判断和正确处理，这不仅可以"化险为夷"，甚至可以"锦上添花"。根据变化的情况改变教育方法和内容，机智灵活地处理过去没有遇到过的新问题，这对新时期的教师来说十分重要。

● 教师要具备敏锐的观察能力

教师做好工作的前提是了解学生，了解班级。要了解学生和班级，教师不能事事依靠别人的介绍，或通过学生本人来回答解释，主要还是靠教师自己的观察。赞科夫说："敏锐的观察力是一个教师最可贵的品质之一。对一个有观察力的教师来说，学生的乐观、兴奋、惊奇、疑惑、恐惧和其他内心活动的最细微的表现，都逃不出他的眼睛，一个教师如果对这种表现熟视无睹，他就很难成为学生的良师益友。"乌申斯基说："如果教育者希望从一切方面去教育人，那么就必须从一切方面去了解人。"而要了解人，就得善于观察，培养观察能力。所以，深刻敏锐的观察能力是教师的重要能力。

教师的观察是因材施教的依据。观察是一种直接了解和研究学生的最有效的办法。教师只有通过各种活动细心观察，深入细致地了解每个学生在成长过程中出现的纷繁复杂的情况，分析研究他们心理和个性特点形成的原因，才能逐渐掌握每个学生的特有兴趣、专长、性格与脾气，然后采取不同的指导方式。一个人的思想、内心活动总是会在行为活动中表现出来，尤其是学生情绪比较外露，往往还不善于掩饰自己，教师从学生表现出来的各种神态和表情中就能捕捉到学生思想感情的变化，及时地发现他们身上隐藏的极其微小的发光点，找到还处在萌芽状态的错误苗头，从而使闪光点得到及时扶植，发扬光大，将坏苗头消灭在萌芽时期。同时，教师具有敏锐的观察力，还能及时觉察社会上各方面的思潮对学生的影响，及时发现和了解在某一时期、某一阶段预防何种"患"，如何防"患"，从而把握住教育学生的主动权。

特别是面对后进生，要善于发现后进生身上的闪光点，激起他们的上进心和自尊心，在一定程度上可以说是对教师观察力最好的考验。"用其所长，克其所短"，这是转化后进生的根本经验。每个学生身上都有长处和积极的因素，是可以迁移到学习、劳动和各种有益的活动上来的。如果把这些心理品质发扬起来，不断巩固和扩大，就完全可以控制、克服各种消极因素，最后达到取长补短的目的。一般说来，后进生的优点往往被短处、缺点所掩盖，再加上教师们对他们形成了固定的看法，他们身上的优点往往被忽视。教师只有具备良好的观察力，才能找到教育后进生的突破口。因此，作为一名教师，应该随时关注每一位学生的成长历程，做学生学习和生活的正确引领者，只有这样，学生才能得到真正的全面发展。

作为教师，该如何培养自己的观察能力呢？

首先，教师要有目的地观察。在进行观察时，要明确观察什么，怎样观察，达到什么目的。做到有的放矢，才能把注意力集中到事物的主要方面，以抓住其本质特性。目的性是观察力的最显著的特点，有目的地观察才会对自己的观察提出要求。

其次，教师要有准备地观察。在观察前，对观察的内容做出安排，制订周密的计划。如果在观察时毫无计划、漫无条理，那就不会有什么收获。因此，教育进行观察前就要打算好，先观察什么，后观察什么，系统进行。观察的计划，可以写成书面的，也可以记在脑子里。

第三，教师要把观察的内容具体化。观察力是思维的触角，要培养自己的观察力，就要善于把观察的任务具体化，从现象乃至隐藏的细节中探索事物的本质。

　　第四，教师要走进学生世界。教师要想有敏锐的观察力，捕捉到来自学生的信息，只有真正投入到学生的活动中去，倾听学生的心声，懂得包容学生、学会支持学生，才能和学生们一起成长。只有真正走进了学生的世界，才能了解他们的需求与困难，才能解读他们的一言一行，才能及时接住学生抛过来的球，引领他们去探索生活。

　　总之，观察力是教师应具备的基本能力，自产生教师这一职业以来，就对教师提出了这个要求。观察力是做好教师的基本功，是教师做好教育工作不可缺少的心理品质。

教育工作要有梯度

所谓梯度，这里指依照一定次序分出的层次。梯度教育的实质就是实行有差别化的教书育人，就是孔子说的"因材施教"。

"教育要着眼于受教育者及社会长远发展的要求，以面向全体学生、全面提高学生的基本素质为根本宗旨，以注重培养受教育者的情感态度、能力，促进他们德智体美劳全面发展。换句话说，就是要面向全体学生，以每个学生已有的知识、情感、价值观为基础，充分利用一切有利的外部条件，差别化地使学生主动地把文化知识、情感态度、技能技巧等内化到他们的生命中去。教师不仅要输出信息，更重要的是能够反馈信息，主动及时地、有的放矢地调整自己所输出的信息，使教育活动能够和谐地朝着既定目标迈进。

学生个性的差异是客观存在的，教师要根据这种差异努力地设计教育和教学方案，来布置和检查不同的作业，来正确地评价学生的进步和成绩。

● 德育要有梯度

人类文明是有层次的，思想道德是有高低的，德育也应该是有梯度的。所谓德育的梯度，就是指德育的任务目标有高低之分，德育内容有其自身发展进程，德育过程中知、情、意、行有其先后顺序，德育评价要有区分度。

面对升学竞争，有的学校重智育轻德育，教师管教不管导，有的学校团队、班级思想教育活动花架子多，内容虚无、浮夸，没有起到实际的教育作用，学生往往消极应付，甚至产生逆反心理。当下，德育处于"战略上重视、战术上忽视，说起来重要，做起来不要"的尴尬状态，德育地位得不到有效的保障，形成一种教育现状——"圈养"，用繁重的课业把学生困在教室内，校园和教室成了"饲养场"。在"饲养场"里，教师并不顾及学生的饥饱与口味，而是定时定量地"喂食"。有些学校的德育目标往往缺乏明显的层次和梯度，品德教育演变为空洞说教，导致德育效果苍白无力。

加强未成年人思想道德建设，提升未成年人思想道德水平，是学校每位教师的工作责任，是学校教育的一项长期而又艰巨的任务。

教师要认识和把握德育工作目标的梯度，不能对德育打折扣。学校德育自然要面向全体学生，全方位育人，以培养学生健康的心理品质与健全的人格为宗旨。可事实上"十个指头不一样长"，学生出身的家庭不同，生活的环境不同，经历的成长过程不同，再加上各自不同的年龄、个性特点，他们的感知能力、心理特征、原有的道德水准都是有区别的，因此，他们在学校接受教师的道德教育和帮助后产生的效度也有不同。这就要求每一位教师站在高处、看在远处、着手小处、干在实处。研究和探索新形势下学校德育工作的新办法、新措施，加强和改进学校德育工作，培养学生良好的日常行为习惯和思想品德意识，提高学生的文明程度，为社会培养合格、有用的人才。

教师在德育实践中，要把握好梯度。教师要有洞察力，注意观察、细心留意学生在学习生活中的表现，思考自己的学生在价值取向、情感态度、做人做事、学习方法、学习意志力等方面是否出现问题，因为这些既是德育内容，也是学习的非智力因素，在学生成长和掌握知识的过程中起着重要的作用。况且，提高非智力因素也是思想工作的主要内容。

所以，通过提高学生对待德育的热情，制订班级和个人德育阶段目标，提出相应的要求，学生们能看到自己努力后的进步，就能产生生活和学习的信心。同时，对不同的学生所提要求要不尽相同，有大小难易之别；对不同的学生实现目标的快慢程度也要不尽相同。在德育过程中，教师要有艰苦细致、耐心反复、循序渐进的工作思想。既不能急躁，也不能理想化地"把黄鳝泥鳅扯成一样长"。德育工作要细化到"一把钥匙开一把锁"。要以渐进的方式循环往复向上，要让学生始终看到生活和学习的希望，要逐步拓宽教育的内容，加大教育的力度，增大教育的梯度。这就要求德育实施工作中既要有力度，又要有梯度。在现实中，有的学校或有的教师把学生当作德育要求的接受器，学生没有情感诉求，也没有自主建构；有的教师习惯于用一个时代的英雄人物来进行正面教育，或用典型的反面人物来进行反面教育，习惯于用"超人"和"坏人"来教育学生。德育内容应该回归凡人生活，贴近凡人现实，要拉近学生与凡人的距离。要充分重视多元共存的社会中普通人的思想状态，努力培养他们对多样化的尊重，开放与宽容的心态，培养他们自主判断与自主选择的能力。

教师在处理学生问题时要有教育梯度。教师在教育学生时要宽严适度，对学生提出的要求，学生通过努力要能够达到或基本达到，特别是对后进生的教育，表扬鼓励要先于、多于其他同学，哪怕是微不足道的进步，也应进行鼓励。教师在批评方法上也要有梯度。要选择适当的时机，采用适当的方法。不能小题大做、旧事重提，甚至揭学生的伤疤，那只能激起学生的反感，不会引起学生的自我反省。只有有意识地促使学生产生内疚感，形成自责意识，进行自我批评，学生才能真正接受教师的批评。如果教育梯度小了，就无法体现出因材施教的理念，教育的质量就无法提高。

教师对德育评价也要有梯度。有的学校对德育工作的评价和对学生综合素质的评价，仍缺少操作性强的评价机制，从而导致德育工作的评估流于形式或直接以智育代德育，"一俊遮百丑"。学校、家庭、社会三方面应共同营造良好的育人环境，真正做到学校教书育人、家庭情感育人和社会环境育人的三维统一，努力增强教育的实效。而有的学校或班主任遇到棘手的学生教育问题，就与家长相互埋怨，相互推诿。有的学校的教育与社区教育割裂开来，老死不相往来，不通力协作，这也是德育低效的重要原因之一。学校要构建学生德育评价体系，加强对评价过程的管理，要形成每一项评价的特有程序，让评价科学、有效地进行，真正关注学生个性特长的发展，关注学生日常表现和成长过程，以提高学生综合素质为目的，形成德育评价的梯度，使学生始终对评价有激情，避免评价流于形式。

● 班级目标有梯度

教师要制订班级工作目标和计划。班级工作目标和计划的目的性要明确，层次要分明，既要有长远目标，也要有近期目标，换句话说，就是要有梯度。

要根据各个年级学生的特点制订相应的计划。以初中为例，对刚进初一的新生来说，总体目标是"争创优秀班级"，近期目标是"争做规范中学生"，养成良好的学习习惯，帮助初一新生尽快适应初中学习生活。班主任在制订计划过程中要注意小学与初中的衔接。进入初二，随着学生生理和心理的发展，应着重对他们进行审美教育、理想教育，帮助他们端正学习态度，掌握正确的学习方法，养成自觉的学习习惯。在制订目标时，总体目标不变，近期目标要在现有基础上，稳中求进，保持良好的行为规范。到了初三，良好的规范已养成，学生的身心变化较大，已显露出不同的个性，同时学生面临升学考试，压力较大，工作重点应放在如何帮助他们确立自信心、树立正确人生观以及正确看待挑战上。

班级目标的梯度还表现在班干部的选拔和培养上。初一选拔班干部，在具体工作中，班主任着重示范。初二开始，放手让班干部独立开展工作，并采取轮流班长制，负责班级管理，记载班级日志，检查卫生，管理课间纪律。鼓励后进生参与班级管理，能加强学生的自我约束能力。同时，经过一年的锻炼，班干部已成为班级的核心力量，在学生中有较高的威信，能正确引导班风、学风。

班主任在制订班级发展的德育目标时，要考虑到生命成长的阶段性特点，和学生可能达到的程度，有机地与学校的德育目标相结合。比如，我在初一时，针对初一学生的年龄、心理特点，教育他们要健康安全、宽容理解、学会感恩、培养好习惯。在初二时，加强"诚信、细节、毅力、爱人、合作"的教育。在初三时，进行"责任、自信、信念、快乐"教育。

另外，在具体到每个个体的时候，要引导学生根据阶段性目标，结合个人实际需要，制订出相应的个人发展重点，这样在体现出阶段性和梯度性的同时，保证针对性。

● 作业布置要有梯度

每位学生的学习方法，影响和决定了他们各自具有特殊的一面。教师要尊重每一个学生的独特个性，同时要明白特殊性就意味着差异性。不同的学生在学习同一内容时，实际具备的认知基础、情感准备以及学习能力、学习动机不同，决定了不同学生对同样内容、任务的学习速度及所需要的帮助是不同的。如果要求所有的学生在同样的时间内，同样的学习条件下，以同样的学习速度掌握同样的学习内容，并要求达到同样的学习水平和质量，就必然造成有的学生"吃不饱"，有的学生"吃不了"，有的学生根本不知从何"入口"。

因此，教师布置作业就要根据本班学生的实际水平，采用灵活多样的方法，因班而异，因人而异。在设计和布置作业时要有梯度，要分开层次，不

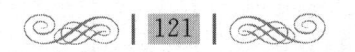

拿同样的作业去对待所有的学生。应有满足不同层次的基础题、适度变换条件题、灵活多变题和拔高升级题。要做到这一点，教师就要深入了解学生，分清层次。既要征求学生意愿，又要把握原则。如果一概而论，不考虑学生的实际情况，必然造成一些基础好、接受快的学生"吃不饱"，而基础不扎实、接受慢半拍的学生"吃不了"的现象。有一些学困生，对于一时没能理解或无法解决的问题或作业，会因种种原因不去向他人求教，最终只能是不做或者迫于教师的压力而抄袭他人的作业。为了激励全体学生，当学生进步一个档时，就要求他们做上一档的题。教师要以同样的态度去表扬各层次作业优秀的学生。这是一种赏识教育，也是一种愉快教育，是素质教育的具体体现。

教师在设计、布置作业时应考虑到单科作业质量与数量的关系、单科作业量与学科作业总量的协调。根据学生的情况，可以与任课教师一起商议，把学生分为三个层次，这样做既可以让学生从做作业的过程中找到乐趣，又可以减轻教师的负担，不至于让教师在布置作业和检查作业时花费太大的精力。根据学生程度，作业分为难、中、易三种层次。难易程度要拉开一点，层次感要大一些，基础知识也要多一点。要让学习困难的学生不觉得要求过高而产生挫败心理；让学有余力的学生学习得更加深入和广泛，适当提高作业难度；让多数学习中等的学生"跳一跳，能摘到苹果"，要重视基础性、增加选择性。给学生提供选择的机会，让学生根据自己的需要、能力、喜好选择最适合自己的作业。

很多教师认为，只有让学生多做作业才能提高自己的教学成绩，而事实上并非如此。如果教师不加筛选地、随意地、盲目地加大学生的作业量，往往起不到应有的作用。当前，各类辅导材料铺天盖地且良莠不齐，很多资料又是大同小异。因此，教师在设计和布置作业时，应认真筛选，把具有代表性、典型性、趣味性和富有生活气息、充满时代感的作业挑选出来，把那些重复性、机械性、陈旧过时的作业砍掉，力求少而精，布置有浅有深、由浅入深的作业。既要有与概念、定理相关的基础知识作业，又要有提升能力的作业，做到质高量精，又有难易梯度。

教师在设计和布置作业时，往往不考虑或是很少考虑其他科目的作业量。如此一来，如果只是某一科目的作业量小了，而其他科目的作业量依然如故，问题还是得不到解决。这就需要班主任出面协调，力争掌握班级作业总量，做到各学科平衡。要充分考虑到学科的特点和应试学科分值的大小，科学地布置作业。

● **教学需要一定的梯度**

梯度教学的指导思想是教师的教要适应学生的学。学生是有差异的，教学也应有一定的差异。学生可以分为不同的层次，教学也可以针对不同层次的学生进行分层，要最大限度地利用学生的差异，促进全体学生的发展。

首先，一堂课确立怎样的教学目标，是一个极为复杂的问题。虽然从杜威的教育思想来说，从较长的时间来考察，教育目标只能出现、形成于教育过程之中，但就具体一堂课而言，教学目标是能够也应该获得清晰界定的。但是，在确定目标的时候，教师或由于对课程标准的理解不透，或由于文本和教材解读能力不足，或由于经验缺乏，在确定教学目标时往往难以正确把握。

仔细阅读教材，我们可以发现，课后习题其实就蕴含了各类教学目标。但正如我们前面谈及的那样，教材在大多数时候是不清晰的，至少它没有把目标清晰地标示出来，确定更为清晰的教学内容。事实上，这本来并不是教师的职责，应该使教材的组成部分，明确地让学生和教师知道。所以教学目标的正确、科学成了课堂教学的关键。

所以教师应该在理解三维目标的基础上，将目标分为层次井然、具有梯度的三类目标。

A类：基础性目标，为核心目标搭梯的知识，是必须解决的障碍性知识。

B类：教学核心目标，即课堂重点要教学的内容，一般为单元所规定的知识与技能，为解决某类问题而开发的方法，与知识一样，往往是课堂的核心教学内容。

C类：附着性目标及延伸性目标，一般而言，思想情感价值观多属于此类目标。

那么梯度教学是怎样实施的呢？这主要体现在教学要求上的不同，对新知识掌握、运用的要求不同。根据学生的自主学习能力，智力因素、对基础知识的掌握情况等，教师要把学生们分为三个梯度。

课堂教学是教与学的双向交流，调动双边活动的积极性是完成分层次教学的关键所在，课堂教学中要努力完成教学目标，同时又要照顾到不同层次的学生，保证不同层次的学生都能学有所得。课堂教学要始终遵守循序渐进、由易到难、由简到繁、逐步上升的规律，要求不宜过高，层次落差不宜太大。

　　课堂提问内容的难易梯度和回答问题的学生能力梯度要统一。实践证明，当学生能由已有的知识轻而易举地得到答案时，思维并不活跃；当提出的问题必须借助尚未掌握的知识才能解决时，思维过程也不会活跃，最优化的问题应该接近或略高于学生的智力水平，以激发学生思考。提问内容设计上要做到"精、巧、新、活"。

　　课堂训练的梯度设计，应使学困生有所悟、有所获，学优生有所求索。课堂教学的知识点是有难易之分的，易中有难，难中有易，易与难又是相对而言。每个知识点的掌握都离不开必要的训练来加以巩固。教师根据学生对新知识掌握的熟练程度，以及学生知识能力及理解能力的差异，设计训练题也应有梯度。要让学生有所思、有所为，同时也照顾了全体学生。

　　教学评价的梯度要巧妙灵活。教学的梯度做好了能激励全体学生"比、学、赶、帮、超"。绝不能因为差生做的题简单而不屑一顾。差生做对低档题应该及时肯定，而差生做对中档题时，更是要大力鼓励和表扬，并适时鼓励他多做中档题以此上升到中档。而中、优档的学生要鼓励他们向更高峰攀登。

　　在教完一个概念、一节内容后，学生要通过做练习来巩固和提高，因此，课后布置多层次习题是梯度教学不可缺少的环节。课后作业不能一刀切，要根据不同层次学生的学习能力，布置不同的课后作业，一般可分为三个层次：一层是基础性作业；二层以基础性为主，同时配有少量略有提高的题目；三层是基础性作业和有一定灵活性、综合性的题目。布置作业要精心安排，保证学生在20至30分钟内完成。

　　单元考核要有梯度。每一单元学完后，均安排一次过关考核，它以课本习题为主，着重考查基本概念和基本技能，根据三层次学生的实际水平，同一份试卷出不同层次的测试题，提出不同的要求，供三个层次学生按要求自由选择完成，也可直接注明部分题由哪个层次的学生完成。

　　此外，课后做好学生的思想工作，与家长密切配合，与班主任协调，以及教师的责任心、教态、语言、作风、人格等都会对分层梯度教学产生一定的影响，在分层教学的实践中值得注意。

　　总之，进行梯度教学，虽然对教师的要求更高，教师工作量更大，但能让不同层次的学生都得到恰当的教育。由于对学生们的要求不同，他们就可以根据自己的能力，轻松解决学习中碰到的问题，在不断攻克难题的过程中，尝到了胜利的甜美，成功的快乐，找到了自信。能让学生的学习目的性更明确，自觉性更强，学习兴趣更浓厚，达到缩小两极分化、提高教学质量的目的。

对学生的评价要有准度

评价的准度，指教师对学生在学习生活中的表现和行为给予的评价有针对性且利于学生积极向上。

教师在尊重、理解学生，保护学生自尊心的前提下，给予的科学的、正确的评价能够引起学生共鸣。有的评价让学生产生自信，"百尺竿头更进一步"；有的评价引发学生思考，认识到自身的不足，意识到自己的行为与他人的差距，"择其善者而从之"，努力追求更好的发展。

教师要特别注意及时评价，及时反馈，才能使学生切实了解自己的情况，自觉地发挥自身的优势，克服不足。没有准度的评价，会导致学生自尊心受损，出现自卑、冷漠等不良反应，甚至会出现逆反或自暴自弃的行为。

教师要善于发现、挖掘每个学生身上的闪光点，客观地对他们做出评价，从而促进学生身心和谐发展。

● 表扬和批评要有准度

表扬和批评是教师对学生常用的评价手段。教师评价学生，不仅仅是一个等级，一个分数，而是要在教师尊重和关爱学生的基础上，通过科学合理的评价，帮助学生认识自我，发现自己的潜能和特长，建立自信，促进学生有所改变或提升，实现教育的目标。

那么，教师在教育活动中如何实施评价，才能既保护学生的自尊心和积极性，又能提高学生原有的认知水平呢？表扬和批评是法宝，教师只要能灵活地、准确地运用好它们，教育就会有收获。

表扬要有准度。乌申斯基曾说过："成长中的学生，迫切地想得到别人的肯定与赞美，肯定自身的价值。"如果受到的表扬出自教师之口，更会让他们提升对自己的认识，增强自信心。一句赞美或鼓励的话可以改变一个人的一生，教师何乐而不为呢？那么，教师在赞美鼓励时要注意些什么呢？

　　赞美要发自内心，要有真情实感。教育家陶行知说过："教育是心心相印的活动，唯独从心里发出来的，才能打动心的深处。"古人也说过："感人心者，莫先乎情。"由此可知，无论什么样的评价必须动情。有位教师上课，在学生回答问题后，一直用"好""不错"来表扬学生，遗憾的是，教师在表扬时，一脸严肃的表情，甚至连看也不看学生。冰冷生硬的表扬，只是流于形式，敷衍了事，"好""不错"仅仅是口头禅。这样的赞美不仅缺乏个性，更谈不上师生之间情感的交流，又怎能让学生欢欣鼓舞呢？

　　鼓励要及时，针对性要强。教师给予学生及时、恰如其分的赞美，能对学生产生强化的作用，因此，教师要有敏锐的观察力，随机应变的语言运用能力。

　　批评也要有准度。教师在教育学生时，往往少不了批评这种方式。如何批评学生，才能够令学生虚心接受？有的教师火气比较大，很容易发脾气批评学生，有时弄得自己也很难堪，而且采用这种方式批评学生，即使学生表面上服气了，但实际上只是慑于教师的威严。这就与批评的目的相悖。批评的最终目的，是让学生接受道理，改正错误，因此，批评学生时，教师只有走进学生的心灵，准确把握学生的心理动态，巧妙使用委婉的批评语言，才会收到更好的教育效果。

　　教师的语气，要让学生感到温暖。教师要有崇高的职业道德，把每个学生当成自己的孩子，师生之间构建一种朋友式的关系，用心去说服、教育学生。批评学生要充满爱心，有强烈的责任感，学生才会接近你，理解你，乐于接受你的批评。正所谓"亲其师而信其道"，教师只有处处流露出对学生温暖的关怀和无私的爱，充分信任学生，学生才会敞开心扉，跟你说真话，接受你的批评指正。

　　现代教育提倡"以人为本"，在批评学生时，我们也要遵循这一理念。面对不同的学生，教师要看到他们之间的个性差异，并根据差异采用不同的教育方式，因势利导。如对性格内向、敏感、疑虑较重的学生，我们可用提醒、启发或提问之类的语言与学生交谈，也可用微笑、眼神等体态语言暗示性地批评学生。对于性格外向、反应较快、脾气暴躁的学生，则可采用商讨式的语调平等地和学生交流，循序渐进，心平气和地把批评的信息传递给他们，让他们逐步认识到自己的错误，做到自我约束、自我管理，不断取得进步。

教师批评学生时，要摆事实，讲道理，以理服人，注意分寸和尺度，说话要留有余地，必要时可先用表扬代替批评。人总是喜欢听好话的，学生也不例外。在批评前先表扬他，让学生明白，教师不但看到了他的缺点，也看到了他的成绩。这样，学生便能在教师的引导下，改正自己的缺点，收到良好的教育效果。

总之，教师的表扬和批评，不应该拘于一种形式，应因人而异，因课而异，因事而异。教师应全身心投入，了解分析学生的特点，学会有技巧性、艺术性地表扬或批评学生，使学生乐于接受，从而努力学习，积极主动地参与学校、班级活动。反之，如果没有明确的评价目标、准确的观察、恰当的表扬或批评，最后就会导致教师的评价是盲目的、无效的甚至是负面的。因此，无论是表扬还是批评，都应恰如其分，把握好度。

● 准确评价学生的课堂活动

马卡连柯曾指出，教师的评价，不只停留于表层的简单肯定，而是指出错在哪里，好在何处。评价语要同教学意图结合得相当紧密。教师课堂上准确而得体的评价语言一定会让学生积极主动地与文本对话，遨游在瑰丽的知识殿堂。

评价学生的课堂活动，就是依据课堂教学目的，对学生的学习活动进展情况进行检查，做出评判。它是和反馈、矫正等过程密切相关的，贯穿于教师主导作用和学生主体作用运行过程的始终。

准确地评价学生的课堂活动，可使学生随时从教师那里了解自己，从而产生强烈的学习欲望；即使产生了挫折感，也会使学生及时检查并调节自己的思维方式、表达方式和操作方式，继而产生新的学习动力。对学生课堂活动进行评价是教学的具体内容，是教师发挥主导作用的关键环节。

学生常出现两种倾向：一是对自己估计过高，过于自信，"自我感觉良好"；另一种倾向是自我评价过低，过于自卑，以为自己"处处不如人"。这两种极端倾向均对学生的自我发展不利。因此，课堂教学中教师必须以学生的发展为本，准确评价学生的课堂活动。

一、评价的客观性

（1）教师的评价要有客观性。教师在提出问题时，要看对象抽问，有的教师所提问题与学生实际水平不相符，或过于难，或过于简单。学生答得对了，马上笑容可掬；学生答错了，立刻紧锁眉头，再辅之以语气变化，学生无需思考，单从教师的语气和面部表情就能判断出答案的正确与否。这样的教师评价就带有主观臆断性，对教学毫无意义，或还有负面作用。在这里，教师忽略了评价的客观性，没有给学生以一定的思考和判断的时机。长此以往，学生就会用辨别教师的语气和表情来代替思考和判断了。有经验的教师在学生回答之后，往往不置可否，欲扬先抑，进一步倾听学生的意见，培养学生思维求异的能力。

有经验的教师在学生回答之后，往往不置可否，欲扬先抑，进一步倾听学生的意见，培养学生的求异思维。

二、评价的层次性

对学生表达的评价应该有层次性。这也是评价的顺序机能的具体体现，其主要作用是鼓励学生的学习向纵深和高层次发展。如果不注意评价的层次性，学生的学习就会停滞于低级水平。层次性评价，会使学生在学习过程中，由浅入深，不断发展，使那些有独到见解和有创新意识的学生不断得到鼓励，使他们的聪明才智得到锻炼和发展。当然，评价的层次性还应根据学生的学习基础而定，不同的学生也要有不同层次的评价。

三、评价的启发性

学生在回答问题时，会出现这样或那样的错误。尽管原来想得不错，但会由于紧张，将想好的内容或语言忘记，或由于突然的思维障碍而停顿。这就需要教师的评价富有激励性和启发性，帮助学生扫清思维障碍，消除紧张因素，纠正错误之处。有的教师只图省时省事，一个学生答错了或讲不下去了，就叫另一个，不断换人，不获"答案"，决不收兵。这样就影响了学生思维的深入，也会使课堂形成"猜谜"的局面。

四、评价的具体性

学生最怕的是教师空洞的评价。例如，学生回答之后，简单的一句"错了""不对"；朗读课文之后，一句"平平淡淡""没有感情"等。这样的评价无法落到实处。怎样才对，怎样才感情充沛？学生从教师的评语中无从寻找。一般来说，教师的评价应是具体的，使学生有章可循。

五、评价的结论性

结论性评价是在肯定学生回答的同时，进一步强调或充实学生的表达，使重点更加突出，语言更加精确，内容更加丰富。这多用于几个同学回答一个问题或一个问题有不同意见之后。没有这个结论性评价（尽管教师和部分学生心里有了准确答案），一些学生就会茫然不知所措。

总而言之，准确的课堂评价是培养学生学习能力、发展学生创新意识的重要环节。只要教师深入钻研教材，不断提高课堂应变能力，就能准确把握评价的尺度，真正达到提高教育效率的目的。教师一句恰当的话语，可以使学生受益终身；相反，教师一句不恰当的话语也可令学生遗恨终生。因此，在课堂教学中，教师的评价除了具有鲜明的教育性、深刻的启发性、强烈的鼓励性、浓厚的趣味性和充分的灵活性之外，还必须具有明确的目的性。

● 如何掌握评价艺术

评价作为调控、优化教育教学的一种方法、手段，逐渐成为教育教学中的一个重要组成部分。评价的准度是以对学生产生积极的影响，促进学生的健康成长作为衡量的标准。教师都希望准确地评价自己的学生，如何才能使教师对学生的评价起到应有的作用呢？涉及评价的艺术问题，需要教师认真思考、学习借鉴、反复实践。

（1）要深入了解学生后，再做客观评价。客观公正地评价学生是教师评价工作的基本条件。要掌控好一个度，既不能滥用溢美之辞，"廉价"地表扬；也不能一棍打死，轻易批评。如果见到了什么、听到了什么，不加分析、主观臆断，随意肯定或否定，都可能会造成评价的失准，引起学生不在乎或者反感，这就丧失评价的权威性和严肃性，会产生极大的负面影响。学生的表现是多种多样的，很难预测和把握。对于他们在学习生活中的各种表现，教师要弄清事情的来龙去脉，全面深入地了解，细心分析，才能避免主观武断，才能把握住事情的是与非，给以学生准确的评价。

（2）评价时，要考虑到学生的可接受度。实事求是地去评价学生，这是评价正确的前提条件。但单纯的评价正确是不够的，还要充分考虑学生对教师的评价的可接受度，真正使教师的评价"内化"为学生自己的行为准则，在学生内心引起共鸣，使学生树立起坚定的信心，并经过努力能达到预期目标。因此，教师对学生评价时要抱以诚恳的态度，使学生从内心深处感到教师是在关心、爱护、教育、帮助自己，尤其是指出学生的错误和缺点时，要真诚，心平气和，使学生从教师的评价中能感受到温暖和亲切，有所收益。

（3）评价要有利于树立正确的人才观。受传统教育的影响，评价标准单一，忽视了学生学习的主体地位，忽视了学生在学习过程中的变化和成长。许多时候，教师对学生情况的评价，以学生的学习成绩作为标准。新时代的教育要求培养德智体美劳全面发展的新一代，教师对学生的评价，也要从多个角度，多个方面对学生评价。就学习而言，不仅要看学生的成绩，还要看学生的学习方法、学习习惯和情感状态。教师不能从自己功利目的出发，只看重学生的学习成绩。

（4）评价要有利于学生的良好发展。教师在对学生进行评价时要充分意识到学生正处于成长的过程中，切忌以程式化的、僵化的眼光去看待和评价学生，应坚信学生是有发展潜力的，注意发现学生的每一点进步，并及时地加以肯定，运用评价的导向性，使学生明确自己的奋斗目标，生成自信。教师在评价标准的掌握上，要具有一定的前瞻性和发展性。

（5）评价要适当高于学生的现实水平。在学生的"做"与"学"的过程中往往会出现与客观标准有一些差距或较大的差距的情况，在经过努力后，还不能有明显的进步，这时学生极易出现自信心减弱、"麻木"的情况。教师应适当地采用能够增强学生的自尊心、自信心，激发学生的主动性和自觉性，鼓励学生不断的上进的评价方式。如果学生在原有的基础上有进步，要及时给予肯定性的评价，这种评价要适当高于学生的实际水平，这种评价会有效地改变学生自我认知的倾向性以及自我调控力，起到积极的作用，促进学生发展。

总之，教师正确的、恰当的评价能给学生带来巨大的动力，学生是发展中的人，有着无限的发展前景，对学生的评价应该坚持"没有最好，只有更好"的指导思想，作为教师一定要用好这一工具，让评价体系更加健全。

对学生的期望要适度

对学生的期望适度，是指教师以学生已有的情感、态度、价值观和知识能力为前提，以师生所处的客观环境为基础，为满足学生的个性发展要求而提出有可能实现的期望目标。"超标"和"低标"的期望都不利于教师和学生的发展。如果教师把学生当作没有生命的筹码，只把为自己添光增彩的考试分数或升学作为期望，这就不利于学生人性中固有的美好品质的生长和发扬，不利于学生按照社会要求全面发展，也许短期的目标实现了，但绝不利于长期目标的达成。

期望是一种呼唤，它传递着教师对学生的肯定、满意、赞赏和希望；期望是一种契合，它温暖着师生心灵；期望是一种激励，它促使学生主动发现自我，提升自我。教师的期望要适度，在产生期望之后，不能只是"等""望"，而要热情地鼓励和科学地引导，要脚踏实地地去做。

教师务必从学生的不同情况出发，在学生学习生活中有意识或无意识地寄以适度的期望，通过师生间各种活动，让学生在耳濡目染、潜移默化中，把要达成的目标内化为努力学习、积极进取的动力和自觉行动，使学生逐步靠近教师的期望目标。

● **实现期望的参考要素**

要使一个学生或一个班级发展得更好，就应该给他们传递教师的期望。期望对于学生有巨大的影响。积极的期望能促使学生向好的方向发展，消极的期望则使学生停滞不前，甚至向坏的方向发展。

教师只有诚心诚意寄希望于学生，学生才会按照教师的期望去发展。教师对学生的期望，是一种信任、一种鼓励、一种爱，有如催化剂、加热剂。如果教师帮助学生建立起适度的目标，就如在学生心中点燃了前进路上的一盏盏明灯，无论是风吹雨打，还是风和日丽，都将促使他们不断前进，不断攀登。但是，并不是所有的学生都能按教师的期望发展。学生个性特点不同，原有经历不同，知识基础、智力水平各有差异，对自己的要求也有高有低。因此，教师要因材施教，要结合学生自身条件，对每位学生提出适度的期望，这样才会给学生动力，才能增强学生学习的自觉性，取得良好的效果，才能完成好班级目标，实现教师的期望。

教师的期望要目标明确。只有目标明确具体、操作性强，学生才能准确地估计其实现的可能性，才能表现出积极性。能产生积极期望的目标是教师根据对学生的认识做出的符合客观实际情况的推断与预测，这种期望既要关注学生学业成绩、课堂行为，又要关注对学生个性发展有意义的方面，如情感、意志、性格、兴趣、才能等。期望能开发和唤醒学生的潜能，对学生的个性发展起着导向和强化的作用。

教师的期望要适当。教师对学生的期望不能有态度差对高期望、低期望及无期望的学生的不同态度和行为，会导致这些学生的不同反应。他们会觉得不平衡、不公平，对教师感到失望，因而会以消极的态度和行为对待教师和学习，甚至还会拒绝教师的要求，导致他们的成绩变差。所以，教师选择和确立的期望值要满足学生个性发展的需要，让学生觉得这目标有价值。只有满足学生发展需要的目标才能达到诱发学生内驱力的作用，使学生在目标引导下获得一次又一次阶段性的成功。这就要求教师必须深入学生的学习生活中去，及时了解他们的特点、个性、爱好、当前的需要等，把握他们的思想动态，帮助学生制订一个在他们心目中有重要地位的、有动力的目标。

教师的期望与学生的自我期望不能相悖。教师的期望通过学生个人认知活动产生效应，从而影响和改变学生的自我观念，影响学生学习的自信心和自觉性。一般来说，学生总是根据自己的认知能力、兴趣、理想等来确定自我期望。如果教师的期望满足学生的个性，与自我期望一致，就会产生正效应；反之，则会产生负效应。

教师要不断强化对学生的激励。通常学生对教师寄予的期望会积极回应，因为他们从教师对自己的期望中能够领悟到自身的发展潜能，这会激励他们努力按教师的期望去塑造自己。但是，实现教师期望是一个艰辛的、长期的过程。这一过程有成功，也有失败，需要教师的不断激励与指导，如果缺乏激励，学生会丧失进取的热情和勇气。激励的过程是实现由教师积极期望向学生自我期望良性发展的动态过程。教师对学生的积极期望体现了对学生人格的尊重、能力的信任、发展的关心，学生觉得教师真正走进了自己的空间。他们期望得到别人尊重、理解、帮助的愿望得到了满足，于是对教师产生了近乎崇拜的"向师性"。这决定了学生乐于接受教师的教诲，并努力按教师期望的方向发展，从而形成积极的自我意向，建立自我期望。

教师要加强对学生的具体指导。期望的实现建立在一点一滴的小事上，要督促学生脚踏实地，按计划实现各个阶段的目标，磨炼自己的意志和毅力，增强其动力。教师不仅要帮助学生制订切实可行的奋斗目标，让学生根据自己的实际水平不断实现现阶段目标，还要给学生以及时具体的反馈，努力营造各种支持性、引导性的氛围，让学生在实现目标的过程中时刻感受到教师的关注、期望、信任与鼓舞，获得成功的喜悦。

教师的期望要合情合理，要符合国家、社会、学校和个人的需要，符合时代的潮流。合理的期望对社会和个人的发展具有积极的作用。

教师的期望要具有可行性。可行性是指符合学生的主客观条件，即具有实现的可能性。如果从客观上讲是合理的，而学生实际行为上是不可能的，这种期望还是不能转化为学生的需要，更不能内化为学生的动力。

教师的期望要具有挑战性。只有那些具有挑战性的，超出原有水平但通过努力可能达到的期望，才有吸引力，才有激励性。可望而不可即的或唾手可得的期望都是不可取的。

教师的期望要注意内隐。教师的期望不应当是交易，而应当是温情脉脉的感化；不应当是口头上的说教，而应当是含而不露地潜入学生的心灵。大喊大叫、婆婆妈妈只会激起学生的逆反心理。

教师的期望要持久。期望要有信心、决心和耐心，即使一时看不出明显的效果，也不要灰心丧气、半途而废。要知道学生领会教师的期望需要一定的时间和一个过程，教育是慢艺术，任何急躁情绪，都将适得其反。

总而言之，教师的期望与学生的进步是一对矛盾体，它们处于矛盾冲突和相互促进之中。期望只有不断调节，才会不断完善；只有不断完善，才会对学生产生影响，才会促使学生不断进步。教师的期望是一种巨大的教育力量，是一种呼唤，是一种契合，是一种激励，将期望效应广泛应用在教育、教学中，相信会收获更多。

● 如何发挥期望效应

给予学生期望是教师不可缺少的教育艺术，会产生期望效应。教师的期望就是学生要追求的目标。它会牵引学生朝着教师所期望的方向发展，形成一种良性循环；它能调整师生间的关系，形成认识、情感及思维上的共鸣；它能促进教师由传统的教育观念走向现代的教育观念；它能帮助学生解决在探索知识、心理发展过程中遇到的困难。发挥期望效应是每位教师所追求的教育方法。

首先，教师要力求了解学生。了解学生是有效发挥期望效应的前提。学生是一个个有灵魂、有血肉、有思想的独一无二的鲜活的生命个体，他们每一个都是一道独特的风景。他们身上有无穷魅力和无限潜能，有待教师去发现和开发，但他们的个性是千差万别的，这就要求教师必须深入地、有计划地去了解每一位学生，了解他们的心理特点、行为表现、兴趣爱好、价值观念等并进行综合分析，捕捉学生个性中的积极因素，并以此为出发点，设置符合学生个性的、学生经过努力能够实现的期望，逐步引导他们前进，体验成功的喜悦。

教师只有了解学生，才能在师生互动交流过程中，相信每一个学生都有巨大的发展潜能，知晓他们独特的兴趣、爱好、特长，才能尊重每一个学生，才能平等地对待每一个学生，为每个学生的表现给予鼓励，为每个学生的行为提供帮助。

教师只有了解学生，才能在班级管理中实现"不管"的最终目的，培养学生的自我管理能力，调动学生本人的内驱力，使学生朝着既定的目标努力，逐渐实现教师的期望目标。

其次，教师要做到以情动人。情感教育是发挥期望效应的关键因素。感人心者莫先于情，有了适合学生实际的期望，还必须利用情感因素实现这一期望。没有了情感，没有了爱，就没有教育。情感在教育中的作用是由教育的本质和特点决定的，它不仅在学生的心理活动中具有广泛的影响，而且在学生的认识活动和实践活动中具有十分重要的作用。

教师的积极期望作为外在的诱因，能够让学生在积极情感的作用下努力进步，体验成功，并唤醒其内心潜在的自我价值意识和进取向上的要求，促使学生主动确定发展的目标和前进的方向。一旦实现一个目标，教师应给予略高于实际的评价，让学生不断提高对实现后续目标的自我期望，向自我期望的方向发展，从而提高学生的自我教育、自我发展能力。

情感教育能提高教师在期望效应中的威信。提高教师的威信，首要一点就是与学生相处过程中，要严于律己，具有高尚的品德，其次就是要钻研业务、具有渊博的知识，这是教师赢得威信的前提。教师要有慈母、伯乐两种角色意识，随时不忘"人师"的导向，成为学生人生路上的良师益友。教师要做到以心换心、以诚对诚，与学生共欢乐、同烦恼、同忧愁，从关心学生的成长入手，以情激情、以情育情，为实现期望效应奠定有利的感情基础。

情感教育能增加期望效应的实效性。只有深入学生生活，与学生主动沟通，了解学生所思、所想、所悟、所感，才能与学生有共同语言，才能从中因势利导，与学生产生感情共鸣，使期望内容转化为学生的内在意识，进而转化为外在行动。同时，教师在困难和挫折面前表现得冷静、沉着、坚定、自信，就能稳定学生的情绪，并给予极大的鼓舞。也就是说，情感信息有更深刻、更直接的感染力。因此，教师应有意识地运用情感，提高期望效应的实效性。

情感教育在师生互动交流过程中，能为学生提供可以感受到的积极期望信息。教师在思考问题、处理问题、表达情感时，要充分考虑学生的年龄阶段和个性特征，采用心理换位、师心童化、移情体验等方法，使学生感受到教师的关怀和期望。传递信息的方式可以是语言的，通过交谈沟通，帮助学生提高认识，发展智能，强化自信；也可以是非语言的，如目光、表情、动作、手势等，传递肯定、满意、赞赏等积极的情感。

第三，教师要设置梯度目标。梯度目标是有效发挥期望效应的途径。期望目标的实现具体落实在教师工作目标的实施之中。针对班级学生的个性特点，教师要因材施教，要有梯度目标，对每个学生的期望目标要合理合情，要采取措施帮助学生顺利实现目标，与学生共享成功的乐趣。那些学习成绩差的学生，尤其需要教师深入细致地给予帮助。每个学生都会因有目标而产生学习的动力，因目标的实现而享受到成功的乐趣，这样就能形成师生之间相互信赖与激励的良好氛围，促进学生身心发展水平的不断提高，为新目标、新期望做好准备。

一般说来，教师可以设置以下目标。

1. 帮助学生树立远大的理想。理想就是学生心目中所定的奋斗目标，是鼓舞学生前进的一种精神动力。要帮助学生立志，没有目标，就没有奋斗的方向。要鼓励学生树立实现目标的自信心。通过教师的适当帮助，学生能够顺利完成自己确定的最近的目标，自信心就会大大增强。确立目标的过程中，一定要从学生的实际出发，找出他身上最优异的素质，扬其所长，因势利导，使学生形成中心兴趣，增强战胜挫折、克服困难的决心。

2. 鼓励学生积极参加各项有益的活动。在教育教学活动中，集体和集体活动对于学生成长具有十分重要的作用。当每个学生都能给集体生活带来某种独特的东西时，集体生活才丰富多彩，也才会使学生有认同感和归属感。同时，每个学生的爱好得到充分的发展，他们才能感受到成功的喜悦，才能产生成就感和安全感，从而促进每个人的个性健康发展，实现教师的期望目标。

3. 充分利用班级环境造就有共同目标的文化氛围。有了共同的目标才有整齐的步伐。教师可以通过班名、班旗、班级口号的设计，调动学生的集体荣誉感，利用黑板报、学习园地、图书角等提升学生的文化内涵，充分发挥学生的自主创新能力，渲染文化氛围，将教师的期望融入这种文化氛围中。

4. 开展有亲和力、有实效性的家校联系活动，为家长送去含有教师期望的教育信息，使期望效应得到延伸，促进家校共建。丰富有趣的活动，是班级文化形成的有效载体，有助于教师期望目标的实现。

● 认识罗森塔尔效应

说到期望，自然要提起罗森塔尔效应。美国心理学家罗森塔尔考查某校学生，随机从每班抽3名学生共18人写在一张表格上，交给校长，极为认真地说："这18名学生经过科学测定全都是高智商人才。"半年后，他又来到该校，发现这18名学生的确进步很大，再后来这18人全都在不同的岗位上做出了非凡的成绩。这一效应就是期望心理中的共鸣现象。

这个实验最关键的地方是教师的改变。罗森塔尔教授是著名的心理学家，在人们心中有很高的威信，教师们对他的话都深信不疑。所以，尽管罗森塔尔撒了一个谎，但教师的改变却是真诚的，罗森塔尔的预言帮助教师建立起一种积极的教育信念。这种发自内心的态度和情感，通过教师的眼神、语言和行为传递出来，使这些学生强烈地感受到来自教师的热爱和期望。

教师的信任转化为学生的自尊和自信，教师的爱转化为学生积极上进的动力。在这个实验里，教师心甘情愿地为这些有希望的学生付出全身心的爱，从而为这些学生营造了一种适合他们成长的教育氛围，将教育过程提升为一种有真情流动的温暖的符合人性的美好境界。在正常情况下，任何一个学生进入这样一种教育境界，一定会有令人欣喜的进步。

给学生几句鼓励的话语是任何教师都可以做到的，但是要帮助学生实现教师的期望则是一个艰苦的过程。那种只希望学生改变而不致力于改进教师自身教育行为的期望，是对教育期望效应的肤浅认识。

教师一定要明白期望的背后是坚定的教育信念的支持，是相应的教育行为的跟进。看一下苏霍姆林斯基是如何做的吧。有一个叫费佳的孩子，苏霍姆林斯基从三年级到七年级教过他5年。费佳遇到的最大障碍是算术应用题和乘法表。苏霍姆林斯基从不放弃他，而是对他抱着积极的期望。苏霍姆林斯基专门为他编了一本特别的练习题，约有200多道练习题，每一道题都是一个引人入胜的小故事。为了提高费佳的阅读能力，他还为费佳搜集了一套专门供他阅读的书籍，大约有100本书或小册子；又为费佳配备了另一套图书，约有200本。到了五年级，费佳的学业成绩赶上来了；到了六年级，费佳成了"少年设计家小组"的积极成员。苏霍姆林斯基在35年时间里转化过107名后进学生。他说："我明白地知道，如果用教所有孩子那样的方法来教这些孩子，那么他们不可避免地会学得很差，成为可怜而不幸的人，一辈子受着'我干什么都不行'这种痛苦的思想的折磨。"因此，对于那些长期处于困境的后进生，期望就意味着不仅要对他们的进步抱有坚定的信念，而且还要辅以长期的有针对性的教育措施。

教师的信任会引起学生神奇而微妙的心理效应，给学生带来最初的拼搏冲动。但是，此后如果没有教师持续不断的推动，学生最初的冲动就会渐渐消退，甚至对自己的发展潜力产生深深的怀疑。期望其实是一个以教师的信念唤起学生的自我信念、以教师持久不断的努力激发学生不断努力的过程。只有当学生成长道路上的第一块坚冰被打破之后，他们才会真正相信自己是具有发展潜力的，从而建立起自信，进入自主发展的阶段。

在教育实践领域，妨碍教师正确使用期望艺术的，就是过于功利的教育追求和急功近利的浮躁心态。在片面追求升学率的驱使下，教师难以坚守对后进生的教育信念，难以对后进生付出皮格马利翁式的专注和热情，难以对帮助后进生走出困境付出持久的努力。教师在短期内看不到期望的结果便怀疑学生的可教育性，只能说明教师对教育对象的发展潜力缺乏坚定的信念，说明教师的期望本身是不真诚的。如果教师的期望目标片面化，追求教育的功利化、世俗化，把分数、升学率当作唯一的期望目标，不再欣赏任何别的东西，比如勤劳、坚强等，那么教师的期望艺术就会变味、变质，最后失效。

一位教师的教育艺术一定是这位教师教育思想的体现，教育期望艺术体现的正是一种积极的教育思想。教师要树立起积极的学生观，要用教育期望艺术激发学生自身的积极力量，并创造条件增加学生的体验，使学生逐渐靠近或实现教师的期望。如果脱离了对教育思想的把握，教育期望艺术就是无源头的水潭，难以清水长流；就会成为无根的花树，难以绽放绚丽的花朵。

对学优生要有限度

所谓限度，指规定的最高或最低的数量或程度。所谓优生，指身心健康、品行好、成绩优异的学生。优生有自尊心、自信心和上进心，他们活泼可爱、聪明伶俐、勤学好问、出类拔萃，是教师赞赏、同学羡慕、家长自豪的学生。

在现实中，对优生的认识和培养往往出现偏差。一些教师心中的优生，就是学习成绩优秀的学生，即学优生。由于这种观念很有市场，就导致了"优生"的变异，一些学生学习很优秀，但品行不好，处理人际关系差，能力不强，意志力和抗挫折力差。这就需要教师正确地有限度地看待和对待学优生。

有的学优生正是由于成绩"优"，他们身上的不足甚至缺陷被有的教师忽略了，或给予他们无限的宽容。有的学优生被教师、同学或家长宠、爱、赞、羡得过了头。有的学优生一路顺风顺水，没有经历挫折和失败。这对学优生的成长来说是不利的。一名优秀的教师要善于加强对学优生的教育和引导，对学优生的偏爱和优待要有限度和原则。

● 清醒认识身边的优生

俗话说"一好百好""一俊遮百丑"，很多学优生就是因为学习成绩好，享受着"众星捧月"的优待，在班级内表现得高高在上、目空一切，瞧不起成绩比自己差的同学。有的同学把考试成绩作为自己炫耀的资本，且是唯一

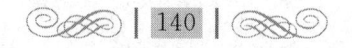

资本，觉得别人都比自己笨，对同学不友善，狂妄自大，目中无人，甚至会恶言嘲讽其他同学。

有些学优生认为自己到学校来就是读书，也只有读书，对班级里的其他事，常常抱着"事不关己，高高挂起"的态度，冷漠自私，毫不热心。他们的集体意识比较淡薄，集体荣誉感不强，对班级不愿付出太多。对同学也不愿伸出援助之手，唯恐他们超越自己。觉得周围人应该人人为我，我是被关注的中心。希望教师把所有锻炼的机会都给自己，每次课堂提问都叫自己；认为班级里的所有荣誉或奖励都理所当然是自己的。

一些学优生往往脆弱、虚荣，只喜欢听表扬，经不起失败和挫折。受到一点挫折打击，都会情绪低落，一蹶不振，表现得非常脆弱。听不进周围人的批评，觉得他们是恶意伤害或妒忌自己。即使有错误也找理由原谅自己，不愿接受别人的批评。

有的学优生自鸣得意，觉得自己天资聪颖，所有的荣誉都理所当然，自以为是，不懂感恩。他们并不觉得自己取得的成绩有教师的培养和付出，还认为教师对自己的照顾和关心是应该的，是自己成绩好的缘故。有的甚至认为自己的学业成绩好是为教师争光，教师有我就有面子，所以教师理应给我优待和特殊照顾。从教多年的教师们一致认为，学优生往往最容易把教师遗忘，反而很多成绩比较差的学生还更懂得感恩。

造成这些现象的原因是复杂的。追根溯源，还是应试教育造成的，是有的教师个人功利主义作怪。在平时教育教学中只看重学生的学习成绩，忽略其他的很多方面，甚至纵容了他们犯的很多错误，致使这些学优生的弱点成为缺陷，影响了他们的全面发展，影响他们成为真正的优生。

一味地偏爱、宽容，致使部分学优生优越感、骄傲情绪、虚荣心不断滋长，不能正确认识自我。犯同样的错误，对普通同学，教师会严厉批评，甚至声色俱厉；而对学优生，即使发现了他们身上的某些不足，也一概宽容，不予教育、引导，更不会批评、指责。上课提问时，学优生思维敏捷，举手积极，教师也习惯于把机会送给他们。这样课堂基本上成了学优生的展示舞台，不但不利于其他学生的思考与锻炼，也容易使学优生轻浮狂妄，骄傲自满。

在不知不觉中，教师把学优生置于特殊的环境中，处处呵护他们，处处照顾他们，处处纵容他们。久而久之，他们变得盲目自大、目中无人，受不了半点委屈。

另外，有些学优生家长在家里过分宠爱孩子，视其为"掌上明珠"，奉行"只要你学习成绩好就行，家里什么也不用你做"的优待原则，那么学优生的成长就更加令人担忧了。

总之，目前学优生的教育现状是令人忧虑的。很多学优生的文明礼貌、行为习惯、品德修养等方面存在严重问题。所以，教师要清醒认识身边的学优生，对他们的关爱要有限度。

● 把学优生转化为真正的优生

面对学优生，教师要负起责来，积极引导他们向真正的优生转化。教师对学优生的学习成绩和学习态度、学习习惯、学习方法等要肯定，同时，也要向学优生讲清楚学习成绩好只是优生的一个方面，学优生不等同于优秀学生，学习成绩的优秀也只是一个方面，要求学优生全面发展自己。对学优生的表扬和宽容要有限度，要适当地给他们泼点冷水降降温，促使他们的感情服从理智。要让学优生懂得，在他们成功之时不能淡忘同学的帮助，师长的教诲，集体的温馨，家长的期望，社会的关怀。班级是集体，集体中人人平等，学优生不能享有特别的优待。只有立志高远、意志坚韧、学会做人、乐于助人的学生才是真正的优生。为此，教师应该做好以下方面。

教师要树立正确的培优观念，要把优生培养成品学兼优的学生，使其成为国家的栋梁之材。优生是相对的，要一分为二地看。俗话说："金无足赤，人无完人。"要分清优生在哪些方面表现是优的，在哪些方面表现是差的，一分为二地看待问题。肯定优生在学习方面取得的优异成绩的同时，必须同时指出他们在其他方面还存在的不足之处。发现了学优生存在的短处后，教师就容易对症下药，帮助学优生改正缺点了。对学优生不偏不袒，严格要求。学生在纪律面前是人人平等的，学优生也不能随意违反校规校纪。而且要让他们知道，如果不严于律己，作为教师树立的榜样更应该受到严厉的批评。一旦学优生犯了错误，绝不姑息，同样要检讨错误，接受监督。

教师要教会学优生正确看待分数，促进学优生的全面发展。学校、教师都应纠正偏爱、过分宽容学优生的错误认识，取消一切特殊照顾，取缔不合理的方便学优生的"土政策"，对学优生和其他同学要一视同仁。加强对学优生的品德教育，提高其觉悟、陶冶其情操，使之在德、智、体、美、劳方面都得到发展，成为真正的优生。

教师要对学优生有更高的要求，在平时的教学中要挑一些难度较大的问题让他们回答。在提简单问题时，要求他们认真听别人回答，然后将自己不同的见解讲给大家听。另外，让他们课后多查资料，多研究疑难问题，拓展他们的知识面，激发他们更浓厚的学习兴趣，培养他们的探究精神。

教师要帮助学优生树立远大的目标。一般说来，学优生学习能力较强，即使不那么刻苦，他们的学习也会在班上名列前茅，这就往往使一些学优生不求上进。因此，教师要让这些学生真正发挥出自己的潜力，成为祖国的栋梁之材，引导他们树立理想，明确志向，真正做到"志存高远"。要让学优生意识到，成绩比别人好，就意味着将来比别人多一份责任，从现在起就应比别人多一份努力。引导学生立志，最有效的方法之一，是给他们推荐伟人、名人的传记读物，让学优生把自己放在一个更广阔的历史空间和时代背景中认识自己的使命。

教师要激发学优生的志气，加强思想品德修养的教育。教育学生，首要是教他们学会做人，学优生也不例外。对于学优生来说，他们会学习，会做事，但有的学优生做人方面往往比较欠缺。教师可以通过讲名人故事、聊天谈心、推荐阅读等方式感化他们，提高他们的思想品德修养。可以鼓励他们在日常一点一滴的小事中战胜自我，甚至可以有意识设置一些难题去"折磨"他们，让他们在一次次"自我斗争"的过程中，体验到人生的乐趣与辉煌正在于从战胜自我到超越自我。可以鼓励他们积极参加丰富多彩的文体活动，尽可能在各个方面得到锻炼和实践，以发现并发展自己以前没有意识到的潜质。要晓之以理，更要动之以情，教会他们如何关心帮助他人、怎样养成文明礼貌的好习惯等，引导他们多为班级做好事，增强他们的集体荣誉感和责任心。

教师要把握好表扬学优生的度，引导他们正确认识自己。表扬是一种激励，适度的表扬能够激发学生的潜能，使学生树立信心，而自信是创新型人才的必备品质。学优生因为优点突出，经常受到教师的表扬，有的甚至当成炫耀自己的工具，这样就走向另一个极端了。因此，要把握好表扬学优生的限度，实事求是，这样才能引导他们正确地认识自己，才能使他们认识到"优秀"和"一般"只是相对而言，一个人要想不断取得进步，就应该取他人之长，补自己之短。

　　教师要把握公平的原则，用发展的眼光看待学优生，要着眼学优生的未来。平等是教师首倡的原则。在教育实践中，教师不能把眼光只盯在一个或几个学优生身上，否则不仅会使其他多数学生产生不满，遏制他们的创新精神，使其产生"反正我不行，连老师都不相信我"的消极思想，同时也会增加学优生的负担和高傲心理。如果我们善于运用公平原则，把自己的爱心、耐心、诚心、热望与期待同样地给予每一个学生，他们都会取得优秀成绩。只有用发展的眼光看待学优生，才能使学优生更加优秀，激发出学优生们更多的创新潜能。

　　教师要把握批评的度，培养学优生的耐挫力。爱迪生曾说："伟大人物最明显的标志，就是他坚强的意志，不管环境变到何种地步，他的初衷与希望仍不会有丝毫的改变而终于克服障碍，以达到期望的目的。"无数成功的事实均证实：一个创新人才必须具备承受挫折的能力。而我们的学优生因受晕轮效应的影响，过多地接受赞誉与掌声，便会产生"谁都不如我"，唯我独尊的优越感。久而久之，骄傲心便自然出现，处处显示出与众不同的姿态和神情，出现经受不了批评、耐挫力差等弱点。这种高傲心理不仅不利于学优生良好心理品质的发展，同时也限制了其创新潜能的发挥。教师要敏锐地发现他们身上的缺点，艺术地运用批评，比如，不点名批评、个别谈话、暗示等方法，及时指出他们存在的问题，从而使他们不仅明白了自己的症结所在，还能很好地锻炼他们对批评的承受能力，培养他们对挫折的耐受力。

　　教师要把握期望值，全面提高自身素质。学优生学习处于拔尖的特殊位置，有发展前途，所以教师和家长都对他们寄予了较高的期望，他们也感受到了这种期望，觉得无论如何不能辜负这种期望，从而更加小心谨慎、生怕出错，不敢放松自己，心理自由度较低。这样，一个个循规蹈矩同时又潜伏着心理问题的"优生"便出现了。教师的期望固然是一种动力，但期望值过高，没有限度，就会使这些学优生背上沉重的心理包袱，形成心理疲劳，损害其身体健康。教师必须反思，如何改变对学优生的传统观念，适度降低对学生的要求与期望，消除这些学生的心理问题。对那些无损于其人格和健康成长的缺点与不足，尽可能将其"最小化"并淡然处之，在严格要求中适当降低期望，并给予关爱和鼓励，引导这些学优生从过重的压力下走出来，全面提高自身素质，把自己塑造成一个智力良好、身心健康、品质优秀、具有创新精神的人才。

另外，对于学有余力的部分同学，要让他们参加一些课外活动和信息技术教育、劳动技术教育等实践课，培养其动手能力与实践能力。教师要多给他们推荐一些优秀书籍，激发其创造兴趣，培养高尚情操，让知识的甘泉来净化他们的心灵。对少数学习成绩突出的学生，要让他们多参加一些社会实践活动，让其多接触社会、了解社会，培养其交往、创造能力，充实其内心世界，逐渐消除虚荣心，使其真正理解人生的价值。学校还要多与家长沟通，引导家长不要骄纵宠爱孩子，教育家长培养孩子爱劳动的生活习惯，让他们学会生活、学会做事，克服他们的享乐主义的人生观。

总之，对学优生既要表扬和肯定他们的优点，又要注意在表扬频率上和力度上有限度，不能滥用溢美之词。对待他们身上的缺点和错误也不能无限地宽容，不能把宽容变成纵容。既要鼓励他们认真努力学习，又要注重提高他们的品德修养，使之德才兼备，成为德、智、体、美、劳全面发展的真正的优生。

对待后进生要大度

所谓大度，就是大气，是指待人接物心胸宽阔，不斤斤计较，不小肚鸡肠。它体现的是人的气质，是一个人的人格或行为特征，规定着人的心理活动，对人的行为起着积极的作用。

所谓后进生，一般是指那些学习差、行为习惯差的学生。这些后进生不仅不能给教师带来名利，往往还会给教师带来麻烦。这就需要教师对他们大气，多一份关爱和耐心，不嫌弃、不抛弃他们。

"大度"相对"小气"而言，是个体的处世态度和胸襟。教师的大度是教师智慧、人格、教育理念的重要体现，表现为教师能容忍学生的过错，能容忍学生的"不敬"。教师要"大肚能容，容天下难容之事"，更何况学生的种种过失，无论如何都算不上"天下难容之事"。

马卡连柯说过："教师应该充满着对每一个他要与之打交道的具体孩子的爱，尽管这个孩子的品质已非常败坏，尽管他可能会给教师带来很多不愉快的事情。"教师对不同类型的学生始终要满怀爱心，充满希望，这既体现了教师高尚的职业道德，也正是教师大度的表现。

● 如何了解后进生

做好后进生的转化工作，不让一个学生掉队，是教师的一项不可忽视的艰巨任务，也是素质教育的要求。对后进生这个特殊群体，教师必须有大度的胸襟，认真地去了解他们，让他们感受到来自教师的尊重和平等相待，而不是歧视的眼光，让他们沐浴在阳光雨露中。只有这样，他们才有转化的机会和动力，才会转化成功。

后进生的成因很复杂，一般来说有家庭、社会、学校、个人方面的原因。

1. 家庭不良环境的影响。家庭是学生的第一所学校，家长是学生的第一任教师，但有的家长自己尚不成熟，甚至还没有做好为人父为人母的准备，自身有不良嗜好，或思想消极落后，言谈粗俗。在这样长期的零距离接触中，学生不可能不受负面影响。有的家长与子女相处凭着自己的情绪，要么溺爱，百依百顺；要么专制、苛求，简单粗暴，缺少情感交流沟通；要么放任自流，不加教育约束，这样学生就会养成一些不良习惯和品性。另外，有的家庭变故也是造成学生落后的原因。

2. 社会上不良因素的影响。随着信息传播的便利和快捷，社会对学生的影响愈来愈大，特别是对中学以上的学生的影响更大。有调查发现，目前对中学生影响最直接、诱惑力最大的社会不良因素主要有：（1）社会上的某些不正之风和腐败现象，（2）社会上不法分子或流氓团伙的诱骗、腐蚀和教唆；（3）新的"读书无用论"和"体脑倒挂"现象；（5）网络上的不良信息。这些会波及校园，影响了学生的健康成长，而后进生的心理防线本来就不够稳固，极易为不良诱因所引起的欲望所驱使，一旦难以自拔，就会导致品行不佳、成绩滑坡。

3. 学校教育的失误或失败。学校在办学指导思想上存在着一些问题，目前，应试教育还大有市场，大行其道，学校部分教师重功利看分数，轻素质能力；重智育重教书，轻育人做人；重言传重宣传，少身教示范。有的学校还采取分班制度，人为地把先进生和后进生分开；有的教师在生活中偏袒优秀生，冷落歧视后进生；有的在教学中"一刀切""齐步走"，使一些"慢半拍"的学生跟不上而沦为后进生。

4. 学生个人的主观原因。有的学生缺乏强烈的知识需求和进取心；有的学生对读书缺乏兴趣，热衷于游戏机、交朋友或逛街；有的学生道德观念和是非观念模糊，把顶撞教师、违反纪律看成勇敢，把互相包庇、彼此护短等同义气，把尊敬师长、团结同学视为巴结，把反映情况、汇报纪律称为告状，把捐款捐物、助人解难说成傻瓜等，影响了自身的学习和健康成长。

后进生就是某些方面相对滞后的学生。通常情况下，突出表现为品行和学业成绩相对滞后，但按照素质教育的标准，不应局限于品行和学业成绩这两个方面来评判。后进生在班级里的表现有共性也有个性，主要表现在以下几方面。

1. 有逆反心理。这些学生往往从小就受到专断式的教育。学生从小得不到家长的呵护，稍有错误就受到家长的训斥打骂，久而久之，产生了强烈的逆反心理，你越说，他越烦；你越打，他越硬，导致父母与孩子之间没有交流，不能正常沟通。对这样的学生教师若没有足够的关心，就可能使他们产生抵触情绪，以致仇视父母，与教师作对，甚至在同学身上寻找报复的机会。

2. 有的自由散漫。有的学生由于家庭破裂，家长对学生缺乏应有的教育，听之任之，养成了他们自由散漫的个性。这些学生缺乏纪律观念，迟到、早退的事也时有发生，自己感兴趣的课就听听，不感兴趣的课就不听或干脆一走了之。因为得不到父母的重视，他们可能厌恶自己的家庭，到处游荡，行为散漫。

3. 有的性格孤僻冷漠。这些学生由于受到离异父母的冷落，或从小受到外界过多的批评和指责，或受到不公平的对待，缺少爱的滋润和师长的关怀，总觉得自己不如别人，自卑感强，渐渐在心理上建立起情感的屏障。不善交流，喜欢独处，自我欣赏，久而久之，就形成自我中心，对集体和他人的事漠不关心，麻木不仁，班集体的任何活动都不想参与，集体荣誉也似乎与他毫不相干。

4. 有的意志薄弱。这些学生往往由于父母对其过分不放心，什么事都包办代替。由于受到的控制过多，学生的身心得不到应有的锻炼，因此自制力差，做事也没有自觉的行动目标，遇到困难不是软弱退缩，就是随波逐流，而不是自己想办法去战胜困难。

5. 有的得过且过。这些学生一般来说都没有什么理想，因为他们无论是在别人的眼里还是在自己的眼里都是"后进"的，于是"做一天和尚撞一天钟"，得过且过，甚至破罐子破摔。

教师面对后进生，不能歧视和打击，不能戴着有色眼镜看他们，而是要尊重他们，引导他们分析后进的原因，找出可能进步的有利条件和闪光点，帮助他们制订出学习上和纪律上的近期目标与远景规划，使他们懂得"天生我才必有用"，树立起他们的自信心。教师对待后进生一定要有耐心，尤其是对有严重心理缺陷或单亲家庭环境成长的后进生，更是要倍加关心、爱护，鼓励他们多参与集体活动，让他们在班集体这个大家庭中感受到温暖，在接受爱的过程中学会爱别人，进而扭转自己的抵触情绪，改变对外部世界的态度，拥有克服困难的勇气，培养起乐观向上的生活和学习心态。

● 转化后进生要有境界

后进生在各个学校、班级都客观存在，在班级中为数不多，但他们有的能量不小，破坏性很强，有可能成为班级发展的影响因素，常常妨碍班级各项工作和活动的顺利开展。转化后进生需要教师的大度，体现出教师的情怀，没有境界的教师很难做好这项工作。

第一，要认识和了解后进生。后进生并非生下来就落后，他们最初也同其他学生一样，有一颗天真无邪的心，有自己美好的愿望，惹人喜爱。即使成了后进生，他们身上也不乏改正缺点、追求上进的要求和决心，也有其长处和闪光点。

第二，要明白转化后进生的意义。做好后进生的转化工作，对后进生自身的成长、对班集体的成长和发展都有重要意义。对于某位后进生来说，教师通过自己的努力转化了他，那么这位教师当之无愧地成为他生命中的贵人。转化后进生是对国家和社会都有积极意义的好事。

第三，要热爱后进生。热爱学生是教育转化后进生的感情基础。教师教育后进生要以情入手，以自己亲切、和善的师者风范感染、激励学生，架起师生间友谊的桥梁。对待特殊的后进生更要加大情感的浓度，因为情感可以调动学生接受正确教育的积极性和主动性，可加速学生头脑中两种对立思想品质的矛盾和斗争。后进生在多数人眼中是问题学生，得不到应有的尊重和理解，这会使他们产生一种畸形心理，不自觉地抵抗外来的意见。转化后进生要以尊重和信任为前提，以爱为转化的力量源泉。因此，教师必须把感情投入作为突破口，有爱心，有耐心，有诚心，有信心，切忌随随便便，唠唠叨叨，克服晕轮效应误差。

第四，要对后进生平等相待。教师要精心营造一种平等、民主、和谐、友爱的氛围，让后进生能够感受到集体的温暖，感受到自己在班上有一席之地。教师要经常设身处地地为后进生考虑、解决问题，让他们体会到来自教师的关爱。这样，他们也才会时时为教师着想。平常安排座位、课堂提问、班级活动都要让后进生体会到公平、公正、一视同仁。对父母离异的学生，要经常与他们交谈，解开他们思想中的困惑，把家庭不正常带给孩子的心理障碍尽量化解。对屡教不改的，要寓爱于严，严中有爱。平等相待是成功转化后进生的关键。

第五，要对后进生有耐心。后进生的转化是一件十分细致而艰巨的工作，绝非一朝一夕的事，不要简单地认为通过一次谈心他们就能彻底改好，就能立竿见影。意志薄弱、自控力差、行为极易反复是后进生的特点。由于长期得不到应有的尊重，一旦有人有意无意地触及他们的痛处，便会旧病复发，甚至变本加厉，此时如果教师认为"孺子不可教也"而撒手不管，那他们则会破罐破摔，终至一发不可收拾，所以，转化后进生除了有良好的愿望和有效的方法之外，还要正确认识后进生转化的过程，认清后进生转化过程中的反复点，正确对待、耐心等待。

总之，做好后进生工作有难度，甚至是一项艰巨的工作。这就需要教师有大度的胸怀，有崇高的境界。

● 转化后进生要有高超的教育艺术

后进生不仅是个别人，还可能是一部分人。教师面对这样的学生或群体，是不能歧视和打击的，而是要引导他们分析后进的原因。转化后进生需要教师有高度的责任意识和高超的教育艺术。

1. 强化"做人"的教育。赫尔巴特认为："教育的唯一工作和全部工作，可以总结在德育这一概念之中，德育普遍地被认为是人类的最高目的，因而也是教育的最高目的。"我国中小学生全面发展包含德育、智育、体育、美育和劳动技术教育五方面的内容，其中德育摆在首位。这是因为，德育不仅能拨正学生人生的航向，而且是能鼓舞学生前进的风帆。不懂得做人的道理、缺乏理想是后进生的共同特征。他们的行为带有极大的盲目性，其根源就在此。因此，教师必须把"做人"的教育贯彻于后进生教育的始终，并且强化"做人"的教育。

2. 教师教育后进生要以理服人。成为后进生并不是一朝一夕之事，他们是在长期学习、生活过程中养成了不良习惯。他们也不会轻易接受教师的教育，因此在教育的过程中一定要坚持实事求是、有的放矢的原则，要严格要求。比如，讲做人的道理，要结合《中学生的文明行为准则》和《日常行为规范》讲清目标，让他们每时每刻都清楚哪些该做，哪些不该做。针对他们对父母、教师、同学不尊重的表现，有意识地宣讲感恩、宽容、友爱等故事。针对他们缺乏理想、缺乏自律精神的特点，引导他们读好一本传记，牢记一个伟人或者以班上或周围先进人物为榜样，在后进生心灵里树立起人生的路标。

和后进生谈心是教师工作的主要方式。与优生相比，后进生的自尊心更强，教师谈心时应特别注意。因为后进生学习不好或纪律差，长期受冷落、歧视，他们一般都很心虚，对外界极敏感，心灵总有一堵厚厚的墙，但在内心深处仍渴望得到别人的理解、谅解和信任。一般可以先拉家常，谈谈自己的过去，不论成功还是失败，甚至有时还抖抖"丑事"，缩小心灵间的距离，在这个过程中应做到心平气和，以诚对待。

教师的诚心还应表现在对学生自我教育能力的发掘和肯定上。以诚心赢得他们的信任是成功教育后进生的保证。

总之，后进生教育必须强化理想教育、道德教育，让他们对事物的是非、善恶、美丑有正确的认识与评价，树立正确的人生观、价值观，净化心灵，从而从根本上转变他们。

3. 教师帮助后进生要因势利导。首先，认真观察，利用教育契机。后进生之所以被称为"后进生"，是因为他们身上存在许多缺点，而他们往往毫不在意，但不要认为他们只是铁板一块，不可救药。要用发展的观点来看待，他们身上有一些不被人注意的闪光点，教师在管理中要注意发现他们的优点，找准入手的角度，选择适当时机，才能取得谈话的最佳效果，以便获取开启他们的心灵、矫正他们行为的金钥匙。

教师要注意发掘他们的闪光点，与他们建立感情上的联系，进而将谈话作为推动他们转化的良好开端。谈话时师生感情融洽，学生就有积极参加谈话的意愿，就能敞开心扉，接受教师的教育。

一般来说，学生的情绪、态度、行为在犯事前都有一定的异常。教师平时应对学生加以留心，敏锐地观察学生的各种变化。发现异常应及时与其谈话，妥善处理，把各种危险因素消灭在萌芽状态，以防止意外事情发生。

学生有伤病时，教师若及时发现并去探望，一定会在学生心中留下深刻的印象。教师的关爱会激发学生感激之情，增进师生感情。如果生病的学生是一位后进生，教师就可以把握谈话时机，以情激情，委婉地对其提出要求。这样，学生会在感激中有所觉悟，并暗自下决心，主动争取进步。

学生在生活、学习、家庭等方面遇到困难、意外或遭人歧视时，教师如果能及时找学生谈话，了解情况，帮助解决困难，哪怕是帮助做一件事，学生都会感激不已，甚至终生难忘。抓住这一时机，引导他们正确对待困难，战胜挫折，就能促进学生健康成长。

其次，遵循制度，掌握奖惩的尺度。奖励和惩罚是教师在教育活动中管理学生的必要和有效的手段，也是转化后进生的有效手段，但在对后进生实施奖惩时一定要掌握好尺度，过多的奖励和惩罚对后进生的转化都是不利的。一般来讲，后进生违纪行为较多，因此受惩罚的次数也比较多，但过多的惩罚会使学生产生恐惧心理，导致为逃避惩罚而学会说谎、欺骗，以此来保护自己，在行为上形成当面一套背后一套，养成虚伪的不良性格。或者使学生产生对抗心理，导致师生关系的对立，这些对转化后进生都是不利的。还有一些教师为了转化后进生，他们有一点点好的表现就一味地表扬，而对他们的违纪行为置之不理，这同样也不利于后进生的转化。当然这并不是说对后进生的奖惩都是不利的，关键在于掌握尺度。

最后，要激发后进生的学习兴趣。后进生表现为对学习缺乏兴趣，不愿动脑，害怕困难，会产生厌学情绪，以致做出违纪的事。教师应最大限度地激发学生的学习兴趣，帮助他们养成良好的学习习惯。一是制订切实可行的奋斗目标，对他们提出难度低一点、"跳一跳就能摘到果子"的问题，使他们也能体会到战胜困难获得成功的喜悦。二是要丰富他们的精神生活。要经常组织他们阅读课外优秀读物，培养读书的兴趣，组织他们参加有益的兴趣活动，使后进生在活动中能发挥自己的特长，体验自身的价值。这时，教师再不失时机地加以引导，可以调动他们学习的内在动力。三是要常抓不懈。后进生学习底子薄，学习成绩非一朝一夕就能提高，而其身上的毛病会时常重犯，这就要求我们必须持之以恒，花大功夫。只有不折不扣地付出，才会有显著的成效。如果对其忽冷忽热，将会事倍功半。

4. 要加强家校联系，与家长齐抓共管。学生与家长有着血缘、衣食、生活习惯等方面的亲密关系，家长作为学生的第一任教师，对学生的一生起着非常重要的作用。作为一名教育工作者，要想对后进生进行有效的、有的放矢的教育，就必须了解学生的家庭情况和家长的思想观念。要根据学生的家庭情况，依靠家长的帮助来转化后进生，这就要求教师要经常与家长联系，随时了解学生在家中的情况和思想动态，根据学生个性，依靠家长的帮助，双管齐下，力争转化后进生。另外，让家长了解教师的为人，工作态度，相信教师做的一切都是为了他的子女，从而支持教师的工作。

5. 要利用好科任教师与班集体的力量。各方面教育要求协调一致，并持之以恒，多管齐下，能构建教育转化后进生的良好环境，形成强大的教育力量。教书育人是一项集体的事业，只有教育者形成共识，统一步调，统一行动，形成合力，才能使受教育者转变思想。后进生的教育更是如此。

后进生并非智商低下，他们特别善于抓住不同教师的不同要求，进行违纪活动。因此，只有科任教师精诚团结，对学生的教育要统一认识，统一要求，统一步调，统一做法，这样才能达到教书育人的目的。

后进生学习、生活在集体环境里，他们必须融入班集体之中，同班集体一起前进。一个团结友爱、奋发向上的班集体，既是后进生矫正不良道德品质的熔炉，又是后进生实现转化、进步的摇篮。教师在教育和转化后进生中起主导作用，但一个人的能量总是有限的，必须树立良好的班风，发挥集体的力量，使后进生身处一个团结友爱、融洽和谐的环境之中。为此，教师可向全班提出"不让一个伙伴掉队是全班同学的共同责任"，并在班里开展各种活动：①互帮互学的"一帮一"活动。安排成绩优秀的同学与后进生同桌，提醒、督促后进生遵守纪律，专心听课，课余当"小教师"辅导学习，帮助改进学习方法。②丰富多彩的课外活动。如做好事，朗读、讲故事比赛，知识竞赛，硬笔字比赛和游戏抢答等，使后进生融进欢乐愉快的集体生活之中，并为他们提供展示自我、表现才能的机会和舞台。③组织参观访问活动。如组织学生到烈士陵园扫墓，参观当地名胜古迹，访问先进模范人物，使他们开阔眼界，愉快身心，培养热爱祖国的感情，激发学好知识建设祖国的志向。④争当"文明学生""进步生"等活动，在班中弘扬了正气，抑制了歪风，形成了比先进、学先进、争先进的良好班风。通过各种活动的开展，使后进生感到班集体的温暖，逐渐消除了自卑心理，克服孤僻性格，振作精神，树立起同班集体一起进步的自信心。

6. 教师自身要有人格魅力和教学能力。教师为人师表，率先垂范，尊重学生，以德感人，避免体罚或"语言暴力"，使学生从师生交往中产生善良与高贵的感情。榜样的力量是无穷的，有人说："教师是学生的样子，学生是教师的影子。"确实如此，具有崇高人格和高尚情操的教师永远是学生心灵中的榜样，是学生人生道路上前进的路标。同时，教师还必须有较高的教学水平。学生的主要任务是学习，教师的责任是教书育人。教学水平较高的教师最能在学生心中树立威信，因此，教师首先应让学生喜欢你的课。如果一个教师连起码的教学质量都不能保证，那么他其他方面无论怎样优秀，也始终不能成为学生心中的好教师。

上好课，严格要求，处处做学生的表率，用教师的人格力量与教学能力去碰击学生的心灵，学生的心灵自然会迸发出璀璨的火花。这是教好学生的关键，更是教育好后进生的关键。

7. 教师要注意自控和节奏。由于家庭、社会等方面的影响，后进生的心理承受能力和自控力极低，他们一旦被激怒就难以控制自己的行为且不顾后果。加上长期以来他们一直不是教师心中的好学生，对部分教师有着强烈的逆反情绪。因此，在教育他们的过程中，学生不礼貌的行为时有发生，教师一定要善于控制自己的感情，绝不可因为损害了自己的尊严而大发脾气，将矛盾激化，导致不可收拾的局面。切忌感情冲动，言辞偏激，简单粗暴，采取随便扣帽子等不尊重学生的行为。教育后进生还是冷处理好，等他们平静之后再开导他们，收效会更好。注意这种一时的"忍让"，绝不是迁就姑息，而是以退为进。他们故意顶撞激怒教师，教师千万要克制自己，应该语气是温和的，态度是坚决的。

对后进生的教育不是一两天或一两次就能解决的，需要长时间的及时跟进，不能指望"一口吃成胖子"。学生良好行为习惯的养成，需要一个认识和适应的过程，会有反复的现象，不能一蹴而就。教师必须有打持久战、打拉锯战的准备，要耐心细致地反复抓，这就要求教师必须具有较强的感情控制能力。后进生的教育是长期的战略任务，要掌握教育"慢"艺术的特点，注意工作的节奏。

师生交往要有尺度

尺度是指处事或看待事物的标准。教师只有掌握好这个标准，才可能完成好任务、达成心愿，获得事业的成功；才能有利于身心健康，有利于培养美好的思想品性。师生交往是鲜活的生命与生命之间的交往，不同的情境、不同的师生，交往的尺度往往是不一样的。教师要把握好师生交往的尺度，要形成师生之间和谐、融洽的关系，但不要"过度"亲密。教师在交往中必须要理性而不冷淡、感性而不情绪化、宽容而不纵容、严格而不严厉地与学生相处。只有建立和谐的师生关系，才能更好地调动学生的积极性，充分发挥学生的创造性，才有利于师生在教育活动中共同合作，为实现教育目标共同努力。

良好的师生交往要求教师以真正平等的态度对待学生，真正体会到学生作为独立个体发展的需要，体会到学生作为主体的独特个性，并且尊重和信任他们。

"学习长知识，交往长见识"，教师要意识到，在提倡立德树人的今天，良好的师生交往不仅有利于提高学生成绩，还有利于引导学生学会做人。

● 走进师生交往

交往是教育实践活动中一个不断被提起的话题，一个绝不能忽视的问题，涵盖了教育的方法、过程、内容和目的，而师生关系则是交往活动中不可缺少的核心部分。从一定的意义上说，师生交往的效果直接影响着师生关系的质量，影响着教育效果，影响着教和学的效度，影响着师生各自的发展。

哈贝马斯认为交往具有四层含义：一、交往行为是两个以上主体之间产生的涉及人与人关系的行为；二、以符号或语言为媒介；三、它必须以社会规范来作为自己的准则；四、交往的主要形式是对话，通过对话达到人们之间的相互理解与一致。

师生关系具有几个突出的特点。

其一，它是人文追求的过程。师生关系一方面要通过沟通而相互理解，建立起和谐、融洽的师生关系；另一方面则要促进教师和学生的社会化和个性化的实现，这决定了师生关系的平等化、民主化和人性化。

其二，它也是精神相遇的过程。师生在精神上的相遇将弥散于教育生活中，制约着师生的活动空间和心理空间，并在师生的生命中绵延，而教育中不同生命个体相互的作用，又在理解中促进个体更好地发展，它决定了师生生命发展的可能性、体验性和价值性。

其三，它还是动态生成的过程。师生关系表现出对生活世界的积极观照，这既意味着对师生生活体验的尊重，也反映出对师生社会适应性发展的关注，它决定了教育活动中师生视界的透明性、开放性与包容性。

但是，在现实中，师生交往出现了异化的现象，出现了一些问题，要么缺失，要么偏离，自然影响到师生关系。主要表现为以下几方面。

第一，师生个体的交往减少。由于教师肩负着繁重的教学任务，又面临着进修提升的巨大压力，使得教师常常出现向内关注自我较多，向外关注学生较少；面向全班学生较多，面向个别学生较少的状况。这恰恰是对少数学生的放弃和漠视，不仅会造成学生成长中的失落感和寂寞感，而且会使师生的心灵产生隔膜和距离，使"面向每一个学生"的教育理念流于口号。

第二，师生非正式的交往减少，正式的交往增加。师生之间在课外、校外的非正式交往是融洽师生感情的有效途径，它是较亲密的、平等的、带有个体指向性的、充满人文关怀的。但是，现实的师生交往以教育教学活动为主，它是规范的，程序化的，教师往往带有居高临下的姿态。随着升学竞争的加剧，学生的课余时间逐渐被挤占，原来就不多的师生之间非正式的交往不断被正式的交往所代替。这不仅加重了学生的学业负担和心理负担，也强化了学生的服从意识。

师生交往出现的缺失和偏离不是偶然的，它既有深刻的社会根源和文化根源，也受教师自身认识、素质等各方面的影响。

从教师对教育的看法而言，以升学为唯一目的的陈旧而落后的教育观，是导致师生关系出现偏差的重要原因。一方面，若教师以升学为自己从事教学活动的主要甚至全部目的，并以此要求学生，就会把学生引向一个狭小而封闭的死胡同，在这种观念指导下的师生关系必然会脱离教育的本义，使本该充满人性精神的师生关系染上强烈的功利色彩；另一方面，若教师以知识传授作为自己从事教育教学活动的内容，并以知识的记诵为考核学生的标准，就会把鲜活而丰富的教学内容分割成毫无情感的知识点，在这种观念指导下的师生关系必然会陷入超理性的生态中，使师生关系处于冷冰冰的知识体系的包围之中，处于我教你学的单向支配中，缺失了生命的观照和悦纳，缺少了尊重民主和平等，从而背离了教育的初衷。

随着教育改革的深入，"从强调基础知识到重视智力开发与能力培养再到重视创造力、个性和主体性"的观念不断深化，教师要深刻地意识到学生主体性的确立和弘扬离开了交往就难以成为可能。

首先，良好的师生交往源于师生的精神需要，特别是学生个性发展的需要，它的意义不仅在于促进认知，更在于引导学生发现自我、展示自我、发展自我，使学生逐步获得个人的完整性和全面发展。

其次，良好的师生交往是一个有目的的相互了解、相互作用的过程，它有助于师生之间沟通、协调、达成共识，联合起来去克服生活、心理和学习上的困难，共同分享和体会人生的幸福与欢乐，从而促进学生健康人格的形成。

再次，由于教师在常识和人格方面闻道在先，在师生交往中会对学生产生深刻而持久的影响，可以激励学生不断提高自己。

对师生交往的强调，意味着不仅重视学生的学习结果，更重视学生的学习过程；意味着对学生个体体验的珍视和对学生生活世界的积极观照。这样，师生关系与教育活动相互渗透，相互作用，师生在教育与交往的相互作用中表现出自己的才学和人格。师生交往和教育活动共同促进学生的全面发展。

● 把握师生交往中的几点

建立和谐、融洽的师生关系，有利于教师开展工作，也有利于学生接受教育，规范行为，激发学习兴趣。如果没有把握好师生关系之间的尺度，不仅不能构建良好的师生关系，还可能有相反的作用。现实中，有的教师受传统教育思想的影响，还秉持着师道尊严的理念；有的教师受应试教育和功利主义的左右，考试成绩、升学率成为师生关系中最宽的纽带；有的教师带着偏见看待学生，交往中亲近学优生，疏远学困生。同时，也有教师认为师生在交往中应该是平等、民主，于是，出现了与学生亲密无间，不分场合，没有长幼的现象。

把好师生关系是教师教育艺术的一部分，如何把好师生交往的尺度是构建师生关系的核心。

（1）教师要把握好师生之间交往的距离。距离产生美。教师应该让学生逐渐认同教师的朋友身份，而不是先和学生打成一片，再去让学生接受教师的身份。一方面，教师可以适当减少与学生接触的机会，与学生保持适当的距离。在这种情况下，学生不会疏远教师，反而会想着接近教师，因为在学生的心目中，教师应该与一般人不一样。另一方面，因为教师与学生拉开了距离，在不经意间发现他们身上的闪光点，更能给人带来惊喜。教师要学会用放大镜去寻找学生的闪光点，用显微镜去寻找学生的进步。

（2）教师要把握好自身的权威性。教育工作的特殊性，决定了教师应该具有的权威性。在教与学活动中，师生各自的任务取向是不一样的，使得师生之间的关系构成是不对等的。由于教师的角色地位、知识、年龄、心理、社会阅历等方面的特点，决定了教师在教育中的主导地位，这样才能维护好班集体的教育秩序，保证授业、传道、解惑的顺利进行。任何试图取消教师权威的做法都将损害教育的有效性。当然，师生之间同样存在任务取向上的一致性，需要通过合作，在师生之间寻找到权威与平等的汇集点、平衡点，才能使教育更有实效。

（3）教师既要做好言传，还要做好身教。没有"身教"，"言传"就显得苍白无力。"身教"既可以增加"言教"的可信性和感染力，而且还能像春雨润物一样起着细微的、不易觉察的、潜移默化的作用。孔子说："其身正，不令而行；其身不正，虽令不从。""言传"是"身教"的基本方式，"身教"是"言传"的有效手段。教师要言而有信，言而有度。言必信，行必果。只有这样才能在学生心中树立良好的形象，建立起威信。

（4）教师关爱学生是构建师生关系的法宝。关爱是师生沟通的桥梁，是建立和谐师生关系的先行条件。只有教师心中有爱，才会对学生一视同仁，才会设身处地地为学生着想，也才能赢得学生情感的反馈。关爱每一个学生是教师的职业道德准则。教师对学生的关爱，表现在尊重学生人格，平等公正对待学生，对学生严慈相济，做学生的良师益友，保护学生安全，关心学生健康，维护学生权益。教师特别要注意就把微笑、鼓励与掌声多留给那些学习不好的、纪律差的、笨手笨脚的学生，其实他们内心很孤独、很失落、很自卑，与其他学生比，他们更需要教师的关爱。

（5）教师要设计和开展多种形式的活动。师生之间不仅仅是教与学的关系，还有情感关系。教师要清楚地认识到这一点，并在行动上主动加强与学生的交往，才能建立密切的师生关系。在与学生的交往中，教师应该有充分的情感投入，表现出自己真挚的情感，并用自己的真诚影响学生。当然，师生之间的交往总是带有一定的预设和意义。教师在教学中要善于设计富有意义的活动，从学生的视角来确定活动的内容、流程，在活动中投入真诚的情感和学生互动，使学生在教学场景中全情投入，乐此不疲。

（6）教师要尊重学生的思想和情感。学生是鲜活的生命，教育教学的过程总是伴随思想和情感交流沟通。师生关系应该遵循一般社会生活中的道德准则、法律规范，要尊重学生的人格、权利，做到教师与学生之间的民主、平等。师生交往中，教师要细心地呵护学生的情感，耐心地聆听学生的心声。学生难免会有各种各样的认识，教师要尊重学生的思想情感，个性特征，因势利导。学生也会犯错误，教师要小心修剪旁枝错节，让学生自觉地改正错误。对学生取得的成绩要欣赏和表扬。

（7）教师要做到公平公正，奖惩分明。对学生所犯错误，绝不能姑息；对学生的成绩和亮点该奖就要奖。教师对班级学生一定要做到一视同仁，公平公正。对于一个赏罚分明，处事公正的教师，学生会发自内心敬重。教师在运用奖罚教育时，要有艺术性，注意奖惩有度。

总之，师生关系应该和谐、亲密，但是师生交往也要有度。正常的师生关系应该是建立在民主、平等基础上的亲密而有度的交往，这对维持班级秩序的平衡发展，促进学生的更好发展有重要作用。师生关系紧张会伤害学生的自尊，影响他们个性发展和健全人格的养成。师生交往过于亲密，有时会影响学生的判断力，教师存在的错误价值判断更容易扭曲学生的价值观，影响他们对是非的判断能力；有时反而会影响教师的权威性，弱化学生的向师性。

● **师生交往的形式和方法**

　　师生交往是有规律可循的，是以一定的形式存在于教育实践之中的，教师要善于发现和利用。只要把握好交往的形式，才会有效地提升交往的质量。

　　课堂交往和课外交往要互补。课堂交往具有系统性、明确性和正规化的特点，它的重要性不言自明。在教学实践中存在重视课堂交往而轻视课外交往的现象。实际上，课外交往是课堂交往的必要补充，是促进师生交往，达成和谐、共进的广阔天地，它具有时空的不定性、内容的丰富性和途径的多样性等特点，其效果往往是课堂交往所不能替代的。比如，教师和学生一起进行体育运动、一起进行社会实践、一起进行科技制作、一起游戏、同台演出等，这些活动给学生的情感体验是课堂交往无法达到的。在教育现代化背景下，课外活动变得越来越重要，师生课外交往的机会越来越多，课外交往的作用越来越大，如何改变重课堂交往、轻课外交往的现象是我们必须思考的问题。

　　群体交往和个体交往要结合。教师一般比较重视与学生集体、组织的交往，即群体交往，而对师生间分散的个别交往即个体交往却重视不够。希望别人关注自己，是人的尊重需要的表现。通过个体交往，教师能够更好地了解学生的年龄、家庭、兴趣、爱好、特长、心理状态、个性特征等，可以使学生自尊的需要得到满足，从而对教师产生好感，有利于密切双方的关系。特别是面对现在学生心理问题比较多、心理健康教育日益重要的情况，加强个体交往对于开展有针对性的、深入细致的心理教育显得尤其重要。

　　角色交往和个性交往要配搭。教师角色与其他行业的人相比较有其特殊性，教师和学生是不同的社会角色，都具有一定的个性色彩，在"角色交往"的同时又带有"个性交往"的色彩。一般来说，前者重视传统规范、重视社会客观要求，后者突出个性特点，侧重于主观抒发，追求个性化。这对教师的角色意识提出了更高的要求。一些教师比较重视前者，而对后者重视不够。在现代社会中，学生交往的一个重要特点，就是对"角色交往"现状不满足，而更多地寻找既充满友谊又增加生活情趣的"个性交往"活动，以达到心理和精神上的平衡。这实际上是希望教师淡化角色，以个性特点参加交往，既要做好教师，又要做好长辈、朋友、学者。因此，教师应该尊重学生的心理特征，在不断完善角色交往的同时，还要重视和满足学生个性交往方面的合理愿望，加强个性交往，努力成为学生的良师益友，做到和而不同。这样不仅有利于形成和谐的师生关系，而且有利于了解、理解学生的内心世界，有利于为恰当处理人际关系做出指导。

态度交往和行为交往要主动。交往是在交往者双方之间进行的，因而需要双方都做出努力，师生之间的交往更是如此。在师生交往中，学生常常是喜欢主动亲近教师、与教师沟通的，但教师却常常因为工作中的种种问题，在有意和无意间忽略了与学生的沟通，长此下去，师生交往是很难发展的。所以说，教师必须重视与学生的主动交往，交往时要重视自身的态度表达和行为表现。比如，教师给学生耐心地指导作用，会引发学生对教师的尊敬、信任、服从。反之，教师对学生的攻击、拒绝、惩罚会引起学生的敌对情绪和拒绝、反抗等相应的行为。因此，教师在与学生交往时就必须明确自己应该和学生建立什么样的互动模式，期望学生对自己抱有什么样的态度和采取什么样的行为。教师只有首先对学生的态度和行为符合自己的愿望时，学生的态度和行为才会相应地改变。

"宽"的交往和"严"的交往要讲究。师生交往时，如果教师过于宽松、随意，甚至是迎合、讨好和无原则退让，会影响教师的权威性，必然导致学生的不尊重、不服从。反之，教师过于严厉、威严，让学生在交往时感到无所适从，见教师就像"老鼠见猫"，那么就没有和谐的师生交往。与学生交往要宽严适度，严而有爱。过了度，出了格，师生交往就会出现偏颇。一方面会使师生交往庸俗化，失去原则性，另一方面可能造成关系紧张，甚至对立。这两种偏颇都会导致教育的失败。教师只有掌握好宽严的程度，学生才会觉得教师严而可亲，敬而生畏，教师才能树立起威信。

综上所述，认识到师生交往在教育工作中的重要性，建立和谐的师生关系，是素质教育提出的要求，是作为现代教师必须努力做到的。师生交往是一门艺术。教育工作者要真正担负起学生心理的"保健医生"的职责，把握人际交往原则，就必须审时度势，察微知著，这样才能促进师生关系不断得到改善和加强，促进学生心理健康和全面发展。

● *课堂上的师生关系*

课堂是师生之间互相沟通、交流的地方。课堂上良好的师生关系是进行正常教学活动、提高教学效率的前提和保证，对师生双方良好品质的形成也起着重要的作用。教师要以此为阵地，创设和谐、民主、尊重、信任的课堂氛围，要以平等的心态看待学生，为满足学生发展的差异性创造良好的环境。

（1）要努力构建和谐的课堂气氛。和谐就是人和人之间的一种互相欣赏，互相信任，互相体贴。和谐融洽的师生关系就像化学反应中的催化剂，它能沟通教师和学生的心灵，学生会带着情感需要投入到学习活动中，成为他主动学习的一种内驱力。而教师也会在这种情感的作用下，产生出强烈的责任感、使命感和对学生强烈的爱。和谐的课堂教学环境能够促进师生间的互动、生生间的互动，提高课堂教学的实效性。师生间和谐、民主、自由、亲切的关系和轻松、愉快、活泼的气氛，有利于营造师生之间畅所欲言、各抒己见、相互交流、相互理解的气氛，有利于发展学生的智力，并使他们的非智力因素得到良好的发挥，帮助学生养成思维活跃、想象丰富、勇于探索、大胆质疑的良好习惯和科学精神。同时，只有当教师用欣赏、信任、体贴、尊重、呵护的态度对待学生时，学生才能逐步学会尊重自己、尊重他人、关爱动物、关爱植物、热爱大自然。

（2）要充分尊重学生的主体地位。学生是学习的主体，学习是一种内化过程，在这一过程中，需要学生发挥主体作用，以达到将知识解析、重组和建构的目标。学生的主体地位集中体现为学生的独立性、主动性和创造性。在教学中，教师要充分尊重学生的主体地位，建立和谐、民主、平等的师生关系，培养具有独立人格和开拓、创新精神的时代新人。也只有尊重学生的主体地位，才能给学生提供一个充分发展个性、发展特长的大环境，使学生积极参与到科学教学活动中，让学生学会、会学，使每一个学生的潜能得到发展。

（3）要充分发挥教师的主导作用。在充分尊重学生主体地位的同时，也必须发挥教师的主导作用，这二者是相辅相成的。发挥教师的主导作用，就是成为学生学习的组织者、协调者、参与者，学生学习过程的服务者、评价者、指导者。这就要求教师尊重学生，关爱学生，关注学生的个性发展。对学生的不良习惯不能视而不见、姑息迁就，对学生的错误行为要耐心帮助，督促改正。在具体课堂教学过程中，教师要从学生实际出发，制订恰当的教学目标，灵活处理教材，充分调动学生学习的积极性。在学生学习过程中，要给予学生必要的帮助，调整教学方式、快慢等满足学生的学习需求。只有正确处理好教师主导与学生主体的关系，充分发挥教师的主导作用，才能做到教学相长。

（4）要着眼学生核心素养的提高。在教学中要遵循整体性原则，不能片面地看待一时一事，而应从长远的角度、教育的角度出发，重视学生的全面发展，培养学生良好的行为习惯。教师要认识到教育是慢的艺术，学生需要循循善诱，同时，要多给学生一些理解、希望、微笑，多给学生一些锻炼的机会，努力挖掘学生潜能，力争让他们的个性得到张扬，素养得到全面提高。

（5）不但要教书还要育人。教书与育人是不可分割的统一整体，它们之间互相渗透，互相促进。学校的一切活动都是为了教学生学会做人、学会生存、学会生活。所以，教师必须坚持对学生进行情感、态度、价值观的教育，以教育为手段，以育人为目的，落实好立德树人。要达成这样的教育目的，就必须构建优质的师生关系。

与家长交往要站好角度

教师与家长的沟通交往也是一门艺术，是一种超越知识的智慧。作为成人，双方的交往带有社会交往的性质，同时伴随着师生交往和教师教育的延伸。教师与家长有着共同的目的和情感沟通的基础，但有时会因为在某些方面意见不统一而产生矛盾甚至对立。

教师在做学生工作时，往往需要家长配合，有时需要教育的还有家长。教师要结合实际情况，采取灵活多样的方式，使双方在沟通过程中达成共识，互相配合，共同做好学生的教育工作。

教师在与家长交往时要站好角度，不能交往过深、过多，要守住教师职业的底线，不能逾越师德。当然教师与家长不能不交往，不能对家长不理不睬或冷漠相待。要转变教育观念，正确认识师道尊严，增强服务意识。

教师和家长的交往应该建立在平等的基础上，只有平等才有交往的可能，只有平等双方才不会落入误区，造成推诿、渎职的情况。

教师与家长交往要有谈话的艺术，要机智灵活，真诚耐心，热情友善，要经常换位思考。如果教师能换个位置，站在家长的立场上，设身处地地考虑学生的教育问题，与家长的交流就能变得更加协调，更能使家长与学校的教育拧成一股绳。

● 与家长沟通的路径

家庭是学生的第一所学校，父母是孩子的第一任教师，家庭教育是学生的启蒙教育，起着决定终生的作用。

教师在了解学生与家长情况的同时，还要学会用科学的、有效的方式与家长沟通。教师与家长沟通的渠道有许多，每种沟通方式都有利有弊，教师要根据不同的情况采取不同的方法，力争让家长和教师形成共识。教师如果赢得了家长的理解和支持，教育工作会收到事半功倍的效果。

家访是沟通的主要渠道。一般家访的形式有以下几种。

（1）电话家访询问。反映学生的进步，询问学生未按时到校的原因，是否回家，或者问候生病在家的学生等，教师可以采用给家长打电话、发短信的方式，既便捷又易于维系情感。但是通话时看不到对方的表情，所有的感觉、印象都来自电话中的声音，不论家长的语气、言语如何，教师都要懂得控制自己的情绪。称赞肯定时，语气要坚定，诉说孩子问题时，语气要婉转。电话既方便又普遍，是很好的沟通媒介，在教师的运用下，那一条线会成为拉近距离、凝聚力量的"情感专线"。要提醒大家的是家长的电话号码有时会改动，要定期统计家长电话变更情况，保持联络畅通。

（2）直接家访。直接家访是教师与家长进行沟通的传统模式，在通信手段极其丰富的今天，这种古老的方式逐渐被淡化。但是，对个别学生（特别是对一些自卑心理强、不愿与人交流的学生）来说却有独特的作用。教师、家长、学生三者共处一室，促膝谈心，拉近了彼此的心理距离，有利于交换意见，也有助于达成共识，商量解决问题的办法。教师上门家访，让学生感受到教师的关注和重视，这对学生是个激励，对家长也能产生触动，容易形成教育合力，产生良好的教育效果。因此，教师家访的重点要放在个别学生身上，通过与家长谈话，了解学生在家的学习、交往情况，以及在做家务的表现情况；了解学生的兴趣爱好，了解学生的性格特征，窥探学生的内心世界。这样，通过了解学生的全部生活内容，发现学生的特长，依据不同的情况采用不同的教育方法，也让家长注意利用日常生活中的小事，增强孩子的自信心、进取心。另外，和一些比较难缠的家长谈话时，要有第三者在场，可以是教同一个班的教师，也可以是办公室里教其他班级的教师，这样可避免很多问题，也可以在自己很无助的时候寻求帮助。

（3）请家长来校访问。这是家长与教师保持密切联系的一种比较灵活的方式，也是家长主动关心班集体的表现。家长主动来访，有的是出于对学生的关心，有的是为了发现学生的某种问题，有的是对学校、教师有意见或建议。不管什么情况，教师和任课教师都要热情接待、认真解答，共同交流和研究教育子女的方式，以达到改进学生思想的目的。但由于校园安全问题，现在有些学校不允许家长进校园,所以如果有家长主动来访,教师应该提前和家长约好时间,以便在没课的时候到校门口接待家长,这样避免家长到校后不能及时接待。家长也都有自己的工作,有时候家长可能还会需要请假来学校。教师与家长的沟通是建立在平等、互相尊重的基础上的,如果教师能设身处地地为家长考虑,一定会赢得家长的大力支持和配合。

(4)家长会也是沟通的途径之一。家长会一般在开学或者学期末进行,向家长汇报学校教育教学的工作情况及今后工作计划,并向家长提出教育的具体要求,听取家长的意见,共同研究改进工作,从而协调学校教育与家庭教育的关系。会议前,教师要有充分准备,目的要明确,内容要充实,中心要突出。提前要写好家长会发言稿,然后再召开家长会。家长要填好签到表,会后要进行总结,从而使家长会开得有实效。

(5)家校联系本是教师每天都要用到的与家长的沟通渠道。每天对学生的各项行为表现进行评价,回家后家长也根据学生的表现进行评价,互通信息。家校联系本不能流于形式,要认真对待,长久坚持,对学生的常规训练和行为习惯养成有很好的促进作用。学生除了把每天的作业记好之外,还可以记录第二天要携带的物品。每周对学生进行一次鼓励性评价,让家长感受到教师很关心学生的成长与表现。教师每周给学生的评语和批阅,要坚持做到亲自批阅,及时批阅,而且对学生反映的问题要及时解决。

(6)教师与家长还可以网上聊天。随着社会的发展,电脑的普及,家长文化水平的提高,网聊成为现代社会生活中人际沟通交往的一种途径。教师、家长有时都忙于各自的工作,要随时取得联系、沟通思想,一个有效的方式是互通电子信箱、微信、QQ号,在聊天中交换信息、增进了解。

● 开好家长会

要开好家长会,就要思考与家长会相关的问题,制订好开家长会的方案,以及希望通过开家长会要达到的目的,要完成的任务。这里重点说说家长会要完成的任务。

(1)要了解家长及家庭教育情况。学生所接受的教育是多维的,受家庭、社会、学校环境的影响,其中家庭影响至关重要。家庭是学生的第一所学校,家长是学生第一位老师。家长的情感、态度、价值观对学生的影响是终身的,家庭教育决定着学生的习惯、思想、品质等。特别是现在家庭处在多元的社会环境中，受城乡一体化，自由择校等的影响，况且家长自身的情况本身也很复杂。教师在决定对学生进行教育之前，必须了解学生的家长和家庭教育情况。除了通过电访、家访，请家长到校沟通外，还可以利用好开家长会的良好时机。一般说来，通过家长会，教师要了解学生的家庭成员及经济状况、家风情况、家教状况，以及家长的文化水平、职业、性格、处世态度等，比如，家长对教育意义的认识、教育方式方法、教育内容。

了解的方式可以用问卷调查，也可以在谈话中完成。教师了解到的这些情况，可以为制订教育措施提供依据，使教育有的放矢，对症下药。

（2）要与家长交流学生情况。家庭、学校是学生活动的两个最重要的场所。作为家长，很想知道学生在校表现情况；同样，教师也想知道学生在家里的某些情况。因此，相互交流学生情况是家长会的重要内容。对于个别或少数家长来说，这种交流往往在家长会之前或之后进行，教师可以预先通知某某家长提前到校，或者通知家长会后留下。

教师作为掌握主动权的会议主持者，不要在家长会上谈个别学生的情况，要注意引导家长尽量讲一些教师想知道的情况。教师在向家长介绍学生在校情况时，要认真选择内容，要充分考虑到某些内容反馈给家长后可能会产生的一些副作用。教师在面对家长时，一定要尊重家长和学生，要给家长留一定的脸面。切忌当众指名道姓地批评某个学生或某个家长。

（3）要与家长构建良好的家校合作关系。教师要把家长当朋友和助手，把家庭当作第二课堂，把家庭教育当作学校教育的有效延伸，是对学校教育的有益补充。教师要主动帮助、指导家长提高家庭教育的水平。

学生的有些问题是学校教师可以教育或者可以解决的，但也有些问题只能家长做，所以，开展家校合作是完全有必要的，是教师工作的重要内容。这样可以大大促进对学生的教育效度。要做好这项工作，可以从如下几方面入手。一是办好家长学校。教师在对学生家长的家教方式和家教水平充分了解的基础上，详细设计出辅导家长的工作日程。二是树立家长榜样。一些优秀家长的家教情况是最生动的活教材，让他们现身说法最容易为其他家长学习仿效，教师可以帮助这些家长总结经验。三是把学生心声反馈给家长。理解学生，这是优秀家长必备的心理素质。在家长会上让家长听一下学生们的心声，会给家长的心灵以极大的触动，自觉改正一些不恰当的家教方式。四是组建家长委员会。学校班级里的有些问题，让家长与家长沟通交流效果更好。比如，学生买资料。买还是不买，怎么买等的问题。

（4）阐明、宣传有关政策，增加理解，消除隔阂、误会。利用家长会宣传《中华人民共和国义务教育法》，对辍学就工等违法现象进行分析，帮助家长提高认识。家长对学校意见最大的是收费问题，主要原因是家长对学校及上级有关政策不清楚。教师应在家长会上讲明为什么收费，哪些费用该收，并欢迎家长对学校收费情况进行监督，以取得家长的谅解和支持。

● 与家长交往的艺术

学校教育离不开家庭教育，教师的许多工作需要家长的理解、支持、配合。家校合作对学生的教育保持一致性，是教育好学生的关键，而要开展良好的家校合作，就需要教师与家长有良好的交往。

首先，要正确认识和处理好请家长。一方面，不要随意地指使家长。有些教师，不管遇到什么问题，都喜欢请家长。其实，不到万不得已，一般不要搬动家长这座大山。在学校发生的事情，还是由教师自己来处理比较好。如果把家长请来，有时候是给自己添麻烦。另一方面，即使要请家长，也要尊重家长，态度要谦虚、和蔼、谨慎；讲话时，推心置腹，多站在家长方面考虑问题；评价学生时要客观公正，先提优点，再指出不足，不要一股脑的总是说孩子的缺点，让家长认为自己的孩子一无是处，从而对教师产生反感；要给家长支招，出一些教育学生的建议，决不能制造不愉快的因素，制造家长与教师之间的隔阂、矛盾。

只有家校沟通顺畅了，才能铺平今后教育成功的道路，才对改变学生在成长过程中的不良思想行为有利。如果家长心里没有怨气，觉得教师说话有理、做事可靠，回到家就会配合学校的教育。所以，教师应不断反思与家长打交道的过程，积累成功的经验。

其次，要采取灵活的交流方式。一是要以诚相待，用诚心架起心灵沟通交流的桥梁。只有诚心诚意，才能打动家长的心，让他们愉快地与教师合作。二是要讲究语言的艺术。语言要婉转，晓之以理、动之以情，有时教师一句微不足道的称赞，都会让家长感到高兴，甚至改变对待学生的态度。面对不遵守纪律、不完成作业、上课不听讲，甚至打游戏等学生的家长，决不能对家长劈头盖脸地来一顿抱怨。三是与家长谈话态度要随和，要尊重家长的感情。不能以居高临下的态度训斥家长，这样才会得到家长的积极配合，有利于学生问题的真正解决。四是面对不同的家长，要采取不同的沟通方式。对于有教养的家长，尽可能将学生的表现如实向家长反映，主动请他们提出教育的措施，认真倾听他们的意见，并适时提出自己的看法，和学生家长一起，共同做好对学生的教育工作；对于溺爱型的家长，交谈时，要先肯定学生的长处，然后再适时指出学生的不足；对于放任不管型的家长，教师在家访时要多报喜，少报忧，使学生家长认识到孩子的发展前途，激发家长对孩子的期望心理。

再次，要注意与家长交往的事项。（1）不要在家长面前乱表现。一是不要伸手向家长索要。这样不仅有悖于师德规范，失掉教师的人格、尊严，更重要的是在学校、社会造成不良影响。如果为了自己私利，与学生家长拉关系，套近乎。这样会对教育学生十分不利，也有悖教师为人师表的品德。二是不要用势利眼光看家长。对家长要一视同仁，如实地反映孩子的情况，忌阿谀奉承，忌冷语冰言。三是不要不顾原则地迁就家长。对待少数要求不合情理的家长，不必正面回答他，要如实地向家长介绍班级工作和学生情况。（2）不要在家长面前乱作为。一是不要把对学生的气撒在家长身上。教师把学生在校的表现告知其家长时，不要带着情绪，让家长感觉是代学生受过。这样往往事与愿违，容易造成家长的难堪，甚至产生抵触和对立，或家长回家又把气撒在学生身上，形成师生对立。二是不要推诿自己的责任。当学生之间发生纠纷或意外伤害，家长往往找到学校来讨说法。教师应具情具理，协调处理，谋求最佳解决方案，并达到教育目的。（3）不要在家长面前乱评价学生。一是不要过分夸耀学生的成绩和优点。教师一定要一分为二看待和评价学生。有的教师出于对学生的偏爱，有的是为取悦于家长，过分夸耀学生的成绩和优点，其结果使家长过高估计自己的孩子，忽视其身上的缺点和错误，为日后的教育留下后遗症。（4）不要在家长面前乱指责学生。一是不要当着其他人的面，把学生说得一无是处，或以埋怨和责备的口气揭学生的短处，或批评学生时，指责贬低家人，让家长无地自容。较好的办法是平时留意"调皮生"的闪光点，一分为二地向家长介绍情况。二是不要公布学生名次，指名道姓地批评学生。较好的办法是分层次召开家长会，同一层次的学生家长在一起，会减轻家长的心理压力。三是不要带抵触情绪与家长打"遭遇战"。有些家长不愿和教师面谈，态度冷漠。往往是教师过往经常在家长面前说学生的不是，让家长觉得没有面子。此时，教师应了解被冷落的原因，有的放矢地消除家长的思想疙瘩，才能相互配合教育好孩子。（5）不要在家长面前乱评论他人。当家长反映科任教师问题时，不要妄加评论。家长反映的情况属实，可以有策略地向科任教师转达家长的意见。家长反映的问题与事实不符，可以向家长解释。也不要在家长面前对外校教师评头论足。有的家长，在孩子入校前，会直接或间接地向教师征求意见，教师既要客观地介绍本校的优势，也要客观公正地介绍外校的优势。

  总之，作为新时代的教师要与时俱进，时刻注意与学生、家长交往的艺术性，交往时要站好自己的角度，要牢记为人师表的责任。交往要有利于学生的教育和成长，有利于提高班级凝聚力，使之产生巨大的学习动力，有利于带动班风、学风、校风的建设，使之产生良性循环。

与同事交往要有气度

所谓气度，就是胸怀宽大而有气量、为人做事大气，是一种从容不迫的气派，一种大智大勇的智慧，一种雍容大度的魅力。有气度的人，让人感受到睿智、豁达、淡定。有气度的人，彰显出豪迈、厚道、谦逊的良好品质，迸发出后发制人的力量，能以从容的心态应对一切变故。有气度的人，必定有一种大爱，有大爱的人必有海纳百川的气度。气度是人的一种境界，一种修养，一种底蕴，更是一种品格。一个人的气度决定这个人的高度，非凡的气度造就非凡的人生。

气度与以自我为中心的小肚鸡肠相对，与狭隘的急功近利的思想格格不入，与做事时的斤斤计较互不相容，与在名利面前的你抢我夺不同。气量狭小的人容易形成嫉妒心理，一方面怨天尤人，气恼别人的成功和幸福；一方面自怜自艾，哀叹自己的无能和不幸。

一个有气度的教师，面对同事大度宽容，"能忍他人所不能忍，容他人所不能容"。面对工作刚毅坚忍、自信从容、气定神闲。面对逆境时不怨天尤人，身处顺境时处之泰然。一个有气度的教师，做事显沉稳，为人展气魄，在得失之中见胸襟。一个有气度的教师，世事洞明，人情练达。

● 善待和尊重同事

同事，往往指一同做事的人，是为了同一目标而一起奋斗的人。同事是风雨中一条船上拼搏的伙伴，是战场上一个战壕的战友。同事同心，亲密合作，难事亦易；同事异心，相互损耗，易事亦难。现实中，同事既是工作伙伴，又是竞争对手，善待同事，处理好与同事的关系，是工作获得快乐和成绩的必要保证。

在今天的社会里，各行各业都有危机意识，保持适度的危机感和竞争意识是必要的，但是过于紧张、草木皆兵就大可不必。如果同事间关系不好，甚至恶化，教师就很容易产生心理障碍，使教师陷入乏味的名利纠纷之中而不能自拔，同时也会严重腐蚀校园风气。有些学校的一些教师，为区区分数，蝇头微利，争得天昏地暗。教育是育人的职业，如此心境下的教师，又怎能为人师表？又怎能尊重和悦纳学生生命？所以，教师要调整好心态，修炼气度，善待同事，尊重同事。

首先，要学会善待同事，具有与同事交往的艺术。

善待同事就是要大气些。大气是一种与人相处的素质，一种时代崇尚的品德，更是吸纳他人长处、充实自我、创造自我价值的良好思维品质。

同事之间要坦诚相见，赞美欣赏。不存疑虑，坦诚相见，是同事之间相互信赖的法宝；能够看到同事身上的优点，并及时给予赞美、肯定，对一些不足给予积极的鼓励。不要拿自己的优点和别人的短处相对比，金无足赤，人无完人。同事之间不要过多地争抢荣誉，伤害他人。以大度和谦让之心帮助同事获得荣誉，更增添了教师的人格魅力。善于倾听是增加亲和力的重要因素。当同事倾诉时，要成为最真诚的倾听者，这样也会加深同事之间的情感。

善待同事就是要容许每个人有自己独立的思维和行为方式，不要妄图改变任何人，要认识到改变只能靠他自己，劝其改变是徒劳的。作为同事，在发生误解和争执的时候，要换个角度，站在对方的立场上考虑问题，千万别情绪化。

同事之间的语言沟通至关重要。要巧用语言，珍惜情谊。应以不伤害他人为原则，要用委婉的语言，不用伤害的语言；要用鼓励的语言，不用斥责的语言；要用幽默的语言，不用呆板的语言等。珍惜情谊，利莫当头。教师集体当中有很多比金钱更宝贵的东西，这就是人与人的情谊和每个人的人格和尊严。

其次，要学会尊重同事。

尊重，对教师尤其需要。相互尊重是教师进行人际交往的前提，是教师道德境界的体现，也是教师调动帮助自己成长的各方面因素的基础。自尊心是人的心灵里最敏感的角落。一旦损伤一个人的自尊心，就会遭到意想不到的阻力。因此，教师必须尊重他人。

在教师集体中，有些教师工作成绩突出，被评为各种先进。其他教师应当承认并尊重先进教师的成绩，学习他们优秀的教学经验，要警惕妒贤嫉能的心理，切不可专门挑剔别人的缺点，甚至夸大缺点，抹杀成绩，打击同事。现实生活中，有的教师总认为自己比别人强，即使当别人做出的成就远远超过自己的时候，也会把别人成功的原因归于机遇，而不尊重别人的劳动成果。

只有在相互尊重的基础上，才能形成团结和睦的同事关系和融洽的集体，才能增进教师之间的友谊，真正克服"文人相轻"的陋习。和睦融洽的气氛，能够使教师工作愉快，有利于教师的身心健康，有利于教育工作的成功。

要尊重同事、维护同事的威信。每位教师应该充分认识到，对学生的教育工作是依靠自己和其他教师的共同努力实现的，对自己在教育过程中的作用应该有清醒的认识，对其他教师的作用也应该有客观、全面的评价，不能任意贬低其他教师的教育劳动。既要维护自己在学生中的威信，也要维护其他教师的威信。既要尊重和自己观点相同的人，也要尊重与自己见解不同的人，做到平等待人，宽容大度，虚怀若谷。即使教师之间有意见，也应该坦诚相待，诚恳提出，而不允许透露给学生，以免损害自己和其他教师的威信。

同一学科的教师要团结互助，共同进步。同一个学科的教师担负着同一学科知识的教学工作，彼此了解比较多，相互熟悉业务，应该在教学过程中互相学习，互相交流，取长补短，共同提高，而不要抬高自己，贬低别人，要注意防止那种为了保持自己在教学和研究中的地位而对同事搞资料封锁、专题保密等不良倾向。另外，不同年级、不同学科教师之间要齐心协力，科任教师与班主任要密切配合。

要换位思考，善解人意。在工作、生活中，难免会有冲突。要解决这些冲突，教师则要学会站在对方的立场、角度来思考问题，即要学会换位思考。既要看到自己的要求，也要体会他人的需要，理解他人的想法和做法；有些时候要做到"己所不欲，勿施于人"；在他人需要的时候，及时伸出援助之手，而不是视他人的痛痒于不顾，这样的教师才是善解人意，才会真正得到同事的尊重。

总之，善待和尊重同事才能建立和谐的同事关系，这是教师发挥角色作用、工作成功的重要保证之一。

● 营造一个阳光健康的人际环境

卡耐基曾说过:"一个人的成功 15％ 取决于他的专业知识,还有 85％ 取决于他的人际环境。"因此,营造一个阳光健康的人际环境,对一个人幸福地生活、快乐地工作非常重要。

那么,如何营造一个阳光健康的人际环境呢?

(1) 做人做事要公平、公正。公平、公正既指教师要公平、公正地对待同事、领导、学生,也要求教师要公平、公正地对待自己。只有以公平、公正为基础,教师才能克服"同行是冤家"的职业心理,才能合理有效地处理教师之间的纷争,建立良好的合作关系,树立良好的教师形象,在学校、年级、办公室里营造和谐的人际环境。

(2) 要有关心集体的意识。在处理与集体的关系时,教师应该热爱和关心集体,维护集体的利益。教师在集体工作中理应考虑自己的利益,但是,这种对自身利益的追求不是盲目的、非理性的、不公正的,更不是与集体利益完全相对立的,而是要把握恰当的度。

每位教师要做到热爱集体,为集体承担义务。教师集体不是众多人的随意组合,而是为着共同的教育目标所组织起来的群体,有共同的集体意识和荣誉感,有严格的组织纪律和制度。良好的教师集体是每位教师共同努力的产物,因此,每位教师都应该全心全意地关心集体,积极参加集体组织的各种活动,热心为大家服务,为集体做出自己的贡献,承担自己的义务,为集体教学计划的完成、教育质量的提高和整个教育事业的发展尽自己最大的力量。此外,每位教师还应该严格遵守规章制度,维护校风校纪,加强团结,增强集体的凝聚力,并且努力为集体创造和争取荣誉。只有这样的教师集体才能培养出高素质的学生,也只有这样的教师才有权利得到集体的支持,并从集体中获得相应的权益。

每位教师要依靠集体,共同进步。作为一种创造性的脑力劳动的教育工作,需要每位教师充分发挥个人的聪明才智和创造力,为教育做出贡献,同时,也要求每个教师把自己的教育和集体的教育统一起来,使自己的教育行为服从集体教育的需要与目的,以促进集体教育任务的完成和教育目的的实现。可见,教师集体是每位教师充分发挥自己聪明才智的保证,教师个体只有依靠集体,并从集体中汲取经验,才会不断提高自己的教育水平。

每位教师要维护集体利益,反对极端个人主义。教师的集体利益,在于完成教学任务，把全体学生培养成全面发展的人才；在于每个成员能力的发展和物质、文化、生活条件的共同改善。每个教师都应当自觉维护教师集体的利益，提倡先公后私、先人后己、克己奉公，反对和克服那种置集体的共同利益、共同目标于不顾的观念，反对追求个人的荣誉、成绩和享受，追求学生对教师个人的爱戴，为个人私利而明争暗斗的极端个人主义思想和行为。

（3）要有团结协作的态度。现代教育是一种群体协调性很强的职业活动，要求教师之间坦诚相待，团结协作，互相支持，形成教育合力。

团结协作是实现教育目的的保证。只有全体教师团结协作，才能完成教学计划，才有可能实现教育目的。现代教育还要求教师必须教育学生"学会做人""学会与他人相处""学会包容和理解他人"，教师首先应当做到这些要求。团结协作是教育事业对教师提出的道德要求。现代社会的知识分化与综合、学科的交叉与融合，对人才的要求越来越高、越来越全面，需要一个人掌握的知识和技能越来越多、越来越深；加上现代教育功能的多元化，人才成长的复合化，使得培养人的教育工作不再是哪一位教师所能够独自胜任的。今天，无论如何博学多才，一位教师也只能完成教学内容的一部分，而不可能是全部。只有教师团结协作，充分发挥集体的智慧和力量，形成教育劳动中的合力，才能管好一个班级，培养好每个人。团结协作是教师自我完善的最佳途径。为人之师，必须学高德厚，必须不断进步，必须自我完善。然而，我们要认识自我，提高自我，不仅要依靠自己的勤奋和自律，还需要在集体中通过与同事的比较而得到激励；需要得到同事的帮助而"多快好省"地完成目标；需要通过集体活动，更加清楚地认识自我，更好地完成教学工作。

（4）要有乐于助人的精神。在日常工作中，一个人肯定会遇到各种各样的困难，这就需要得到同事的支持和帮助。在集体工作中支持和帮助同事，有助于提高整个团队的工作效率。

此外，老教师经验丰富，知识渊博，但是容易墨守成规，缺乏开拓进取精神；而青年教师思想活跃，朝气蓬勃，掌握新知识快而多，但是教学经验比较少。因此，新老教师之间应当相互尊重，互相帮助，互相学习。青年教师应当虚心向老教师学习，在工作和生活上多关心和照顾老教师。老教师则要热情关怀青年教师的成长，扶助新人，鼓励后进，甘为人梯，做好"传帮带"。同时，老教师也应该向年轻教师学习，积极进取，敢于创新。新老教师互尊互学，能够促进良好教师集体的形成，使每个教师更加充满活力，使教育工作更加充满生机。

● 班主任教师与科任教师是盟友和战友

这里的"盟友"和"战友"是指班主任与科任教师工作的目标一致，环境相同，困难要大家分担，成绩大家分享。我们经常可以看到班主任和某位科任教师同时在教室里帮助同学，一起处理学生的问题。

在一个班级里，科任教师的地位是非常微妙的。他们是班级管理的重要力量，这种"重要力量"也可以说是一种能量，表现在具体的班级管理、教育教学中，要么是正能量，要么是负能量。正能量能加强班级各个方面的建设，而负能量会削弱、分化班级管理和班级文化的形成。科任教师与班主任的关系，既极为密切，又极为松散，主要是靠科任教师的责任心、事业心和个人情感关系的维系，这绝不可能制订相关的制度来规范。有些班主任教师，对有经验的科任教师不敢交心，对年轻教师又轻视，认为无关紧要，这样必然使自己成为孤家寡人。调动科任教师的积极性，引导他们发挥正能量，利用好他们的力量，共同做好教育工作，是班主任工作的一项重要任务。

班主任如何有效地与科任教师交流和沟通，形成良性互动呢？

班主任是班级的领导者、组织者、推动者，不仅要善于调动学生的积极性和创造性，还要能够团结其他科任教师，充分发挥他们的最大潜能，使班级的师生形成一个强有力的优秀团队。

第一，班主任应根据本班特点组织科任教师确定班级的发展目标，研究一个切实可行的治班方案。如何提高薄弱学科的教学成绩，如何做好分类推进工作，都需要全体教师统一认识。班级中有个别教师抢占学生自主学习时间的现象，势必对班级的全面发展产生负面影响，应引起班主任的高度重视。

第二，班主任要尊重科任教师对班级的看法，接纳他们好的建议。不同的学科有各自的特点，不同的教师有自己观察和看待班级表现的角度。班主任的时间和精力是有限的，有些学生在班主任和科任教师面前的表现不一样，所以班主任不可能事事看到、想到，也不可能每次决策都是正确的，这就需要科任教师提供信息和提醒一些事项的处理，以使班主任的工作全面周到和科学合理。

第三，班主任要通过多种活动和多种途径，树立科任教师的威信。主动宣传科任教师的长处、优点、劳动成果，切忌在学生中抬高自己而贬低其他教师。

当学生对科任教师产生了误会或感觉不适应时，要利用班会或课余时间，做好解释工作。一名优秀的班主任不仅要让学生接纳自己，也要帮助学生去接纳其他科任教师，在学生面前树立科任教师的威信，才能使每一个教师更快地进入角色，融入学生当中。

第四，班主任要主动为科任教师排忧解难。每一个科任教师在教育教学过程中，都有可能遇到工作、生活中的困难甚至挫折，这时，班主任的协调能力就体现在及时地为其排忧解难上。如经常向科任教师了解其学科作业上交和课堂学习情况，以便及时掌握学生的学习情况，防止学生偏科、厌学等问题的出现。在科任教师的课堂上，个别学生会与教师发生一些摩擦，班主任对此类问题要冷静处理，要耐心听取科任教师的陈述和意见，要设身处地地理解科任教师，协助科任教师教育学生，同时要教育学生尊重教师。

杜威说过："学校即社会，教育即生活。"其实，每个班级就是一个小社会，这个社会的顺利运行，离不开有效的管理与协调。在班级活动中，班主任与科任教师之间、科任教师彼此之间难免有意见不统一、工作成绩不理想甚至有失误的时候，班主任作为班级这个小社会的主要管理者，要大度，敢于担当，通过与科任教师的充分沟通，为学生的健康成长与发展创设有利的环境。

与领导交往要有态度

所谓态度，就是教师在平常的生活工作中要有独立的人格、自由的思想，在与学校各级领导交往时，既要做到自尊自爱，又要尊重领导、服从领导。但不要阿谀奉承，不要在领导面前唯唯诺诺，毫无主见。

在学校组织系统中，教师和领导都是组织中的成员，都是教育者，都以培养优秀人才为己任。二者的交往属于同事交往的范畴，应该共同遵循教师之间交往的基本行为准则。但是，教师和领导的关系又不完全等同于同事之间的关系，二者之间还存在领导与被领导、管理与被管理的特殊关系。

教师和领导之间建立良好的关系和开展良好的交往是双方共同的需要，因为学校是双方职业生活的重要场所，是双方生命价值得以体现的地方，双方都希望能够在和谐、愉快的环境气氛中工作。教师与领导的关系是重要的教育影响因素，能够对学生产生示范性的作用。教师在工作中有许多想法、创新行为等需要领导的支持，也有生活中的困难需要得到组织关怀。

● 与领导交往的艺术

学校中有校长、主任、年级组长、学科组长等不同层次的领导。普通教师在与他们交往的过程中，既要适应对方的需要，同时也要能动地影响对方，反映自己的需要和个性特征。

第一，领导的需要。教师要与领导保持良好的关系，就应该了解领导的需要。在这方面值得特别重视的主要有以下几项。

一是自尊的需要，每个人都希望受到别人的尊重，领导的这种需要就更突出，所以教师要满足领导获得尊重的需要。具体说，教师要支持领导的工作，服从领导的正确决定，不要公开表示对领导的不满或当面顶撞；对领导的努力和工作成绩要给予充分的肯定和承认，不要只看缺点和不足；对领导有什么意见或建议应单独找领导谈，而不要当众让人下不了台。

二是成就的需要。凡是有事业心的领导者都希望在工作上有更大的成绩，在办学水平上有新的提高。教师要让自己的领导的成就感得以满足，首先就要做好本职工作，在教育、教学质量上走在前面。如果有可能，可以在学校管理、教育科研或教学改革方面主动承担一些事情，提出一些建议，帮助领导出谋划策。如果能够在教学以外拿出一些教研、科研成果，获得一些奖励，如市、区级的优秀课，国家级或市、区级科研论文交流，在各级刊物上发表论文等，就一定会受到领导的重视。

三是交往的需要。领导也是普通人，也需要朋友和友谊，因此，同领导交往时无须存在距离感，不要因为对方是领导就不愿或不敢去接近，只要能够与领导平等相处，在正常的交往中发现有共同的志趣、爱好，有相似的理想、价值观，有相似或互补的性格特征，即使是普通教师也完全可以与领导成为朋友。

第二，要争取领导的支持。领导的支持是做好工作的重要条件，只有争取到领导的支持才可能把工作做得更好。那么，怎样争取领导的支持呢？

一是要尊重领导、相信领导。一个教师只有尊重、信任领导，听从领导指挥，才能得到领导的支持，相反，一个总跟领导作对的教师很难得到领导的支持。

二是要努力工作，做出成绩。容易引起领导重视、得到领导支持的通常都是那些敬业爱岗、积极进取、事业心比较强的教师。所以，作为一个教师要想争取领导支持，就要努力工作并获得一定成绩，这是争取领导支持的基础。

三是主动汇报，积极建议。要获得领导支持，就要让领导了解情况，包括现实问题和对策建议，这样，领导才能明确地表示态度，支持教师的工作。在此过程中，教师不仅要积极向领导汇报自己的工作情况与需要解决的问题，还应该把自己的一些具体建议或解决问题的方案提供给领导，这样便于领导选择和决策，比较容易得到领导的支持。这里要注意，对领导一时没能给予支持的事情，要有耐心，等待时机再去争取，而不要立即表示不满，背后随便议论，或者发牢骚、说怪话，这样容易造成误会，影响上下级的关系和团结，争取领导支持也就更困难了。

第三，要注意与学校领导交往中的问题。不同的领导有不同的性格，不同的人生观、世界观，不同的兴趣爱好，看问题也有不同的标准。教师在与领导打交道时要灵活。但作为知识分子的交往，应避免以下几点。

一是不要阿谀奉承，拍马屁。有的教师受庸俗的"关系学"影响，在领导面前阿谀奉承，溜须拍马，讨好领导，为了能在评定职称、评优奖先、脱产进修等方面得到优先照顾，甚至有些教师不惜给领导送礼、向领导行贿，帮助领导掩盖错误，夸大领导的优点。这是一种庸俗、不正常的人际关系。

二是不要目无领导，不服从领导的工作安排。有些教师认为自己在教育业务上超过领导，因而对领导的指导不放在心上，甚至不屑一顾，任意更改教学计划、教学内容、教学进度。有的教师在领导分配工作时挑肥拣瘦，斤斤计较，凡事以自己的私利为重，对不符合自己利益的事情，就不服从领导的安排，甚至公开与领导吵闹和对抗。这些目无领导、以自我为中心的行为，在教师与学生中会造成不好的影响。

三是不要唯唯诺诺，毫无主见。有些教师对领导的指示或决策，一味言听计从。现在有些学校是外行领导内行，校级领导自己不学无术，胡乱发号施令，给教师指定一些不利于学生身心发展的任务。对这些领导，教师虽然明明知道其做出的决策是错误的，但也不敢或不愿意坚持真理而给领导提出意见。教师的这种做法，固然与领导的专制作风有关，但与教师本人持有的"不得罪人"等错误思想有着密切关系。盲从领导的错误决策，会给学生和学校造成不良影响。

第四，改进教师与领导关系的建议。如果与领导交往不够好，或者有障碍、有困难，不要着急、害怕，不要僵持、对立，而要积极主动地做好自己的工作，检查和改进自己做人做事的不足。建议这样去做：

一是要关心集体，服从领导，支持领导工作。教师与领导的关系就好比是乐队与指挥的关系。如果乐队的成员各自为政，就奏不出动听的音乐。如果学校中的教师各行其是，目无领导，则学校的管理、教学秩序就混乱不堪，学校也无法发挥教书育人的功能，就名存实亡了。因此，教师要从集体利益出发，服从领导的工作安排。

二是要以学生为本，坚持真理。教师要有主人翁意识，要从学生的根本利益出发，监督领导的工作。如果发现领导工作中存在缺点和错误，就应通过正常途径予以指正，而不能处于"领导怎么说我就怎么做"的消极被动状态，任凭领导在错误的道路上滑下去，从而给学生、学校造成不可挽回的损失。

三是要与领导建立纯洁高尚的人际关系。教师是学生品德形成与发展的一个重要榜样，在与领导交往时不能受庸俗的"关系学"思想支配，眼里只有领导手中的权力和自己的私利。

● 学会与校长和谐共处

在学校，校长是管理者，教师是被管理者，两者是一对矛盾的统一体。历史证明，无论在什么时间什么场合，管理者与被管理者之间始终存在着矛盾。校长与教师之间，应当化解矛盾，达到和谐共处，共同发展。

要读懂校长。要想跟校长之间达到和谐共处，最关键的一点就是要读懂校长。理论上说，校长是一个职位，是上级教育行政部门管理学校的代表，是一个自然人跟法人的结合体。其实校长就是一个普通的人，只是分工不同罢了。作为教师，要明白这一点，不要把校长当作圣人来看待、来要求，而是要把校长放在跟自己完全平等的地位上来看待、来要求。当然，我说的这点不包括素质和能力。因为校长在素质和能力上应当是很优秀的。有些教师对校长有惧怕心理，在校长面前总觉得很压抑，那就是没有把校长当作常人来看待，总觉得校长要高人一等。说白了，就是有些自卑感。还有些教师对校长有逆反心理。在学校里，有些教师总是对校长有意见，校长换了几位了，无论是谁当校长，总是对校长的工作横挑鼻子竖挑眼，对学校的工作看不惯。接触久了，才慢慢明白，其实是对校长的职位不满，总觉得你是来管我的，并不是对自然人的校长有什么不满。如果把校长当作一个普通人，原有的心理障碍也就会慢慢消失，跟校长和谐相处就很容易了。

要理解校长。现在校长不好当，要为学校的教学质量绞尽脑汁，要为学校的生存发展绞尽脑汁，要为教师们的福利来源绞尽脑汁，要应付各种各样的检查，校长的工作也希望得到教师们的理解与肯定。然而，由于各自的情况不一样，大部分教师对校长的工作是能够理解和支持的，但总有一部分教师对校长的工作缺乏了解，导致校长和教师间出现一些不和谐的因素。解决的办法就是要教师学会换位思考，站在校长的角度考虑问题。

要学会尊重校长。在处理学校事务的时候，难免会有这样那样的分歧。这主要是个人看问题的角度不同。从教师的角度上看问题是正确的，但是站在校长的角度上看问题那可就错了。当发生这类问题时，有些修养较差的教师会在一些公共场合对校长横加指责，还有些教师会在人前人后骂校长等。其实，产生分歧是很正常的事，要跟校长坐下来慢慢谈，加强沟通。要想跟校长和谐相处，你就得注意，千万别在公开的场合指责校长，即使你是对的。因为这种做法既不能解决问题，又会伤害别人的自尊，会埋下很多不和谐的因素。人与人相处都要给面子，这是人之常情。

要多给校长提合理化的建议。学校是大家的，不是校长个人的。在学校工作的教师是在为自己工作而不是为校长工作，这个道理是人人尽知的。学校在处理事情时，不可能总是尽如人意。有的教师会选择发牢骚、提意见，但也有教师会选择提建议。不尽如人意是很正常的，如果有意见，最好采用建议的方式友善地提出来。因为发牢骚、提意见很容易，人人都会。但是建议就不同了，当然你提出的建议要有可行性，否则也同样解决不了问题。作为校长，繁忙的工作后一般是不太愿意再思考问题的，也想轻松轻松，他最愿意听到的是建议而不是意见。

与校长交往要不卑不亢。不卑不亢是为人的准则，要想跟校长和谐相处，就得掌握好一个度。跟校长和谐相处，不能过度地谦卑。有的教师存在自卑心理，对校长有惧怕心理，所以在校长面前总显得有些唯唯诺诺，这样很不好，说实在的，是文人就自然有几分傲气。如果你过于谦卑，那是一种浅薄，校长是看不起你的。另外，人与人之间的相互恭维换另一种眼光来看，那实质上是一种礼貌。文人的秉性是清高、是骨气，厌恶溜须拍马，但教师们也得学会保护自己，适度地恭维别人那就是一种比较有效的保护自己的办法，但是过分的恭维就有溜须拍马之嫌，要掌握好尺度，不要让别人反感。

与校长要不即不离。古人云："君子之交淡如水。"要想跟校长和谐相处，你不能离校长太远，太远了，他当你不存在；但也不能过于亲密，因为这样会导致以熟相欺。因为与校长过从甚密，难免有人嫉妒，会给你带来一些不必要的麻烦。

与人交往要有信度

这里所说的信度，是指诚信的情况。诚信就是指做人做事要诚实、诚恳、守信，而不要弄虚作假、隐瞒欺诈、言而无信。"诚信者，天下之结也。"诚信是天下行为准则的关键，是支撑社会的道德支点。诚信是一个永恒的话题，不仅是社会公德，而且也是任何一个从业人员应遵守的职业道德。

在工作和人际交往中，诚信是为人之道，是立身处世之本，是人与人相互信任的基础。真诚守信既是社会对每位教师的一种希望和要求，也应是每位教师对自身的一种约束，是最重要的师德。教师的诚信不仅是个人的道德行为，更关系到很多学生的成长，关系到教育发展的道德标准。因此，教师务必做一个诚实守信的人。

● 立信才能立教

诚信是教师所必须具备的基本素质，是必须永远坚守的信条。因为教师是人类文明的继承者和传授者，面对的是一个个鲜活的生命。教师是学生学习模仿的榜样，教师的一言一行对学生起着潜移默化的作用，会在学生的心灵和情感上产生极大的影响。我国古代伟大的教育家孔子曾指出："其身正，不令而行；其身不正，虽令不从。"因为学生正处于世界观、人生观、价值观形成的关键时期，模仿性强、可塑性大，教师的师德在学生的成长中具有重要的榜样和导向作用，影响是巨大而深远的。所以教师不仅仅要教好书，还要育好人，以身示范、为人师表，要把诚实守信当作立教立身之本。

教师要成为诚信的倡导者。教师要引导和要求学生讲诚信，说实话，不弄虚作假、不欺上瞒下，要言行一致。要多给学生讲诚信的故事。古往今来，有许多诚实守信的典范。"曾参杀猪"，讲的是孔子的学生曾参并不把妻子哄骗儿子的一句话"要杀猪给你吃"当作戏言，果真杀猪煮肉，以自己的实际行动给儿子上了一堂极其重要的课，教会了他做人的根基是诚信。"撒谎被狼咬"，是对撒谎行为的劝告。

育人者必先律己，教师要成为诚信的优秀实践者。不应该把诚信当成一种口号、一种形式，应该从工作中的小事做起，扎扎实实，求真务实，在诚信方面肩负起责任。有些教师在日常的教学中，注意对学生诚信思想的教育，却忽略了自己的言行举止。有些教师信口开河，言而无信，失信于学生，给学生造成不好的影响。因此，教师要身体力行，率先垂范，为学生树立诚信的楷模。教师在学生面前一方面要以信用取信于学生，另一方面也要对学生给予信任，只有诚恳对待每一位学生，才会取得学生的信任。言行是否一致是衡量一个人是否诚信的一把尺子。有承诺，就要践行，不能朝令夕改。对于学生的要求，答应了就要让这一要求实现。

要诚信对待教师职业。教师职业的特殊性决定了教师诚信不应当是道德高尚者通过自省拥有的稀有资源，而应当成为所有教师的执业标准。教育对家长、学生及社会而言是服务，服务对于学生来说，是一种"一次性"服务，"一次性服务"的共同特点是比较容易出现诚信问题。同时，教育具有隐蔽性，教育质量要较长时间才能表现出来，如果教育质量出现问题之后再补救难度较大，就可能影响到学生的未来。教育诚信如果出现危机，具有严重的社会危害，不仅会严重污染和影响教育的纯洁性和教育环境，而且还可能会严重影响到学生的诚信观念和行为。诚信是师德的基本要求，也是师德的灵魂，追求教育诚信是教师们的共同目标。

诚信是幸福的象征，是高尚的情怀。诚信是智慧的根本，是财富的宝典，是友谊的桥梁，是力量的源泉。它能使人进步，它能使人走向完善，它能使人走向光辉的顶点。教师是诚信的传承者，有责任也有义务首先做好自己的诚信教育。

● 教人求真，学做真人

"千教万教教人求真，千学万学学做真人"是陶行知的一句话，说明"真"非常重要。做真人难，做真事更难，说真话更是难上加难。所以教师既要有真知灼见，又要肯说真话，敢驳假话，不说谎话。

学生是活生生的人，学生时期又是人的一生道德品质形成的关键时期，他们的身心发展有其自身的规律，意志较脆弱，行为具有较强的可塑性和模仿性。学生良好的品德形成同师德求"真"关系十分密切。教师是学生无形的镜子，教师的一言一行、一举一动无不在对他们起着潜移默化的作用。教师作为现代进步教育思想的实践者，应牢记陶行知先生的话，真心诚意地教学生求真知，学真本领，养真道德，说真话，追求真理，做真人。

教师要恪守诚信，真诚育人。教师在日常教学工作中，要明礼诚信，以真教人，不敷衍塞责，不弄虚作假。以诚信取人，以真诚育人。诚信是中华民族的传统美德，以"诚实守信"为核心的为人之德是道德教育的基础。在注重"包装""推销"的现代社会里，诚信应该是永恒的，因为它本身就是价值的体现。诚信来自自身的人格修养，教师要真心真意地对待学生，实事求是地处理问题。教师要勇于认错和纠错。教师在和学生一起学习活动时，学生时常会提一些令教师措手不及的问题，一时答不上来，令教师出尽洋相，这种情况在所难免。"人非圣贤，孰能无过？"此时教师应放下师道尊严的架子，不掩饰自身存在的不足，用人格魅力去感染学生，认真听取意见和批评，虚心接受，学生才会敬重教师，从教师的身上学到诚实，学会求真。陶行知先生说："有真知灼见；肯说真话，敢驳假话，不说谎话。我们必须拿着这两个尺度来衡量我们的先生，合于此者是吾师，立志求之，终身敬之。"

教师要说真实的话，来引领学生说真话。教师说话的"真"具体体现在教师要说真话，这是教师必须具备的基本素质之一。所谓说真话，就是表达内心真实的想法，而不是说一些谎话、空话、套话、言不由衷的话；不是看别人的脸色说话，不说迎合别人的趣味的话；敢于针砭时弊，敢于揭露一些社会的阴暗面。当然，敢于说真话，也需要独立思考的习惯和能力。没有了独立思考，就只有人云亦云。教师说真话有利于在学生中树立威信、赢得尊敬，有利于教师用"真"的语言去启迪学生的心灵，用"真"的语言去引导学生做人。教师说话的"实"具体体现在教师说话要切实、有效，真正让语言走进学生的心灵、滋润学生的心灵。

教师要真心真情待人，引领学生学做真人。教师往往对学习成绩好的学生好，而对待个性比较张扬、成绩平平甚至较差的学生不太好。这样会压抑学生的个性，挫伤学生的自尊心，就会在这些学生心灵深处留下永远难以抹去的伤痕。要想使学生平等地受教育，教师必须真诚而又公正地面对每一个学生，用发展的眼光看待学生；要学生真诚地对待教师，教师就得先真诚地对待学生。所以，教师要做到一视同仁，要尊重每位学生，要有平等民主意识，要以真诚待学生，才会使学生学会做真人。陶行知先生说："真教育是心心相印的活动。唯独从心里发出来的，才能打到心的深处。"的确，只有善待、尊重学生，才能触摸到教育的真灵魂，领略到教育活动中那种春潮涌动的真情境，才能使学生体验到人间的温暖，才能将外在道德和行为规范转化为学生内在心理定式和行为习惯。如果说爱是一条河，那么善待和尊重就是架在河上的一座桥，教师以博大的胸怀为桥墩，以良好的教养为桥面，以广博的知识为路灯，以聪明的才智做护栏，唯有如此，学生站在这座师德的虹桥之上才会自然而然地对生活、对学习产生积极而热烈的情感体验。

教师要以真做人，感召学生学做真人。陶行知先生说："我们希望今后办教育的人要打破侦探的技术，丢开判官的面具。他们应当与学生共生活，共甘苦，做他们的朋友，帮助学生在积极活动上行走。"教师每时每刻要以自己的言行来影响学生。语言是教师教育学生不可缺少的工具，而如何使用这个工具，直接关系到教育的效果。语言美、心灵美是教师教学生做真人的根基。只有用文明的语言才能取得学生的信任和良好的教育效果。教师对学生说话，应该使用文明、规范、平和、温柔的语言。课堂上，用"请"字让学生回答问题，平时见到同学主动问好。语言是心灵的写照。教师的语言美，反映着教师高尚的思想情操和道德修养。

要牢记陶行知先生的话，以人为本，求真务实。在教改中有真变化，学习时真参与，教学中有真功夫。教师只有自己时时处处教真、做真，做现代教育的"传真机"，学生方能有真才实学，学真成真。

要 注意自身的健康度

这里的健康,指教师身体健康和心理健康两部分。作为一个教师,不仅要具有先进的教育理念,扎实的专业知识,还要有健康的体魄和平和的心态。

教师要提高自己的健康意识,保重自己的身体。要养成有规律的生活习惯;要学习心理保健和预防心理疾病的知识;要提高身心健康水平,增强锻炼和自我保健意识,积极为自身健康而努力;要采取适当手段进行自我调节和控制,保持良好的心境,形成良好的心理感受;要主动扩展自己的生活空间,广泛接触社会;要培养自己良好的兴趣和爱好。

教师要树立强烈的竞争意识和进取意识,正确理解社会对教师的角色期待,合理解决工作中发生的各种矛盾,把来自个人、学校、社会、家长和学生等各方面的压力转化为自身的内驱力。

教师的身体健康是完成教学任务的前提,教师的心理健康是学生健康成长的前提。提高教师身心健康水平,对深化教育改革、提高教育质量意义重大。

● 教师要有优质的心理

教师的职业特点决定教师必须具备健康的心理,这既是做教师的基本要求,也是教师专业化的前提条件。教师的心理健康不仅直接影响工作积极性、主动性和创造性的发挥,同时也制约其教育教学活动的效率和质量,在很大程度上影响学生知识的接收和品德的形成。没有健康的身体和愉悦的心理，无论多有教育情怀，无论职业生涯规划多么美妙，教师的教育行为都要大打折扣，或者根本无法达成。

党和国家对教师的身心健康很重视。《中华人民共和国教师法》第二十九条就规定"教师的医疗同当地国家公务员享受同等的待遇；定期对教师进行身体健康检查，并因地制宜安排教师进行休养。医疗机构应当对当地教师的医疗提供方便。"在提出加快教育现代化之后，2018年1月20日中共中央、国务院印发了《关于全面深化新时代教师队伍建设改革的意见》，这是新中国成立以来党中央出台的第一个专门面向教师队伍建设的具有里程碑意义的文件。文件提出要"维护教师职业尊严和合法权益，关心教师身心健康，克服职业倦怠，激发工作热情。"教师自身也要重视心理健康。既要把教育当作崇高职业，意识到教育是自身生命存在的方式，也要在培育学生健康成长的同时，观照自身的心理健康，把自身生命调整到健康、幸福、快乐的状态。

未来社会充满了机遇，也充满了困难和挑战，教育的任务会更加艰巨，教师必须有良好心理品质作保证，面对机遇和挑战，要善于调节自身的心理。心理压力不仅影响生活质量，如果长期处于心理压力之下，还会引起身体疾病。教师要力争做到在工作和生活中没有或者很少有心理压力，让自身具有稳定而积极的教育心境，具有较高的心理成熟度。

一是在工作中要始终保持愉快乐观的情绪、自强自信的精神、豁达开朗的性格，宽容大度，善于与人合作，能营造良好的人际关系。良好的人际关系是教师个体心理发展的基本条件。在学校，领导集体和教师集体之间或是学生集体之间以及师生之间，都应建立良好的人际关系。在人与人之间的频繁交往中，不可避免会产生各种矛盾，做好人际关系的调节对创建和谐的人际关系是十分重要的。

二是要增强教师对挫折的承受力。生活在一个充满矛盾、竞争异常激烈的时代，教育现代化对教师提出了更高的要求，需要教师确立正确的教育观、人才观，提高职业道德水平和意志水平。在工作中出现某些困难和问题是正常的，既要有坚韧不拔的意志，有面对困难和挫折的心理承受能力，又要以积极的态度对待工作、生活。一些年轻的教师，成长道路比较平坦和顺利，因而承受挫折和失败的心理能力比较脆弱，所以要多迎接一些困难和挑战，同时业余时间参加一些登山、长跑、游泳，或障碍跑、越野跑，进行象棋、围棋的对弈，有意识地锻炼自己的意志。

三是要树立正确的人生观和价值观。正确地认识自己，评价自己，愉快地接纳自己，懂得及时进行自身心理疏导，把控好情绪，做好心理迁移。懂得劳逸结合，积极参加体脑交替、动静交替的活动，比如，乒乓球、羽毛球运动。还有欣赏音乐、文艺演出、观赏艺术作品或花卉奇石。面对职称、荣誉等要泰然，既要自信乐观，有比较高的期望值，又要结合自身实际和客观环境随时调适心理坐标期望值。面对环境中的某些事某些现象不公平、不公正，要有虽然自身无法改变环境，但可以调节自身心境的意识。

总之，教师只有心理健康，才可能尊重他人、悦纳生命，愉悦地成为生命教育和幸福感的传播者、践行者，培养出快乐幸福的学生。反之，如果身心不健康，没有幸福感，在生活和工作中没有生命的激情，那么，教会学生幸福就是假话，落实立德树人的根本任务和完成塑造灵魂的时代重任就是空话。

● 要会养生

教育工作的艰巨性和复杂性，让广大教师既劳心，又费神。有社会的要求、家长的需求、各种非教育琐事；有学校内部的竞争、升学的压力，学生的调皮和学生的安全等。现在的教师压力大、不好当，容易产生职业倦怠。除了国家和教育有关部门要制定切实可行的措施，减轻教师的压力外，还需要教师注意自身的健康度，学会养生。做到生活要有规律，营养要有保证，要多参加体育锻炼。

（1）生活要有规律，切忌过度劳累。相当一部分教师面对巨大的工作压力，没有好的解压办法，只好拼命地工作，把本来应该属于休息的时间也用在工作上，累坏了自己的身体，还可能患上肩周炎、颈椎病、下肢静脉曲张、骨质疏松、神经衰弱、高血压、动脉硬化等职业病。教师要学会合理安排工作和生活时间，调整自己的生活方式，保持劳逸结合。教师要好好利用星期六、星期天和寒暑两个假期，经常出去走走。

（2）营养供给要跟上，要注意营养的调配。教师每日工作紧张，节奏快，精神压力大，脑力劳动重，常无暇顾及饮食营养，容易引起营养缺乏。一是饮食要粗细搭配、荤素搭配。为了满足教师每日的营养需要，应保证合理供给机体所需要的能量和各种营养素，因此，平衡膳食非常重要，而平衡膳食就是粗细搭配、荤素搭配。专家建议教师广泛食用多种食物，包括谷类、薯类、动物性食物、豆类及其制品、蔬菜水果类、纯热能食物。二是适量补充蛋白质。教师是脑力劳动者，脑在代谢过程中需要大量蛋白质不断更新自身，因此教师要保证蛋白质的摄入。此外，还应补充一些含谷氨酸高的食品。脑组织游离的氨基酸以谷氨酸为主，豆类、芝麻等食品富含这些氨基酸。教师应根据用脑情况适当补充这类食品，既保证脑组织需要，又有增强脑组织功能的作用。三是保证维生素摄入。维生素是人体必需的一种小分子有机物质，机体如果不能合成或合成不足，必须靠食物供给。维生素对维持人体生理功能非常重要，尤其对于工作紧张的教师来说，缺乏维生素就会引起精神疲惫衰弱的症状，因此，教师饮食要保证维生素供给。四是食物不要太咸和太甜。据调查，一般人如果食盐过多，高血压发病的概率就相对较高；吃糖过多会发生高脂血症和肥胖，进而导致冠心病、高血压、糖尿病等。流行病学调查表明，教师是这些病症发病的高危群体，所以，教师饮食切忌太咸和太甜。

（3）生命在于运动，教师要多锻炼。随着生活水平的提高，出入坐车，上楼也有电梯，导致运动量缺乏，体质下降。其实即使工作忙，教师也要抽时间锻炼身体，多跑步、打球。教师可以和学生一起打打球，业余时间去健身房运动一下，既可改善全身血液循环，松弛紧张的情绪，消除脑部疲劳，又能促进师生关系，增加友谊，便于开展教学工作。

教师的锻炼要因年龄而异，运动要有益健康。针对教师的不同年龄，选择适宜的运动是非常重要的，否则不顾及自身情况，既达不到健身效果，还会给身体带来损伤。据健身专家建议，一是20～30岁的教师，可以选择具有冲击性的有氧运动，比如，跑步、拳击、溜冰等运动方式。这些运动既可以解除工作和学习上的压力，又能激发人的创造力，增强人的自信心和克制力，对教师日常教学不无好处。二是30～40岁的教师，适宜攀岩、游泳、球类、跑步、骑自行车和武术等运动项目。这类运动可增强肌肉的弹性，保持健康的体魄，同时有助于提高思维能力，改善人的灵活性和协调能力，培养人的专注力，忘却工作和生活中的不快。三是40～50岁的教师，由于工作繁忙辛苦，家庭负担较重及生理上的变化，适宜低冲击性的有氧运动，比如，慢跑、登山、游泳、网球、乒乓球等。既可缓解心理紧张和压力，又可强健四肢肌肉，还可以提高机体抗病力。四是60岁以上的教师，由于整个身体机能开始衰退，锻炼的目的就是减缓衰老，增加心脏功能。运动应首先从步行开始，散步、慢跑、太极拳等，都是很好的运动项目，而且一定要遵循循序渐进、逐步适应、养成习惯的原则。

● 应注意对大脑的养护

教师一般用脑时间较长，如果得不到及时的休息，营养物质、氧气供应不足，体内物质代谢所产生的二氧化碳、乳酸等不能及时排出，体征会呈疲劳状态。大脑在经受长时间单调重复的刺激后，脑神经细胞也随之出现疲劳，大脑便产生一种自动性的生理反应而转入抑制状态。教师常伏案工作，颈部会长时间前屈，因而负责供应大脑血液的血管会受到轻度压迫，从而使大脑供血不足，同时身体前倾，胸腔变小，呼吸时吸入的空气减少，容易使大脑供氧不足，继而头昏脑涨，降低工作效率。有许多教师由于工作忙，体育锻炼的时间相对较少，也对大脑的健康不利。因此，教师在长期的脑力劳动中必须按照大脑活动的规律合理地运用脑力，并注重对大脑的养护。一般来说应注意以下几个方面。

（1）合理地分配和使用脑力，适时调节，及时消除大脑疲劳。大脑皮层的兴奋与抑制是有规律的，当处于积极的思维活动时，大脑相应区域的神经细胞就处于兴奋状态，如果思维活动时间过长，则又会转入抑制状态，注意力就不集中，思维也变得迟钝，效率低下。故在工作一段时间后要稍事休息，也可适当进行一些娱乐或体育活动，以使紧张的脑神经得到松弛。经过积极休息，大脑的功能会更好地发挥。

（2）养成良好的生活习惯，做到起居有常，劳逸结合。每天的学习、工作、休息、文体活动、睡眠要有合理的安排，并形成习惯。这样便可使大脑皮层中的兴奋与抑制建立起较为稳定的规律，从而使人保持充沛的精力，大脑会因之而处于最佳的生理状态。

（3）进行必要的体育锻炼。除每天例行的身体锻炼外，还可利用工作间隙做工间操活动筋骨或做些微量运动，适量的体育锻炼可使绷紧的脑神经得到松弛，还能改善机体的血液循环，促进新陈代谢，使大脑得到充足的血液和氧气供应。

● 常见的六种职业病

1. 慢性咽炎

教师如果不注意嗓子保健，会有嗓音沙哑和失声问题的出现。经常过度地用嗓子会造成咽黏膜组织和淋巴组织的弥漫性炎症，局部充血、发红。平时要多用胖大海泡水喝。

2. 静脉曲张

持久站立，下肢静脉中的血液长时间不能向心脏回流，都积在腿和脚的静脉里，腿脚肿胀不说，腿上还会出现像蚯蚓一样的青筋，严重的人腿还会变黑，出现湿疹、溃疡。教师在站着的时候可以经常来回走走，腿脚也能得到适当缓解。也可以贴身穿一双高弹的长筒袜，保护静脉，减轻压力。等下了课或回家没事的时候，多用热水敷腿、泡泡脚，做做踝关节的屈伸活动，缓解疲劳。

3. 颈椎病、腰椎病

教师需要长时间伏案工作，姿势会持续固定不变，难免有颈椎病、腰椎病、和肩膀酸痛。如果不及时地治疗的话，会患上颈椎增生，颈椎病会压迫脊髓，损伤神经，最容易引起肩膀、胸前和后背部的疼痛，严重的话还会引起胳膊、手臂和手指麻木，那是非常难受的。

睡觉的时候，枕头可以垫高点，尽量松软。做耸肩和扩胸动作。休息时，经常用热水袋敷在脖子下面。

4. 胃病

胃病也是教师的常见病。高中教师一般任务艰巨，时常不能按时吃饭，或总是凑合着吃些凉的、过硬的、不易消化的食物，这就需要熬汤喝，多吃粥类（例如小米粥等）。多吃富含蛋白质、维生素等比较易消化的东西，少吃太冷、太热、太甜、太咸的东西。

5. 呼吸系统疾病

现在教师用的粉笔，虽然已经改用了"无尘粉笔"，但只是比普通粉笔扬起的粉尘少点而已。所以，长期大量地吸入粉尘，对慢性支气管炎等肺部炎症有很大影响。如果本来就有慢性鼻炎、鼻窦炎等疾病，那么张口呼吸粉尘也能引起慢性咽炎。建议多吃清肺的食物，比如梨等各种水果。

6. 心理疾病

压力大、精神高度紧张，也是教师需要注意的，教师会因为与学生或家长等人的交往中，多少有烦躁的心情，所以要放松精神、避免过度劳累，多做运动。

教育行为要有法度

所谓法度，解释有二：一是指法令制度、法律；二是指行为的准则、规矩。我们这里的"法度"是指教师的教育行为要遵守国家法律制度，要遵守职业道德规范。

教师要有职业道德，不能践踏道德底线，严格遵守《中小学教师职业道德规范》。

教师要讲法、守法，不要触犯法律红线。教师要用法律来规范自己的行为，不做法律禁止的事情。当前，我国的教育法律法规也出台了不少，有《教师法》《义务教育法》《未成年人保护法》等。

教师的教育教学活动，一定要合法、规范、严谨，要用相关的法律法规来指导自己的教育教学实践。

● 知法守法

教育家叶圣陶说，教育工作者的全部工作就是为人师表，即做教育工作的人，必须规范自身的言行举止，以自己的言为学生之师，以自己的行为学生之范。因此，教师应当十分注重培养自己良好的法纪风貌，做到遵纪守法，而且应当把它作为教育活动和日常生活中一项基本的行为规范，严格要求，贯彻始终。

第一，知法。教师首先要遵守宪法和法律，宪法和法律是国家、社会组织和公民一切活动的基本行为准则。教育法律法规是规范教育行为的专门法律。我国已经形成了以《教师法》《义务教育法》《未成年人保护法》等为骨干的教育法律法规体系。其中,《义务教育法》为我们提供了法律依据,使教育工作逐步走上法制化、规范化的轨道。《教育法》根据教育的性质和特点,体现如下的法理:全社会关心和支持教育;遵循教育客观规律;教学民主;受教育机会均等;教育不得以营利为目的等。

《教师法》是我国教育史上第一部专门为教师制定的法律,对教师的权利、义务以及法律责任等都做出了明确的规定,向教师的执教提出了要求,促使教师必须依法执教。教师要教书育人,为人师表,就应当模范地遵守宪法和法律法规。它的实施,对维护教师合法权益,提高教师社会地位和薪资待遇,加强教师队伍建设,使教育工作和教师队伍建设走上法制化轨道,具有重大意义。教师要认真学习、深刻理解、坚决贯彻教育法律法规,严格依法执教。

第二,守法。从某种意识上来说,教师的教育教学活动,实际上就是在"执法"。因此,教师的教育教学活动,一定要合法、规范、严谨,要用相关的法律法规来指导自己的教育教学实践,从教育的方法到手段要都符合法律的规定。要知道日常教育教学过程中,我们许多教师的行为在不知不觉当中已经违法了。比如,截留学生的信件、偷看学生的日记;为保持课堂纪律而限制学生的言论自由;为应付上级检查或评奖评优而弄虚作假;公开学生成绩并张贴红榜白榜;大量代订复习资料并收取回扣等。

我国《义务教育法》和《教师法》规定,教师的行为选择如果不符合法律,就要承担相应法律责任,受到法律制裁。《教师法》第三十七条规定:"教师有下列情形之一的,由所在学校、其他教育机构或者教育行政部门给予行政处分或者解聘:(一)故意不完成教育教学任务给教育教学工作造成损失的;(二)体罚学生,经教育不改的;(三)品行不良,侮辱学生,影响恶劣的。教师有前款第(二)项、第(三)项所列情形之一,情节严重,构成犯罪的,依法追究刑事责任。"

● 自身安全意识

构建平安社会,人人有责。构建平安校园,每位教师有责。教师对学生的安全责无旁贷。校园安全工作在平安建设中占有极其重要的位置,特别是广大中小学生缺乏社会人生经验和安全知识,除了家长教育以外,主要依靠教师给予安全教育。这就要求教师具有高度的安全意识。

全体教师应树立安全第一的思想,重视对学生的安全教育,提高他们安全防范、自护自救的能力。教师既要具备防范自然灾害的常识，也要预防人为因素造成的灾害，包括对社会治安状况保持足够的警惕。同时，教师本身也应增强自我保护意识，降低安全事故带来的责任和风险。只有自己保持强烈的安全意识，确保自身安全，才能更好地教育学生提高安全意识。

为此，教师应注意做好以下几个方面的工作。

（1）加强法律法规的学习。每一位教师特别是班主任老师应认真学习《教师法》《未成年人保护法》和《学生伤害事故处理办法》等法律法规，做到学法、懂法、守法；认真学习学校安全管理的规章制度，熟悉安全管理方法、常识，明确自己工作的安全职责。

（2）加强落实有关安全的办法和规定，如《中小学幼儿园安全管理办法》《学校安全工作暂行规定》《学校消防工作暂行规定》《卫生部、教育部＜学校食物中毒事故行政责任追究暂行规定＞》，严格落实各项安全管理制度。

（3）加强对学生的安全教育和培训。通过校会、班会以及活动课组织学生开展多种形式的实验安全教育和培训，对学生进行实验、防火、防触电、防化学药品伤害等安全教育，积极参加学校组织的安全应急演练，帮助学生提高安全防范意识和自我保护能力。

（4）加强对学生的安全管理。坚守岗位，保证不空堂，在工作时间内不出责任事故。在平时的教学工作中积极与家长联系，通过电话，督促家长重视孩子的安全并加强对子女的教育和管理，确保孩子非在校时间的安全。

（5）有效地了解、收集信息，预防安全事故。安全无小事，班主任除了要对学生进行必要的安全教育外，还应注意及时了解、收集学生的思想变化、身体健康状况、生活饮食卫生状况、教室和宿舍的安全状况等信息，坚持预防为主，对安全隐患早发现、早排除，将其扼杀在萌芽状态。

（6）落实常规安全工作，做好资料整理记录。教师要切实做好常规的安全管理工作，如课堂、午晚休对学生进行考勤，班会课对学生进行安全教育，日常对问题学生的谈话教育，教室和宿舍定期或不定期的安全检查等，发现问题要及时与学生家长联系或上报学校有关部门，及时解决问题。并且教师应如实做好各项安全管理工作的资料记录和整理，一旦出现安全事故，有据可查，可有效降低教师的责任和风险。

● **不要也不能体罚学生**

教师的教育行为既受法律保护，也应该在一定法律约束下进行。有的教师的体罚行为就是一种违法行为，是法律不允许的。那么，体罚是什么？哪些行为是体罚行为呢？有哪些危害？体罚行为违反了哪些法律规定呢？会受到哪些处罚呢？就这些问题，教师一定要知晓。

体罚罚的是人的身体。就学生而言，体罚往往超过学生的身心承受度，学生会从心里反感，即或学生对自己的错误有认识，但往往也有害怕的心理，对生命的成长不利。就教师而言，体罚是一时冲动的结果，是凭借自己暂时的知识、体力、心理、权威等优势，用暴力去压服学生，教师自感威风，没有把学生当作一个个鲜活的生命。

在实际工作中，体罚有直接体罚和变相体罚之分。直接体罚，指对学生肉体实施惩罚并使其受到伤害的行为，如殴打、罚站、下蹲、超过身体极限的运动等行为。变相体罚，指采取其他间接手段，对学生肉体和精神实施惩戒并使其受到伤害的行为，如劳动惩罚、抄写过量作业、讽刺挖苦、漫骂等行为。

无论是哪种体罚，都会给学生带来伤害，危害性极大。其一，难以纠正学生的错误态度。虽然体罚可能达到在特定情境中制止某种行为的目的，却很难纠正学生的错误态度。直接体罚与变相体罚只能使学生学会逃避体罚，而不是诚心转变态度，改正错误。其二，难以形成良好的教育氛围。"杀鸡儆猴"式的体罚使学生在行为上谨小慎微，时时事事消极防卫，害怕教师。这就不利于学生形成积极向上、勤奋学习的思想品质，也不利于班集体形成文明、和谐、轻松的氛围。其三，体罚会给学生带来不必要的焦虑，不利于学生健康心理素质的培养，反而会损害学生身心健康。经常体罚会提高学生对体罚的反感。为了达到应有的效果，教师往往又要加重体罚，这样就导致体罚的恶性循环，带来不堪设想的教育后果。其四，体罚还会导致师生关系紧张，使师生产生冲突乃至形成对抗。这既损害了教师的社会地位和人格魅力，也违反了有关法律。

教师对于教师体罚学生的行为，我国法律明确规定了处罚措施。根据《未成年人保护法》《教师法》《学生伤害事故处理办法》等有关法律的规定，对于体罚学生的教师可以进行以下处罚。

一、各级各类学校及其他教育机构的教师体罚学生，经教育不改的，按现行教师管理权限，由所在学校、其他教育机构或教育部门分别给予行政处分或解聘。行政处分的种类包括：警告、记过、记大过、降级、撤职、开除。解聘包括两种：解除岗位职务聘任合同，由学校或其他教育机构另行安排其他工作；解除教师聘任合同，被解聘者另谋职业。

二、体罚学生情节严重（如手段残忍、造成伤害甚至死亡结果），构成犯罪的，依法追究刑事责任。

三、因体罚学生对学生或学校造成损失或损害的，还应依照《民法通则》的有关规定承担相应的民事责任，即赔偿损失，消除影响，恢复名誉。

所以，教师对于自己的教育行为一定要有清醒的认识，既要对学生进行有效的教育，对违反纪律的学生给以一定的处罚，又不能因为体罚而违反法律法规。处罚不是体罚，也不能以体罚来替代处罚，二者是有区别的，在具体工作中教师要把好这个度。